# 前 言

1918年，鲁迅先生在《致许寿裳》的书信中指出："中国根柢全在道教。"这是针对中国文化讲的。把中国文化的根柢归之于道教，斯言义重。在当代中国语境下，对其阐证更显亟需，然而又尤其艰难。《中华根柢·道教三书》就是对鲁迅先生这一深刻命题的阐证尝试，也是对华夏道学脉起及宗教沿革、华夏信仰源头及思想学说的回溯、清理与释义。

黄帝是人文始祖，老子是华夏道祖，其与道教的信理干系，久且深矣，因此，本丛书首先要梳理"犹龙祖风之道境"；钟吕八仙既是历史天幕的绚烂云霞，也是文化世界的鲜活面容，更是仙道信仰的伟大宗师，自然我们不能不涉入"钟吕八仙之道光"；作为钟吕法脉的受命传人，王重阳及其全真教在"靖康之耻"的华夏危难时刻，以"活死人墓"的骇人姿态，将"道"的智慧力量演绎成了扶危济世、拯救生命的恩典世界，这是我们对道脉延续的"全真普世教理"考量的历史依据。以历史顺序而罗列的以上三个主题，构成本丛书的基本架构，目的在于阐证鲁迅先生所谓中国文化根柢在道教这一历史命题，明晰这一命题的客观的决定性分量。

1993年，湖南郭店楚墓老子文本出土。它以现代考古学事实，最终确证了《史记·老子列传》的权威形象，确证了《老子》先于《庄子》的历史事实。1990年，坚持了60年《庄子》先于《老子》

的钱穆先生逝世。这既辛酸又欣慰。不止钱穆，还有梁启超、侯外庐和郭沫若诸先生，他们都是《老子》后于《庄子》论者。面对湖南郭店楚墓"老子"出土，这让人既悲观又乐观。悲观不必多言，是什么让人乐观呢？郭店老子文本不单是厘清了一两个学术争论，中国人真正进入道境的步伐可能悄然开始了，华夏崛起的道歌可以唱出久哑的喉咙了。这就是大家们的失误留给我们的宝贵启迪。至于一些学者至今仍然脱离道教信仰、远离证道实践而"谈玄论道"的作为，那不过是现代学术自由之一种表现罢了。

《祖风犹龙》就是我们对先祖道境的思想言说、学术言说，也是价值释义和信仰释义。如果说思想言说和学术言说使《祖风犹龙》不同于纯粹的道教教义书籍；那么，价值释义和信仰释义便使它有别于坊间学者专家著述。作为价值和信仰释义，在今日地球村语境中，与佛教、基督教和古希腊思想的比较既是艰难的，也是必须的。《祖风犹龙》中的"道与逻各斯""老子的灵相界"和"老庄哲学：道与言"等章节对此作了初步阐发，也是基本阐发。

1900年敦煌藏经洞被发现，其中有钟吕八仙的珍贵文献《湘祖白鹤紫芝遁法》；1933年，《吕让墓志》出土；再加上《宋史·陈抟传》、杨亿《谈苑》，吕洞宾——这位中国家喻户晓、广受喜爱的天人英雄，这位道教史承前启后、影响巨大的传奇人物，其历史运行的实际轮廓已经清晰显影。其剑仙、酒仙和诗仙形象，乃是盛世唐朝尊崇剑、酒和诗的精神产物和修道仙果；其内丹为主、性命双修乃是唐末五代道教仙学的实践体现和理论概括；其隐居华山、飞行洞庭的人生轨迹乃是家国身世的忠实映现和真实映射。《风追盛唐》的命名寓意，其缘由即此。

吕祖洞、八仙庵是华夏大地最广泛的道场。八仙过海、瑶池庆寿是中国文化最热衷的戏剧。民间的剪纸和年画，至今仍然可见钟吕八仙道影。《风追盛唐》努力体现的方法论和释义立场，就是这种仙道学—文化学—民俗学三位一体的整体结构视野。鉴于文化学和民俗学的八仙题材已有不少学者涉猎,《风追盛唐》的重点便放在仙道层面;基于钟吕丹法的单纯技术内容也有许多学者研究,《风追盛唐》的仙道学便重点放在历史维度。

"华山论剑"是金庸先生《射雕英雄传》和《神雕侠侣》两部经典作品的压轴好戏,其中高手云集,侠光道影,精彩纷呈。其历史背景正是蒙元时期宋、金、元的"三国演义"。金庸先生的武侠创作是严谨认真的,小说后附有相关的历史资料。"但迄今为止,还没有见到一篇论文对金庸小说与历史上的全真教及其主要人物进行比较分析研究。"(左洪涛,2008年)而"华山论剑"的"历史宗教文献研究"更无从谈起,《终南山祖碑》《甘水仙源录》《金莲正宗记》等渺无"华山论剑"之踪迹。如此希望维持"华山论剑"的神奇性和阅读美感,就得拒绝历史世界;坚守历史性和文献记述,就得解构武侠世界。亲爱的读者,谁愿意接受这种"精神和文化分裂"的"中神通"形象呢?

本书系中的《重阳登高》,披阅史料,探幽发微,在丰富、深沉、濒于湮没的众多文献面前,不仅和金庸"华山论剑"的精彩性取得完全一致,并敞示了王重阳更为神奇的精神视域。我们系统分析了王重阳"华山论剑"的五大史料:(1)元代山西永乐宫壁画上的"别河辞岳";(2)全真教"经华岳,入南京"的密语语法;(3)《重阳全真集》的隐喻言说;(4)陆游《赵将军》中的"关中奇士"和商挺《甘河遇仙宫》的感怀叙事;(5)马丹阳"九转华阳巾"的王重阳追忆。结果发现,"华山论剑"不只属于金庸先生的武侠世界,也是全真教最隐秘的历史真相。还有"九阴真经"、还有"活死人墓"、还有"一阳指"、还有"宇宙黑洞"和"人间恩仇"……我们既努力恢复了王重阳全真教精神和文化的统一形象,也摆脱了小说和历史阅读互相冲突的两难尴尬,同时解答了中神通王重阳留给世人的神奇遗产。

20世纪80年代，英国《撒旦诗篇》的作者曾经遭到信仰者的强烈谴责和漫天追杀。那么，请原谅《风追盛唐》中对《八仙考》作者浦江清等先生的批判，请原谅《祖风犹龙》中对《老庄通辨》作者钱穆等先生的批评，请原谅《重阳登高》中对《丘处机》作者赵益等先生的批驳——那是出于信仰的终极关怀和学术的理性品质。撇开信仰不说，仅就学术的理性品质而言，我们所有的批判、批评和批驳文字完全属于学术的理性探讨范围；同时，我们完全对等地欢迎其他学者对拙作可能进行的批判、批评和批驳。至于我们批评了已经仙逝的前辈先贤，一是他们皆是历史批评家，二是他们的作品都有相当影响力——仍然影响活者，仍然"活"着！

就民族复兴和精神信仰而言，毛泽东在非常艰难的延安时期，写作了包括《愚公移山》在内的"光辉三篇"。"愚公移山"的主人是谁呢？是《列子》和列子。我们在《祖风犹龙》中，给《列子》以高度的思想阐发，给列子以崇高的心灵敬意。创造了"愚公移山"精神的《列子》被一些学者诬为"伪作"，具有"愚公移山"实践的列子是道家真人。毛泽东写作《愚公移山》的时候，中国属于半封建和半殖民地社会。今天，中国已经是完全的独立主权国家。然而，中国文化精神的振兴仍然任重道远，民族信仰领土的收复依然道阻且长。"周虽旧邦，其命惟新。"《中华根柢·道教三书》旨在为中国文化精神的振兴，竭尽我们的绵薄之力；旨在为民族信仰领土的收复，奉献我们的管窥之见。大道天下为公，希望大家批评，欢迎大家指正！

高从宜

2013年早春于西安

# 目录 CONTENTS

## 第一章　从《八仙传》到《八仙考》

第一节　钟吕与八仙的概念⋯⋯⋯⋯⋯⋯⋯⋯⋯⋯⋯⋯⋯⋯⋯001

第二节　八仙的正史文献⋯⋯⋯⋯⋯⋯⋯⋯⋯⋯⋯⋯⋯⋯⋯⋯005

第三节　八仙的内史挖掘⋯⋯⋯⋯⋯⋯⋯⋯⋯⋯⋯⋯⋯⋯⋯⋯012

第四节　《吕让墓志》和吕岩研究⋯⋯⋯⋯⋯⋯⋯⋯⋯⋯⋯⋯019

第五节　告别《八仙考》——疑古和疑仙之一⋯⋯⋯⋯⋯⋯⋯027

第六节　告别《八仙考》——"奇谈"和"怪论"之二⋯⋯⋯036

第七节　告别《八仙考》——"真相"和"谎言"之三⋯⋯⋯043

第八节　"隐逸方技":仙的史学⋯⋯⋯⋯⋯⋯⋯⋯⋯⋯⋯⋯053

第九节　《八仙传》:道的文学⋯⋯⋯⋯⋯⋯⋯⋯⋯⋯⋯⋯⋯059

## 第二章　从八仙庵到八仙桌

第一节　长安酒肆八仙庵⋯⋯⋯⋯⋯⋯⋯⋯⋯⋯⋯⋯⋯⋯⋯⋯065

第二节　钟吕八仙出终南⋯⋯⋯⋯⋯⋯⋯⋯⋯⋯⋯⋯⋯⋯⋯⋯071

| 第三节　岳阳楼记剑仙影 | 076 |
| 第四节　钟吕印心遇仙桥 | 082 |
| 第五节　韩湘远来蓝关雪 | 085 |
| 第六节　诗酒酬唱八仙桌 | 089 |

## 第三章　从《钟吕传道集》到《灵宝毕法》

| 第一节　《钟吕传道》仙理高 | 094 |
| 第二节　《灵宝毕法》道术深 | 099 |
| 第三节　兴观群怨《证道歌》 | 105 |
| 第四节　诗话道境《敲爻歌》 | 112 |
| 第五节　人与书：道学公案 | 119 |

## 第四章　道教五宗法钟吕

| 第一节　重阳紫阳南北派 | 125 |
| 第二节　西星西月花酒梦 | 130 |
| 第三节　佛道公案斩黄龙 | 136 |
| 第四节　黄粱梦与梦观成就 | 143 |
| 第五节　吕祖十试证道心 | 146 |
| 第六节　牡丹动心显道情 | 150 |
| 第七节　道教的转折点与拱心石 | 155 |

## 第五章　悟道修真八仙风

| 第一节　八仙的道情戏剧 | 159 |
| 第二节　八仙的意志力量 | 165 |
| 第三节　八仙的思想世界 | 170 |
| 第四节　"三宝"与道的科学基础 | 176 |

第五节 "三元"与道的神学信仰……………………………181

第六节 "天仙"与古典灵宝学……………………………185

第七节 "天心"与现代宇宙学……………………………191

## 第六章　凝视八仙的道光

第一节 为什么是盛唐：救恩史……………………………198

第二节 为什么是他们：钟吕八仙…………………………209

第三节 为什么是它们：八仙器物…………………………223

第四节 八仙雅俗三重唱……………………………………227

第五节 八仙庆寿：欢庆永恒的道场………………………233

第六节 八仙过海：彰显自由的道光………………………238

# 第一章　从《八仙传》到《八仙考》

## 第一节　钟吕与八仙的概念

人们喜爱八仙，在于它是听得见天堂笑声的英雄形象。吕洞宾、韩湘子之落拓潇洒；李铁拐、张果老之黑色幽默；何仙姑、蓝采和之美丽自由；钟离权、曹国舅之稳健尊贵，既是历史造化的天仙子，也是文化流播的圣女果。他们就是家喻户晓、脍炙人口的钟吕八仙。钟吕之前，已有"淮南八仙""蜀中八仙"和"饮中八仙"。中国八仙的文化绽放，源于史前肥沃的土壤根须。八仙的"史前背景"，就《史记》而言，它就提供了两个事证。其一，司马迁在《五帝本纪》中记载："高阳氏有'八恺'，高辛氏有'八元'。""八恺"和"八元"，显然是"八仙"的史前曲。其二，在《老子、伯夷列传》中，《史记》有对"岩穴之士"的描写。《史记》中的"岩穴之士"，不是史前的"穴巢居民"（《周易》），而是遁世的隐逸高士。《周易》对"岩穴之士"的描述在"遁卦"："天下有山，遁。"钟吕八仙中的吕岩，字洞宾，既是《史记》"岩穴之士"的注解，也是《周易》"天下有山，遁"的象征。历史上的吕洞宾，有诗仙、酒仙、剑仙之美誉，一人兼具三仙之气。"淮南八仙""蜀中八仙"和"饮中八仙"，似乎没有这样的杰出代表吧。

"淮南八仙"，是汉代刘安的八个门客。淮南王刘安，是汉厉王之子、汉武帝的皇叔，因其封地在淮南一带，史称淮南王。刘安尚文重才，广招学士，谈玄论道，间获异士，其中最有名的八位是：左吴、李尚、苏飞、田由、毛被、雷被、伍被、晋昌。刘安与淮南八公著书立说，研究天象，编制历法，冶丹炼砂。他们的著作即《淮南鸿烈》（《淮南子》）一书。他们被称为淮南八公。《太平环宇记》

记载："昔淮南王与八公登山埋金于此，白日升天。余药在器，鸡犬舐之，皆仙。其地，后来皆现人马之迹，犹在，故山以八公为名。"这就是成语"一人得道，鸡犬升天"的历史出典，也是安徽淮南八公山的历史来源。淮南王刘安和淮南八公，《史记》中的《淮南衡山列传》有记载。司马迁写刘安，第一句话是："淮南王安，为人好读书鼓琴，欲以行阴德，流誉天下。"最后的结果却是：谋反事败，"淮南王安自刭杀"。"以行阴德"是道家风范，《淮南鸿烈》是道家典籍。仅就《淮南鸿烈》的命名，将"淮南王安自刭杀"，视其为尸解仙未尝不可。大概从晋代葛洪《神仙传》开始，淮南八公就成了和刘安一起修炼的神仙人物。到了唐代，从武则天《升仙太子碑》中的"淮南八仙"，到吕洞宾《西江月》"淮王炼石得冲天，汉室已经千年"，"淮南八公"俨然成为首次亮相的八仙群像。

"蜀中八仙"，《太平广记》中的《八仙图》条有记载。其中云：五代时西蜀道主张素卿，神仙人也。于青城山丈人观，张素卿画了一套"八仙图"。张素卿画的"八仙图"，即"蜀中八仙"的美术肖像，他们是：容成公、李耳、董仲舒、张道陵、庄君平、李八百、范长生、尔朱先生等八人，道教传说他们均在蜀中得道成仙。东晋谯秀的《蜀记》一书，就称他们为"蜀之八仙"。"蜀中八仙"，时间跨度最长，来源也最庞杂，有上古传说的容成公，有《道德经》作者李耳，也有汉魏以来的董仲舒、张道陵和李八百。"蜀中八仙"是地域文化的仙道自觉，是神仙地理的最早命名。就道士《八仙图》献给后蜀国君孟昶的叙事而言，"蜀中八仙"也是八仙史上最早的政治奉承，是政治参与八仙文化的历史滥觞。"蜀中八仙"中的李八百，以年寿八百而得名号，与钟吕八仙中的铁拐李有较大干系。唐代是八仙风行最盛的历史时期，既出现了多种八仙组合，还产生了《八仙图》和《八仙传》，更催生了钟吕八仙的终极到场。正是在盛唐八仙之风的吹拂下，诗圣杜甫写出了流芳千古的《饮中八仙

之歌。其歌云:

知章骑马似乘船,眼花落井水中眠。汝阳三斗始朝天,道逢麴车口流涎,恨不移封向酒泉。左相日兴费万钱,饮如长鲸吸百川,衔杯乐圣称避贤。宗之潇洒美少年,举觞白眼望青天,皎如玉树临风前。苏晋长斋绣佛前,醉中往往爱逃禅。李白斗酒诗百篇,长安市上酒家眠,天子呼来不上船,自称臣是酒中仙。张旭三杯草圣传,脱帽露顶王公前,挥毫落纸如云烟。焦遂五斗方卓然,高谈阔论惊四筵。

《饮中八仙》第一个出场者,是贺知章,号"四明狂客"。贺知章,证圣元年(695年)中进士,后迁太常博士;开元十三年(725年)为礼部侍郎,后调任太子右庶子和工部侍郎。用现在的眼光看,贺知章是响当当的正部级官员(礼部侍郎、工部侍郎)和赫然的学界泰斗(太常博士、集贤院学士)。"饮中八仙",紧跟贺知章之后的,是汝阳王李琎。他是唐玄宗的侄子,宠极一时,所谓"主恩视遇频","倍比骨肉亲"(杜甫)。接着是李适之,天宝元年他官至左丞相,雅好宾客,夜则燕赏,饮酒日费万钱,酒量如鲸鱼吞水。他们是盛唐的"国家领导":李琎汝阳王,是唐玄宗的侄子和皇亲;李适之是左丞相,雅好宾客,夜则燕赏,是潇洒风流的国家副总理。"滚滚长江东逝水,浪花淘尽英雄";政治黯淡了,官位黯淡了,甚至连皇帝也黯淡了!

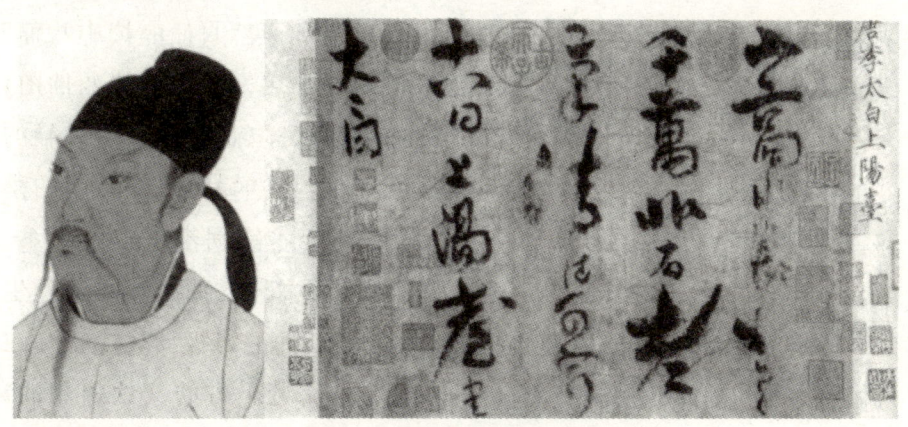

李白像及其《上阳台》手迹

"饮中八仙"中，最鲜活的面孔就是李白了。《饮中八仙》写道：

> 李白斗酒诗百篇，长安市上酒家眠；
> 天子呼来不上船，自称臣是酒中仙。

李白既不在乎官场皇帝（"天子呼来不上船"），也不在乎社会伦理（"长安市上酒家眠"）。李白爱"诗"、嗜"酒"、慕"仙"，是流芳百世的诗仙和酒仙。或曰："长安市上酒家眠"，酒鬼也有；"天子呼来不上船"，酒鬼也敢。然而，"李白斗酒诗百篇"，却是酒仙和诗仙之风范吧。在《饮中八仙》歌，李白的诗仙形象呼之欲出；"自称酒中仙"基本多余。差剑仙一项，李白就可和吕洞宾一比了。李白《塞下曲》写道："愿将腰下剑，直为斩楼兰。"《行路难》写道："停杯投箸不能食,拔剑四顾心茫然。"在《侠客行》，李白甚至写道："十步杀一人，千里不留行。事了拂衣去，深藏身与名。"迈越剑客，李白分明已是剑侠。剑仙呢？李白《赠内》写道："三百六十日，日日醉如泥。虽为李白妇，何异太常妻？"《赠内》表明，李白啊，酒仙不纯粹，时为酒鬼呢。酒鬼之气是道的大忌，也是仙的大碍。

正由于此，李白领衔的"饮中八仙"，尽管不乏诗仙酒仙，不乏高人异士，还是败给了钟吕八仙。"蜀中八仙"和"淮南八仙"，尽管也不乏高仙道祖和皇亲国戚，也在历史浪花的冲刷下被淘汰了。历史最终铸就的贡果是钟吕八仙。钟吕是钟吕八仙的核心与灵魂。没有钟吕，就没有钟吕八仙的英雄群像，甚至没有八仙的璀璨文化。钟吕并称，源于他们是师徒英雄；钟吕连称，源于他们的整体事业；钟吕合称，源于他们的仙道因缘。钟吕的并称、连称与合称，体现了华夏师道之尊严，传道之庄严，证道之密严。佛教有《密严经》；钟吕并称的历史习惯，讲的就是一部道教的"密严经"。如果说钟吕是钟吕八仙的核心与代表，钟吕八仙是八仙故事的核心与代表，那么，八仙故事就是中国仙道文化的核心与代表。提到钟吕，就想起八仙。钟吕八仙成了历史文化的专名概念，成了中国道教的光辉象征。

## 第二节 八仙的正史文献

钟吕八仙的历史文献，卷帙浩繁，极为庞杂。吴光正编辑的《八仙文献集成》就有500余万字。研究钟吕八仙，难点不是缺少史料，而是文献的辨疏。传统上的历史观，无非是儒道的对峙又互补的视野格局。就钟吕八仙这一历史世界的研究而言，首要的问题就是儒道史识（陈寅恪）的整合调适，或者说是正史和野史的融通对话。那么，何谓正史文献？正史文献，通俗讲，它指《史记》《汉书》等以帝王本纪为纲的纪传体史书。清乾隆年间诏定二十四史为正史。这是狭义的正史概念。我们将狭义的正史概念，称之为钟吕八仙的"正史文献1"。如果从狭义的正史出发，钟吕八仙将无从谈起，毫无研究指望。钟吕八仙，只有"一个半人"进入了"正史文献1"：张果老完全进入《唐书》，吕洞宾半身留在《宋史》。《旧唐书》写道：

张果者，不知何许人也。则天时，隐于中条山，往来汾、晋间，时人传其有长年秘术，自云年数百岁矣。尝著《阴符经玄解》，尽其玄理。则天遣使召之，果佯死不赴。开元二十一年，恒州刺史韦济以状奏闻。玄宗令通事舍人裴晤往迎之。果对使绝气如死，良久渐苏。晤不敢逼，驰还奏状。又遣中书舍人徐峤赍玺书以邀迎之。玄宗谓力士曰："吾闻饮堇汁无苦者，真奇士也。"会天寒，使以堇汁饮果。果乃引饮三卮，醺然如醉所作，顾曰："非佳酒也。"乃寝。顷之，取镜视齿，则尽燋且黧。命左右取铁如意击齿坠，藏于带。乃怀中出神仙药，微红，傅坠齿之龂。复寐良久，齿皆出矣，粲然洁白，玄宗方信之。玄宗好神仙，而欲果尚公主。

《旧唐书》的记载比较详细：其一，"尝著《阴符经玄解》，尽其玄理",表明张果老是《阴符经》专家。其二,"则天遣使召之,果佯死不赴","果对使绝气如死",表明了他能气住脉停的深湛内功。其三,"复寐良久,齿皆出矣,粲然洁白",表明他内外兼修、移夺造化的道法境界。其四,"银青光禄大夫,号曰通玄先生",谢绝公主的婚配,"乃入恒山,不知所之",表明了纯粹的仙道追求和虔敬的修炼精神。如果拿张果老和今日中国的官本位比,真是云泥之隔、天壤之别吧。孟乃昌的《张果考》(引自吴光正主编《八仙文学与八仙文化的现代阐释》320—336页,黑龙江人民出版社,2006年)是研究张果老的长篇专文,收获颇多,误解不少。比如,孟乃昌已经得出了,张果老是内丹和外丹兼修的高道,《旧唐书》也明确写了"乃怀中出神仙药","复寐良久,齿皆出矣,粲然洁白,玄宗方信之",却将这种神奇的外丹效果,归之于魔术和换牙术,憾哉!再如,《旧唐书》中的张果老,两次"佯死不赴"朝廷,显示"辟谷""遁术"功夫,孟先生既不知道"佯死"和"气住脉停"的具体关联,也不具体说明"辟谷"的气力条件,更不探求"遁术"的质能转换原理,统统以中国"气功"和印度瑜伽敷衍搪塞!中国"气功"和印度瑜伽,恰恰都是人们并不明白的东西啊。用一个不明白的东西,替换另一个不明白的东西,如果这不是无意识的、强不知以为知的敷衍搪塞;那么,它就是有意识的、无可言而言之的理性自欺。张果老传世的著作有十多篇,内外丹著述都有,是唐代仙道大师,根本不需江湖伎俩谋生。孟乃昌先生将张果老深湛的道术归结成江湖魔术,那可是欺君之罪,是要命的事情吧!小看张果老的道力可以,小看武则天和唐玄宗的智力,孟先生没有这种能力吧。在某种程度上,孟乃昌《张果考》就是一篇"张果拷":武则天未识破的幻术,唐玄宗未发觉的魔术,以及大家都不清楚的"换牙术"和"折迭术"。面对堂堂《唐书》,孟先生不仅极端"小看"张果老的道力,并且质疑大唐"银青光禄大夫,通玄先生"的人格。从"正史"得不到"正信","正史"何用？阅读何益？面对着正史《唐书》，《张果考》对张果老上述的离谱诠释，如果说有积极意义，那就是：我们庆幸其他钟吕众仙，基本上没有进入正史记载，基本上和正史无缘。

事实上，大多数研究者对于钟吕八仙历史世界的了解，主要围绕着唐宋文人和士大夫的笔记史料、诗歌资料和碑石题词来进行。这是广义的正史概念，我们称之为钟吕八仙的"正史文献2"。在正史文献2领域，蓝采和的最早记载是五代沈汾的《续仙传》和北宋《太平广记》；韩湘子的最早记载是唐段成式《酉阳杂俎》，韩湘子还和钟离权一同出现于敦煌文献。在正史文献2领域，吕洞宾的记载最多。我们先看宋初杨亿（974—1020年）《谈苑》的记载：

> 吕洞宾者，多游人间，颇有见之者。丁谓（966—1033年）通判饶州日，洞宾往见之，语谓曰："君状貌状颇似李德裕，它日富贵，皆如之。"

钟吕八仙

谓咸平初，与予言其事，谓今已执政。张洎家居，忽外有一隐士通谒，乃洞宾名姓，洎倒屣见之。洞宾自言吕渭之后，渭四子，温、恭、俭、让。让终海州刺史，洞宾系出海州房，让所任官，《唐书》不载。索纸笔，八分书七言四韵词一章，留与洎，颇言将佐鼎席之意。其末句云："功成当在破瓜年"，俗以破瓜字为二八，洎年六十四卒，乃其谶也。洞宾诗什，人见多传写，有自咏云："朝辞百越暮三吴，袖有青蛇胆气粗。三入岳阳人不识，朗吟飞过洞庭湖。"又有"饮海龟儿人不识，烧山符子鬼难看。一粒粟中藏世界，二升铛内煮山川"之句，大率词意多奇怪类此，世所传者百余篇，人多朗诵之。（转引自《八仙文学与八仙文化的现代阐释》246页）

这是吕洞宾在正史文献2领域极为重要的史料。其一，它是正史文献2领域有关吕洞宾的早期资料，《谈苑》作者杨亿（974—1020年）是宋初的史家权威（翰林学士兼史馆修撰，官至工部侍郎）。其二，"吕洞宾者，多游人间，颇有见之者"，《谈苑》举出了两位权威见证者：宰相丁谓和名臣张洎。这表明北宋初年吕洞宾的广泛影响。北宋初年张齐贤（942—1014年）的《洛阳缙绅旧闻记》，通过"田太尉重进，常为太祖皇帝前队……重进晚年好道"的亲历故事，表明"时人皆知吕洞宾为神仙，故花项言见之"。田重进（929—997年），顶级将军（太尉、节度使）；张齐贤（942—1014年），著名政治家（任宰相21年）。通过《谈苑》和《洛阳缙绅旧闻记》的记载，足以确定：北宋初年，"时人皆知吕洞宾为神仙"的历史和事实。北宋初年（960年起）和唐亡（904年）之间的56年，是五代时期。《宋史·隐逸传·陈抟》记载："关西逸人吕洞宾，有剑术，年百余岁，步履轻捷。"因之，从正史文献2来看，吕洞宾的唐代身份（50年以上）毋庸抹杀，即便不考虑他的"逸民情怀"（陈垣）和"正朔观念"（葛兆光）。其三，吕洞宾和丁谓的见面是官方场合："通判饶州日，洞宾往见之。"吕洞宾和张洎的见面是私人场合："张洎家居，忽外有一隐士通谒，乃洞宾名姓。"丁谓后来官至宰相，证明了吕洞宾的先知性。他才将此事讲给《谈苑》的作者杨亿。吕洞宾将丁谓和李德裕类比，一是见证他的预言能力，一是回味李德裕和吕家的恩仇往事。既然将丁谓和李德裕类比，吕洞宾和丁谓的心理距离是显见的，基本是先知预言的理性态度。张洎初为南唐后主李煜（961—975年在位）的近臣。李煜作为亡国之君和末代皇帝，其家国灭亡的哀痛词歌，有如天唱。张洎作为后唐灭亡的近臣和忠臣，吕洞宾熟悉。因之,吕洞宾和张洎的见面就亲切高兴多了:张洎心情喜悦急切,竟然顾不得把鞋穿好("洎倒屣见之");吕洞宾呢,既给张洎预言了"将佐鼎席"的再起官运和"功成当在破瓜年"的临终大事,还首次向张洎透露了自己的身世。吕洞宾和丁谓、张洎的两次交往会面,皆散发出他一生挥之不去的盛唐情结。其四,杨亿《谈苑》中的"洞宾诗什,人间多传写"一句表明:(1)吕洞宾诗歌的数量很多,仅"世所传者百余篇"。(2)吕洞宾诗歌的风行欢迎程度,"人多诵之"。(3)《谈苑》还具体收录了两首。其中的"朝辞百越暮三吴,袖有青蛇胆气粗。三入岳阳人不识,朗吟飞过洞庭湖"表明,吕洞宾的"三入岳阳人不识"早成往事,现在已是"天下谁人不识君"了!

  杨文公《谈苑》记载了吕洞宾的身世,尤其是其祖父和父亲的名称,可以判断吕洞宾是中晚唐人。范致明《岳阳风土记》也记载:"先生名岩字洞宾,河中府人,唐礼部尚书渭之孙。渭四子,温、恭、俭、让。让终海州刺史。先生海州出也。"北宋末叶梦得《岩下放言》卷中亦说:"世传神仙吕洞宾名岩,洞宾其字也。唐吕渭之后。"(《旧唐书》和《新唐书》皆有吕渭传。)吕渭乃河中府(府治在今山西永济)人,生于开元二十三年(735年),卒于贞元十六年(800年)。官至礼部侍郎。就正史文献2的性质而言,材料愈多愈一致,就可以作出基本判断了。北宋初杨亿《谈苑》、范致明《岳阳风土记》和叶梦得《岩下放言》,既然一致记载了"洞宾自言吕渭之后,渭四子,温、恭、俭、让",可信程度也就很高了。关于吕洞宾的籍贯,《岳阳风土记》说"先生名岩字洞宾,河中府人",这源自《旧唐书》和《新唐书》中的"吕渭传",毫无疑问。问题在于还有其他叙事系统。较早的宋代记载,说他是"关中逸人"或"关右人"。如北宋张方平《乐全集》卷三十三《华中重修云台观记》说:"关中逸人吕洞宾,有剑术,虽数百里,顷刻辄至。"并谓"此皆旧史之文也"。北宋王举《雅言系述》有《吕洞宾传》,"云关右人,咸通（860—873年）初举进士不第",值黄巢之乱,"携家隐居终南山,学老子法"。南宋吴曾《能改斋漫录》卷十八谓吕洞宾有自传存于岳州石刻上,"云吾乃京兆（一作京川）人"。宋代王常《真一金丹诀》谓吕洞宾为"鄂州进士"。南宋邵博《邵氏闻见后录》说:"唐吕仙人故家岳阳,今其地名仙人村,吕姓尚多。""鄂州进士"和"故家岳阳"既晚出又孤立,基本可以排除。《宋史·隐逸传·陈抟》写道:"关西逸人吕洞宾有剑术,百余岁而童颜,步履轻疾,顷刻数百里,世以为神仙。"其实,"关西逸人"和"河中府人"都说得通:前者是吕洞宾的情感认同和应世智慧,后者是他的籍贯和故乡。"关西逸人"即吕洞宾是陕西关中人,吕洞宾长期生活修炼于此:这里是唐代的国家首都,是吕洞宾改变命运的地方。特别是岳州石刻上的"云吾乃京兆（一作京川）人"的自记,更有分量:其一,吕洞宾在岳州自记是"京兆（一作京川）人",就可以排除南宋《邵氏闻见后录》"唐吕仙人故家岳阳"说了。这不意味着讲"唐吕仙人故家岳阳"就没有道理,道理是岳州人对吕洞宾的信仰和感情。吕洞宾晚年就长期生活于岳阳,并且仙逝于岳阳。就吕洞宾自己而言,北方关中有他的家国苦难和心灵记忆,自记"云吾乃京兆（一作京川）人",十分相宜。

吕洞宾的仙道故事发轫于"长安酒肆"。"不教双眼识皇都",既是钟离权的心情,也是吕洞宾的心情,师徒之心心相印吧。修道成功之后,吕洞宾才离开长安"皇都",开始了"三过洞庭人不识"的江南岁月。必须承认,钟吕八仙

吕洞宾像

的正史文献2，从五代宋初，到宋末元初，经历300多年，既资料浩繁又常见分歧，追踪寻觅真实的历史消息，是相当困难的智力挑战。如果说有什么定论的话，那就是：钟吕八仙的影响在宋代特别巨大，"世以为是神仙"。北宋末年，宋徽宗于宣和元年（1119年）加封吕洞宾为"妙道真人"。元世祖至元六年（1269年）正月，吕洞宾升格为"纯阳演正警化真君"。元武宗至大三年（1310年），又赠吕洞宾为"纯阳演正警化孚佑帝君"。这种宋元皇帝追谥的至高历史加冕，我们称之为"正史文献3"。如果说"正史文献1"是史官性的历史文献，是比较单一和基本的；"正史文献2"是史事性的历史文献，是比较多元和开放的；那么，"正史文献3"则是来自帝王的史谥性的历史事件，有着远超"正史文献1"和"正史文献2"的重要价值和分量。就"正史文献1"而言，钟吕八仙无疑是贫乏和寂寞的，对应着他们的避世修行岁月；就"正史文献2"而言，钟吕八仙显然是极为丰富和辉煌的，对应着他们的应世传道时光；就"正史文献3"而言，钟吕八仙显然是功德圆满、名震朝野了，对应着他们济世佑民的救恩历史。葛兆光先生著有《征服者及其他——关于隋唐道教的思想史研究》。如果就官方道教的历史考察，被征服者的确是道教的普遍命运。巧得很，葛兆光先生的《征服者及其他》，作为"隋唐道教的思想史研究"，它并没有考察钟吕八仙和皇权征服者的历史关系。鲁迅先生言："沉默啊，不在沉默中爆发，就在沉默中灭亡。"钟吕八仙有过长时期的历史沉默。吕洞宾的华山修炼时间是40多年，他基本是唐末重大历史事件的缺场者。40多年的修炼时间，吕洞宾从一个剑客蜕变成剑侠，又从剑侠升华到剑仙，于是，吕洞宾开始一剑出华山！其诗吟道："怒拔昆吾歌圣化"，"怒抽霜剑十洲寒"，"金阶舍手试看么"；他在"沉默中爆发"了，亮起了他的昆吾宝剑，发出了乱世中的狮子吼！"诗句若喧卿相口，姓名还动帝王心。"现在他不是仅仅靠诗句和姓名，去"喧卿相口"和"动帝王心"的诗仙,也不仅仅是"无名无利任优游,遇酒逢歌且唱酬"的酒仙,而是"剑术已成把盏去,有蛟龙处斩蛟龙"的剑侠,是"怒拔昆吾"和"努抽霜剑"之替天行道的剑仙!吕洞宾完全撼动了"帝王心",也彻底征服了"帝王心"。因之,以文人士大夫为主体的"正史文献2",写满了吕洞宾的故事传奇;因之,代表国家最高神圣和庄严的"正史文献3",也一而再、再而三地给钟吕八仙以帝号神位的历史追谥。就此而言,葛兆光的《征服者及其他》书名,如果要保留的话,那么"隋唐道教的思想史研究"的内容就必须重写。尤其就"正史文献3"来看,钟吕八仙不啻是"喧卿相口,动帝王心"的征服者!在某种程度上可以说,钟吕八仙也是"正史"的改写者和征服者。

## 第三节 八仙的内史挖掘

《庄子》和《抱朴子》皆分内外篇。道教有《汉武帝内传》《清虚真人内传》《紫阳真人内传》。相应的,道教将教门内的隐秘叙事称之为"内史",将教门外的一般叙事称之为"外史"。从道教的内史眼光看,曹国舅之外,钟吕八仙皆是盛唐时期的历史人物。曹国舅能够搭上八仙的末班车,原由有两个:其一,八仙定型于宋代,曹国舅是宋室的皇亲国戚。时代要求和政治背景都为之拉了选票。其二,曹国舅入选八仙,有一种"道"不离开"德",世间法不离出世间法的仙道原理。钟吕八仙是国学中的文化创造,源于历史又高于历史。这"高出"的解密,就要求我们从正史走向野史,或者说从外史走向内史。

所谓八仙的内史文献,即道教视野中的八仙故事系统;或者简明些说,即《道藏》收录的八仙文本世界。它分为三个部分:(1)八仙自己的写作文献;(2)托名八仙的写作文献;(3)后世道门的八仙叙事文献。其他围绕八仙的道门外写作文献，如元杂剧中马致远的《吕洞宾三醉岳阳楼》，佛教禅宗灯录中的《吕洞宾斩黄龙》和胡应麟《少室山房笔丛》，诸多宋元文人著述乃至《唐书》《宋史》，皆为道教"外史"文献。它们或者属于史学，或者属于文学史或文化史范畴，总归皆属"外史"范畴，并不在真正"修道人"的考虑之列。德国思想家洛维特有名著《世界历史与救恩历史》，即相当于道教的外史和内史区分。道教内史即一部华夏救恩史。出家人的使命和荣耀即超越世界。当代学者徐朝仁写有《道教与超越》一书，内幕展现固然有限，主题命名倒异常贴切。堂而皇之的"正史"唬不住踽踽前行的道者，更无法在钟吕八仙门前享受优越。稍稍深入钟吕八仙著述，就会看到教门外学人的局限了。

钟吕八仙，现存个人署名著述者有三人，即张果老、钟离权和吕洞宾。张果老，新旧《唐书》皆有其传。其传世著作有：《玉洞大神丹砂真要诀》一卷，《休粮服气法》一卷，《阴符经注》一卷，《阴符经太无传》一卷，《阴符经辨命论》一卷，《神仙得道灵药经》一卷，《道体论》和《太上九要心印妙经》。北宋《云笈七笺》也收录了《张果先生服气法》《真元妙道修丹历验抄》（陈国符）等数篇张果老著述。其中，《玉洞大神丹砂真要诀》《神仙得道灵药经》是外丹著作，《张果先生服气法》《道体论》《太上九要心印妙经》是内丹著作，《真元妙道修丹历验抄》是用外丹风格写成的内丹著作。从著作看出，张果老是内外丹兼长的仙道大家，也是《阴符经》的研究专家。其生前就震动朝野，声名远播，完全是惊人的修炼实力使然。他和钟吕仙道学有三大相通之处：其一，内外丹兼融的学术风格。比较而言，张果老外丹修命术更突出，钟吕内丹炼性法更深邃。其二，远离朝政的仙道立场。这是政教分离的历史自觉。其三，张果老的内丹学分为三品，钟吕的内丹学分为三乘。这三大相通之处，使张果老和钟吕众仙，貌离而神合，形远而心近。

钟吕"著述",更为丰富。其最重要者,无论是篇幅之宏大、体例之严整还是内容之精湛,要首推《钟吕传道集》和《灵宝毕法》。在某种程度上说,钟吕"正史"无传,是《钟吕传道集》和《灵宝毕法》这两部伟大著作支撑着他们的历史形象。《钟吕传道集》为3卷,又名《真仙传道集》或《钟吕传道记》。唐代施肩吾传出。全书以钟离权与吕岩师徒问答的形式,论述内丹术要义,18卷分论真仙、大道、天地、日月、四时、五行、水火、龙虎、丹药、铅汞、抽添、河车、还丹、练形、朝元、内观、磨难、征验。全书以天人合一思想为基础,阴阳五行学说为核心,炼形炼气炼神为方法,系统完整地论述了气功学说的精华——内丹学说,建立了钟吕派内丹体系,对后世影响甚大。《灵宝毕法》中的"正阳真人钟离云房序"云:

仆志慕前贤,心怀大道,不意运起刀兵,时危世乱,始以逃生,寄迹江湖岩谷,退而识性留心,唯在清静希夷。历看丹经,累参道友,止言养命之小端,不说真仙之大道。因于终南山石壁间获收《灵宝经》三十卷,上部《金诰书》,元始所著;中部《玉录》,元皇所述;下部《真源义》,太上所传。共数千言。比物之象,道不远人。……玄机奥旨,难以尽形方册,灵宝妙理,可用入圣超凡。总而为三乘之法,名《灵宝毕法》。大道圣言,不敢私入一已,用传洞宾足下。(参见徐兆仁主编《全真秘要》52页,中国人民大学出版社,1993年)

其一,《佛祖统纪》亦言钟离权"将洞宾入终南山,授《灵宝毕法》十二科"。曾慥《道枢》、宋徽宗《宣和书谱》、陈振孙《直斋书录解题》等宋代著作多次或收录或引用或提及《钟吕传道集》和《灵宝毕法》的内容思想。两书宋代行世,原始写作时间,从上述"序言"中"运起刀兵,时危世乱"看,应为唐末五代著作。

其二,"终南山石壁间"是《灵宝经》的取出地点。唐代首都是终南山下的陕西长安(今西安市)。这与钟离权和吕洞宾两人的生平身世基本吻合。

其三，钟离权做过将军，因战事失利而进入修道领域。吕洞宾修道前，以科举儒业为务。钟离权将《灵宝毕法》交给吕洞宾的时候告诉他，"大道圣言，不敢私入一己，用传洞宾足下"，特别符合两人的性格特征和处世逻辑。作为将军，一般性格刚烈奔放，难以和庸众打交道，兼之"失败的将军不言兵"，钟离权的任务就是寻找到一个出众的弟子，将"道"传给他。钟离权选择的人，就是吕洞宾。钟吕两人，一将军一儒士，有极大的事业互补空间和极高的道业合作优势。历史表明，钟吕两人的历史相遇和精诚合作，非常圆满！《钟吕传道集》诞生了，《灵宝毕法》诞生了。《钟吕传道集》和《灵宝毕法》是道教炼丹术的历史总结，是道教内丹学的成熟奠基，是盛唐气韵的深沉道歌。其字里行间洋溢着的浑厚博大，自由通脱，完全是盛唐气韵。何谓盛唐气韵？姜生、汤伟侠主编的《中国道教科学技术史·南北朝隋唐五代卷》开篇有出色概括。这里仅指出盛唐气韵和钟吕著述的两大相关性：其一，自由奔放的精神意境；其二，兼收并蓄的饱满气象。为什么宋元后世道教各宗皆奉钟吕为开山教祖？答曰：源自钟吕仙道学性命双修、内外兼容的无限饱满性和生成性！为什么钟吕对外能取代李白"饮中八仙"，对内又是八仙核心？答曰：源自钟吕面对王公而不亢、面对乞丐也不卑的平等性和自由性！这是等级化的汉代、礼教化的宋朝都不可能出现的盛唐精神。这是盛唐作为世界文明领先、中国历史巅峰期的仙道奇葩。这是对宇宙和心灵真谛的盛唐圆满答卷。我们今天仍非常依赖它的伟大独立，辉煌卓越，无限风光！一如历史上那些托名他们名字，甘愿为这名字默默服役的忠仆们。

托名钟吕的写作文献特别丰富。《吕祖志》《吕洞宾全书》等，有许多这种托名写作，此处不拟详论。仅指出如下三点，供研究者参考：（1）宗教托名写作，中外古代，并不罕见，皆有著例。如基

三皇五岳八仙图

督教的《托名狄奥尼索斯》，藏传佛教的《托名莲花生》和《黄帝内经》《黄帝阴符经》的托名黄帝。（2）托名书籍的传出时间，总是晚于所托名者的生平历史。其间关系，不可以一概而论。（3）托名者对所托者有存在论上的信仰感情。它不是世俗伦理事件，而乃神圣的荣耀共享。例子一，清代乾隆年间的《吕祖全书》收录了汇集者刘体恕的著述：刘体恕既在序跋部分有明确交代，也讲述了这些著述和吕洞宾的信仰关联。例子二，作为道教东西派之祖，陆西星和李西月都有托名吕祖的言说和著述。他们同样对托名吕祖的言说著述的信仰根据交代得非常清楚。道门外的学者，有不理解的可能，但无指责的权利。翻开当代学者围绕托名吕祖著述现象的文章，理解者寥若晨星，指责者俯地皆是。事实上，就学者们表现出来的主体性和伦理水准，根本就不具备指责陆西星和李西月的资格。

围绕钟吕八仙的道门文本写作，有生平叙述，有诗体写作，有戏剧小说。围绕八仙整体的，有元杂剧《赠玉板八仙过海》、明代《瑶池会八仙庆寿》《八仙出处东游记》和清朝无垢道人的《八仙全传》。围绕个人的，有《蓝采和》《韩湘子全传》《张果老度哑观音》《瘸李岳诗酒玩江亭》《钟离权度蓝采和》。其中围绕吕洞宾的写作，层出不穷，难以尽述。仅以吕洞宾生平叙述为例，就有白玉蟾的《平江鹤会升堂》，赵道一《历代体仙通鉴》和苗善时《纯阳帝君神化妙通纪》。《平江鹤会升堂》中，白玉蟾以歌咏的形式，概述了吕洞宾一生的传道度人活动。略云：

我闻唐代吕纯阳，师是钟离字云房，亲传金液还丹诀，得道之时游荆襄。世人还知纯阳否，鹤颈龟腮身弊垢。或时磨镜市中行，或时卖墨街头走。或称姓田或姓回，江口京口归去来。曾提两瓮过庐阜，复吹双笛行天台。青帽红袍长烂饮，袖有青蛇威凛凛。洪都度得西山施，雪川度得东村沈。朝游百越暮三吴，形神聚散俄有无。茶中传授郭上灶，酒里点化何仙姑。或衣白襕或纸袄，一剑横空几番倒。大笑归从投子山，片言勘破黄龙老。

在《平江鹤会升堂》中，白玉蟾给我们提供了吕纯阳简明清晰的肖像画。它提供了吕洞宾一生的许多重要行迹。师承："我闻唐代吕纯阳，师是钟离字云房。"行业："或时磨镜市中行，或时卖墨街头走。"绝技："袖有青蛇威凛凛，一剑横空几番倒。"度人："洪都度得西山施，雪川度得东村沈。茶中传授郭上灶，酒里点化何仙姑。""酒里点化何仙姑"，即八仙女性何仙姑，为八仙之唯一女仙。"片言勘破黄龙老"即《五灯会元》中的黄龙禅师。尤其重要的是，《平江鹤会升堂》中的"鹤会"，即获得唐代敦煌文献《湘祖白鹤紫灵隐遁法》的出土支持，也给岳阳白鹤寺以及敦煌白鹤观提供了宝贵的解释线索。《八仙全传》中岳阳楼的故事即源于此。赵道一撰《历世真仙体道通鉴》云：

先生吕岩字洞宾号纯阳子。世传为东平人。一云西京河南府蒲坂县永乐镇人，即今河东河中府也。曾祖延之仕唐终浙东节度使。祖渭第进士，德宗贞元中官至礼部侍郎，晚为唐州刺史，有四子，曰温，字化光，官至衢州刺史；曰恭，岭南府判官；曰俭，为御史；曰让，历太子右庶子，或曰终于海州刺史。先生乃让之子也，贞元十二年丙子（796年）四月十四日生于林檎树下。

《历世真仙体道通鉴》最具仙传韵味。出生日期："贞元十二年丙子（796年）四月十四日生于林檎树下"；籍贯："世传为东平人。一云西京河南府蒲坂县永乐镇人，即今河东河中府也"；身世："祖渭第进士，德宗贞元中官至礼部侍郎。有四子，曰温，字化光，官至衢州刺史；曰恭，岭南府判官；曰俭，为御史；曰让，历太子右庶子，或曰终于海州刺史。先生乃让之子也"。《吕让墓志》问世，证实了《仙鉴》的基本正确，对此向达教授有过介绍。

苗善时的《纯阳帝君神化妙通纪》则用"108化"的形式，将吕洞宾的生平行迹首次作了丰富有力的展开和铺写。它既是后世各种八仙戏剧小说的素材来源，也体现了一个全真教士对圣祖的忠诚记述。作为道教南宗道士，苗善时对《钟吕传道集》和《灵宝毕法》是极度厌恶，完全否定的。他的这种态度，既反映了元代和盛唐的巨大落差，也反映了苗善时个人对经典的领悟限度。现在一些学者，既在道门之外，又在内史之外，并且不研究文本的具体内容，动辄就把《钟吕传道集》和《灵宝毕法》归于后世全真教的道派写作，或者归于南宗道士的托名写作。苗善时作为道教学者，作为道门内的写作者，其对《钟吕传道集》和《灵宝毕法》的极端否定态度，既表明领悟经典著作的挑战性，也说明经典写作的排他性，更是对那些肆意妄测经典的学者预先准备的棒喝和讽刺。

## 第四节 《吕让墓志》和吕岩研究

20世纪70年代，秦墓兵马俑出土，被誉为世界第八大奇迹。20世纪30年代，《吕让墓志》问世，却异常寂寞：1936年的《八仙考》不考虑它，1990年的《吕洞宾考辨》不尊重它，2006年《吕洞宾托名》不理会它。其实，《吕让墓志》问世，不啻八仙文化的"第八奇迹"，不啻吕岩研究的"第一灵迹"！民国时期的1933年，向达先生就曾写道：

民国二十二年……余等于五月一日返抵洛阳，在某氏处得见新出土吕洞宾之父吕让墓志。让有五子，行三者名煜。据新安吕氏家乘，则洞宾行三原名煜，后改名岩，纯阳洞宾又其后改之名，其父名让，所志官阶履历，与新出土墓志正合。（向达《唐代长安和西域文明》116页，三联书店，1979年）

这应该是学界首次提出《吕让墓志》和吕岩研究的关系问题。向达先生对《吕让墓志》的考察，得出了吕岩和吕煜的同一性成果。60多年后，张俊良、高建忠依据《吕让墓志》，写出了专文

《吕洞宾生年族里考辨》，得出了许多有价值的线索结论。其缺陷是没有结合《吕祖全书》的相关内容，对《吕让墓志》进行更贴切的解读和释义。我们从以下几个方面，探讨《吕让墓志》和吕岩研究的重要意义。

其一，关于吕洞宾的出生时间问题，传统上有三种：第一种是道教自身的看法，吕洞宾是唐代人。最有代表性的看法是赵道一的《仙鉴》提出的。《仙鉴》"吕洞宾"条写道：

> 世传以为东平人，一云西京河南府蒲（土反）县永乐镇人，即今河东河中府也。曾祖延之，仕唐，终浙东节度使。祖渭，第进士，德宗贞元中官至礼部侍郎，晚为潭州刺史，有四子曰温，字化光，官至衢州刺史；曰恭，岭南府判官；曰俭，为御史；曰让，历太子右庶子，或曰终于海州刺史，先生乃让之子也，贞元十二年丙子四月十四日生于林檎树下。

《仙鉴》的上述记载，从元代到今天影响很大，成为道教内部的定论。前中国道协会长闵智亭先生曾专门著文，讨论吕洞宾的出生问题，结论是："只有《历世真仙体道通鉴》所记年号与'甲子纪年'相符。根据史书纪年惯例，往往是年号与'甲子'并记，且'甲子纪年'很少有误。据上引文献相互印证，吕纯阳生于唐德宗丙子年即贞元十二年（796年）是可靠的。今年（1996年）应是吕祖诞辰一千二百周年。"面对《吕让墓志》，唐德宗丙子年即贞元十二年（796年）作为吕洞宾的出生之年，看来是不太"可靠"的了。关于吕洞宾的出生时间问题，第二种看法和道教截然相反，主张：吕洞宾是五代宋初人，而不是唐代人。朱越利指出，"吕洞宾是五代、北宋初一位方士""吕洞宾实有其人，但不是唐代人，他大约生活于五代至北宋太宗末年（907—997年）。李裕民写道："以909年吕洞宾生记，992年见丁谓时为84岁。"朱越利、李裕民等先生很可爱：一个给出的吕洞宾生年是"909年"（李），一个给出的生年是"907

年"。唐朝灭亡是906年，先生们给出的"909年""907年"并无特别基础，唯恐吕洞宾"粘唐"而已。关于吕洞宾的出生时间问题，第三种看法即"唐末五代说"，这也是大多数学者的观点。任继愈主编的《中国道教史》和卿希泰主编的《中国道教思想史》，皆持"唐末五代说"。"唐末五代说"接受道教的"唐代传统观"的合理因素，但不做具体讨论。比如吴光正的《八仙故事系统考论》，是研究钟吕八仙的学术专著，也是"唐末五代说"，但仍然放弃探讨吕洞宾的生平问题。

根据《吕让墓志》记载，张俊良、高建忠在《吕洞宾生年族里考辨》提出了新的观点："吕让生于唐贞元八年（792年），卒于唐大中9年（855年）。以此推论，吕洞宾最早不会生于810年前，吕洞宾的出生只能在810年以后，按814年左右出生计算。"公元814年，是张俊良、高建忠在《吕洞宾生年族里考辨》得出的吕洞宾出生结论。实际上，《吕让墓志》还有更重要的内容线索："府罢，除三原县令，转检校都官郎中。府换，随表赴阙，授海州刺史。""三原剧邑，多豪强，公春秋三十三，人以为难。"（参见周绍良主编《唐代墓志汇编·下》2333—2335页，上海古籍出版社，2007年）《吕让墓志》明确告诉，吕让担任三原县令是33岁（"公春秋三十三"），即公元825年，为唐敬宗宝历元年。吕让出任"海州刺史"在"三原县令"之后，我们以三年估计的话，大致上是828年，即唐敬宗宝历末年，吕让出任"海州刺史"。据杨亿《谈苑》等记载，吕洞宾出于"海州房"，即吕让出任"海州刺史"期间。如果吕让任"海州刺史"的第2年有吕洞宾的话，那么，公元830年就是吕洞宾的出生时间。

其二，关于吕洞宾的郡望和生平空间问题。"郡望"，是"郡"与"望"的合称，即表示某一地域空间内的名门大族，如弘农杨氏，太原王氏，陇西李氏。就此而言，吕洞宾属于山西河中吕氏。问题在于，恰恰从吕洞宾父辈开始，吕门在行政空间上急剧坠落。吕洞宾更是由儒转道，成为道界八仙。因之，所谓吕洞宾的郡望，已不是政治空间概念，而是其生平的宗教地理探讨；政治区划的"郡望"成为宗教信理的"地望"。《吕让墓志》的出土，使探讨吕洞宾的生平"地望"，有了现实的平台框架。

根据杨亿《谈苑》、范致明《岳阳风土记》记载，吕洞宾属于山西河中府（今永济市芮城县）吕氏。吕渭是吕洞宾的祖父。吕渭（734—800年）新旧《唐书》皆有传。吕渭一生的行政空间，主要就是唐代都城长安（擢升进士，"太子右庶子"和礼部侍郎）和今天的湖南省（潭州刺史、湖南郡观察史）。吕渭在公元800年离世之时，吕洞宾的父亲吕让刚刚七岁。《吕让墓志》写道："府君七岁在潭州，七日之内，继失怙恃。"吕温为衡州刺史，承担了教育小弟吕让的职责。吕让在湖南长大，其《贾珠赋》云："洞庭方员七百里，其漫浸日月，土出金人之。"由于两辈人的湖南经历，岳阳一带成了吕洞宾的生活基地。岳阳外，吕洞宾的另一个生活中心就是唐代的首都长安。京城长安，是吕门祖辈任职和生活的地方，是当年的世界文明中心。据吕让《荆州刺史厅记》记载，"八年夏，予罢郡西归，道出于此"，时间是唐文宗太和八年（834年）八月，4岁的吕洞宾随父母回到首都长安。

皮亚杰和弗洛伊德的现代心理研究显示，童年记忆对人有重大影响。金宪宽先生在《时空和灵性》一书中，通过自己的故事得出结论，最早的心灵记忆是4岁。4岁的吕洞宾回到首都，回到长安，来到当时的世界文明中心，其新奇强烈的印象，在《吕祖全书》中比比皆是。回到长安，吕洞宾是新奇的，吕让也充满新鲜感。海州刺史之前，吕让在长安已生活了10年。《吕让墓志》写道："以右拾遗史馆修撰授公，公以年少谦辞，即日除蓝田县尉"，"府罢，除膳部郎中，改万年县令。疾免"。《吕让墓志》的总结话语是："宾倅六府，宰二邑，刺一州，在朝行十余岁。"从4岁回到京城长安，吕洞宾便长期生活于此，最终隐世修道于此，总共有60多年的时间吧。因之，北宋初的文献多称吕洞宾为"京兆人""关西逸人"。就先辈籍贯看，吕洞宾属于山西河中吕氏。因之，讲吕洞宾是河中府人，并不为错。如果着眼于吕洞宾的晚期生活，讲吕洞宾是岳阳人同样并不算错。重要的是要探索吕洞宾和各个地域的特殊关联性，是每个地方对吕洞宾的特有生存论意义，而不是简单地贴上某个地域标签。地域标签，是脸谱化的东西，既脱离客观丰富的人生，也可能伤害他人的感情。

《吕让墓志》的结尾写道："天乎天乎"，"神理胡昧兮"！吕让逝世的855年，吕洞宾25岁。他非常清楚父亲的悲剧，自己也经历着"累试不举"的严峻现实。李德裕父子专权，是吕洞宾人生命运的严重挑战。事实上，"累试不举"，仕途无望，吕洞宾才由儒传道，开始了40多年的隐居修炼生活。《吕祖全书》中的诗句写道："当年诗价满皇都，掉臂西归是丈夫。万顷白云独自有，一枝丹桂阿谁无。闲寻渭曲渔翁引，醉上莲峰道士扶。他日与君重际会，竹溪茅舍夜相呼。"这既和《吕让墓志》"东海远皇都三千余里"相互释义，也和"次曰煜，曰炫，修文绍进，已获时誉"显得十分吻合，更是在洛阳埋葬完父亲之后，吕洞宾西行华山修炼的人生宣言。

其三，《吕让墓志》和《吕祖全书》的文本互释。《吕让墓志》对李德裕的记述意味深长：一方面"时故相国赵国李公德裕以公孤介，欲授文柄者数矣"，一方面"不掌乎纶文柄，不显乎相印将坛，天乎天乎"。《吕让墓志》对李德裕的几笔叙述，夸赞中深藏悲怨，升扬里跌落而下，显示出撰著人非同一般的文章境界。李德裕父子是吕洞宾挥之不去的疼痛记忆。唐末五代战乱之后，人历三朝，饱经风霜的吕洞宾站在"宋朝的李德裕"面前，通过精确预言，让死了的与活着的李德裕明白：吕洞宾已是神仙！这就是杨亿《谈苑》

中宋初宰相丁谓的故事。吕洞宾和丁谓见面的地点是饶州，是"丁谓（966—1033年）通判饶州日"。"丁谓通判的饶州"，五代时属南唐（937—975年）李煜父子的国土。吕洞宾在饶州见丁谓，仍然是盛唐情结。吕洞宾和南唐名臣张洎的见面，更是唐朝情结的显露。李煜作为唐代的后主和末代皇帝，女人让宋太宗抢夺；自己写《虞美人》，最终被宋太宗残杀。《吕祖全书》写道："笑指不平千万万，骑龙抚剑九重关"，"削平浮世不平事，仗剑壶酒驾鹤游"。吕洞宾往见丁谓，还有不平之气吗？肯定有。他见丁谓，就是记着李德裕之故。杨亿《谈苑》中的两个吕洞宾故事，皆与南唐有关；这是否向人们暗示他的吕煜原名呢？从《吕让墓志》，人们才知道，吕洞宾的原名叫"吕煜"。南唐后主李煜和吕洞宾（吕煜）是一个名字啊。面对978年李煜的惨死，吕洞宾先是见张洎，后是见丁谓；一个是南唐老臣，一个是"赞皇新人"。通过他们的眼睛，见证一个唐代进士的毁灭，见证一个唐代神仙的诞生！

第一，《吕让墓志》写道："东海远皇都三千余里，承平不轨之后，人多不知法制，州无律令，无紫极宫。"写海州刺史，《吕让墓志》用了200多字。而被李裕民《吕洞宾考辨》看重的"太子右庶子"，《吕让墓志》只用了"迁右庶子"四个字。《吕让墓志》中明确写道："生人为先，社稷次之。""生人为先，社稷次之"是父亲留下的人道精神遗产，吕洞宾进而从人道进升至仙道。按照海德格尔《人道主义的信》，仙道乃是最为彻底和崇高的人道主义。《吕让墓志》是吕洞宾兄弟们给父亲写的"墓志铭"。他们已经懂得了"史"的真谛："生人为先，社稷次之。"李裕民的《吕洞宾考辨》之所以特别强调吕让的"太子右庶子"官职，分明体现出的是落后腐朽的封建史观："官职唯上，社稷为先"！孙猴子已经识破了空洞堂皇的"齐天大圣"，1990年的《吕洞宾考辨》却仍然责难吕洞宾不把父亲吕让的"太子右庶子"挂在嘴上！1918年，鲁迅以《狂人日记》的形式撕破了封建正史的嘴脸。仙道境界的吕洞宾当然早已知道：正史云者，往往是正宗垃圾。史官道祖的《老子》一开始就拒绝了历史。

八仙殿

《吕祖全书》写道："当年诗价满皇都，掉臂西归是丈夫。""坐卧常携酒一壶，不教双眼识皇都。"《吕让墓志》和《吕祖全书》出现的"皇都"，即盛唐首都长安。吕洞宾长期生活于皇城与皇都。"掉臂西归是丈夫"，是《吕让墓志》中洛阳埋葬完父亲之后的人生转折，是向人道皇都的挥臂再见，是向仙道玄都的握手开端。"不教双眼识皇都"是钟离权的传道教诲，也是吕洞宾自己的修炼心声。

第二，《吕让墓志》写道："粤以十年四月十三日龟筮叶吉，归附于洛阳邙山清风原大茔礼也。"洛阳邙山是父亲吕让灵墓之地。《吕祖全书》写道："离花片片乾坤产，坎蕊翻翻造化栽。晚醉九岩回首望，北邙山下骨皑皑。"《吕让墓志》"洛阳邙山清风原大茔"，是吕洞宾25岁在洛阳写的；《吕祖全书》"北邙山下骨皑皑"，是吕洞宾40多年的华山修行诗忆。

第三，《吕让墓志》写道："时故相国赵国李公德裕以公孤介，欲授文柄者数矣。""欲授数矣"，结果就是"未授"！"天乎天乎"，是《吕让墓志》揪人心魂的浩大不平。《吕祖全书》写道："粗眉卓竖语如雷，闻说不平便放杯"，既让人想到李白的"停杯投箸不能食，拔剑四顾心茫然"，也联想到吕洞宾科举的"累试不举"。宋初见到丁谓，吕洞宾就明确以李德裕类比了。《吕让墓志》是"天乎天乎"，"神理胡昧兮"的哀叹，《吕祖全书》是"不平复不平"，一首又一首的追忆。

第四，根据《吕让墓志》的内容记载，吕洞宾原来的名字叫做吕煜，字绍先，"次曰煜"，排行老三，弟兄五人。《吕祖全书》的撰写人是吕岩，字洞宾。吕煜，字绍先，一派"天行健"的儒家庭训；吕岩，字洞宾，十足"穴居者"的仙道气韵。从吕煜、字绍先到吕岩、字洞宾的变化，《吕祖全书》写道："炉养丹砂鬓不斑，假将名姓住人间。"《吕让墓志》中，"次曰煜，曰炫，修文绍进，已获时誉"；《吕祖全书》中却是，"当年诗价满皇都，掉臂西归是丈夫"。"当年诗价满皇都"，就是对自己《吕让墓志》中"修文绍进，已获时誉"的追忆吧。

第五，至少从祖父吕渭开始，吕洞宾三代人就以两个地方为生活基地：这就是唐代京城长安和湖光山色的湖南省地区。北宋滕子京把吕洞宾称为"华州道士"，苏东坡叫吕洞宾"华岳先生"，明朝陆西星把吕洞宾诗集直接取名为《终南山真人集》。从《吕让墓志》知道，吕渭出任湖南郡团练观察史，吕温为衡州刺史。吕让在湖南长大，其《贾珠赋》开篇就是"洞庭方员七百里，其漫浸日月"。吕洞宾呢，更是留下了"三过岳阳人不识，朗吟飞过洞庭湖"的传奇绝唱。《吕祖全书》的文本结构是：前半部分是"闲寻渭曲渔翁引，醉上莲峰道士扶"的关中修炼身影；后半部分是"闷里醉眠三路口，闲来游钓洞庭心"的岳阳传道高风。吕洞宾以剑仙著称。他平生的两把宝剑是昆吾剑和青蛇剑。《吕祖全书》吟道："怒拔昆吾长叹息，闲抛理性欲修真"，"朝游北海暮苍梧，袖里青蛇胆气粗"。昆吾剑的命名，来自于吕洞宾的长安京畿生活。杜甫《秋兴》写道："昆吾御宿自逶迤，紫阁峰阴入渼陂。"吕洞宾的"昆吾剑"，概出于对父亲京畿生活的纪念。青蛇剑的命名，既来自于湖南和江西的生活经历，也和《山海经》有关。江南多出蛇。柳宗元有《捕蛇者说》。其次湖南和江西的山中，有一种青蛇竹。吕洞宾的一个传剑师傅，就叫苦竹道人。青蛇剑的命名，显然来自于湖南江西的心灵纪念。非常圆满和带有象征性的是：吕洞宾在关中开始人生的修道磨炼，最后在岳阳江亭飞逝升仙。吕洞宾在岳阳江亭飞逝的时间，大致在992年，即宋太宗淳化二年。那一年，和丁谓见面之后，吕洞宾留下了《岳阳自记》，也在《指玄篇》的最后留下了告别的诗篇。从830年至992年，他度过了162年的传奇人生。太长吗？唐初的孙思邈可是168岁的高龄呢。近代虚云和尚（1840—1959年）也120岁的高龄呢。反正，吕洞宾决计告别的时候，唐代的李德裕和宋朝的"李德裕"（丁谓）已经非常清楚：他们毁灭了一个进士，却成就了一个神仙。盛唐结束了，唐代吕洞宾的信仰却正式开始了。

## 第五节　告别《八仙考》——疑古和疑仙之一

浦江清先生的《八仙考》，对当代钟吕八仙研究的影响极大。《八仙考》发表于1936年。1936年的中国，经历过"九一八事变"，东北三省已经沦亡5年，第二年抗日战争全面到来。时代的主题乃是民族国家的生死存亡。留日回国的鲁迅创作《狂人日记》《药》等现代经典，以小说的形式力图启蒙国民的思想觉悟。这种时代主题，李泽厚概括为"救亡和启蒙的二重变奏"。史学和古代文学，仅仅是时代主题之外的"小夜曲"和"后庭花"。救亡的严峻，启蒙的艰辛造成"小夜曲"的否定情调和"后庭花"的怀疑气息。如果说顾颉刚先生的《古史辨》是当年史学研究中否定情调的体现，其基本思想是"疑古"；那么，古代文学范围怀疑气息的代表就是浦江清先生的《八仙考》，其整体立场就是"疑仙"。半个多世纪以后，鉴于古史辨学派的历史局限和严重缺陷，李学勤先生撰有《走出疑古时代》和《谈"信古、疑古、释古"》，并且以《走出疑古时代》作为自己书籍的名称。今天，如果我们希望推进钟吕八仙的学术研究，首先必须面对的，恐怕就是要告别《八仙考》。

古史辨学派的"疑古"，总的历史观点就是顾颉刚先生总结的"层层累积的上古史"。其基本特征有二：其一，将中国的上古史极大缩短；其二，将古史的文化空间极大缩小。《古史辨》共七册，300多万字，1926—1941年间编辑出版。《古史辨》第一册，1926年北平朴社印行出版。其中顾颉刚著《与钱玄同先生论古史书》等文，集中阐述了"层累地造成的中国古史"的观点，推翻了由"盘古开天""三皇五帝"等观念构成的旧的古史系统，在社会上和学术界所产生的影响和作用，居七册之首。鲁迅先生当年就曾指出："其实，他（指顾颉刚）是有破坏而无建设的，只要看他的《古史辨》，已将古史'辨'成没有。"在古史辨学派的历史影响下，浦江清先生在1936年发表的《八仙考》，总体上也有两大原初局限：其一，将八仙的历史极大缩短；其二，将八仙的精神空间极大缩小。其结果，与"《古史辨》，已将古史'辨'成没有"的情形一样，浦江清先生的《八仙考》，也将八仙"考"成"没有"。

关于蓝采和，《八仙考》写道：

"蓝采和"三字有音而无意，大概如汉乐府"妃呼豨"之类，后人不解，以人实之。

关于吕洞宾，《八仙考》写道：

吕洞宾的事迹，散在群籍，甚难稽考。……至于有没有这样一个人，很难说。

关于钟离权，《八仙考》写道：

实际上唐时亦无钟离权其人，唐诗选本末附神仙诗，皆存疑之品。以钟离诗入唐，何不以之入汉软？

　　浦江清先生的《八仙考》发表于1936年，与古史辨学派的研究同期。古史辨学派的历史局限也是《八仙考》的明显缺陷。古史辨学派"以材料说话""竭泽而渔"的厚重力量，《八仙考》不仅未能继承光大，反有倒退之嫌。首先，整个《道藏》文献，《八仙考》基本不与取，因为不信任。其次，一般士大夫学者资料，《八仙考》取用也有较大局限。第三，浦江清先生对关键文献的领悟理解，出现了重大误读！

　　第一个问题，取用《道藏》文献与否，属于信念伦理，不能勉强谁。我们好奇的仅是：钟吕八仙本质上是仙道信仰对象，当年究竟是何种力量，"勉强"着浦江清先生去进行《八仙考》？第二个问题，传统的士大夫学者资料，尤其是小说笔记资料，是浦江清先生《八仙考》取用的基本文献，也存在着较大局限。周晓薇一方面赞扬说"浦江清先生的《八仙考》最为精核"，同时指出"但在史料上尚不无可增益之处"，因之作《八仙考补》。比如浦江清先生认为《太平广记》中没有韩湘子，《八仙考补》作者"补考"为"有"。马晓宏在文章中一方面赞扬"关于吕洞宾人物、传说考证最详者，为浦江清《八仙考》"，同时指出"今见记吕洞宾事者，以杨亿《谈苑》为最早"。这一"早"，比《八仙考》援引的郑景璧《蒙斋笔谈》差不多提前了100年。郑景璧和《蒙斋笔谈》之"伪"，马晓宏在文末注释中已经提到，"《蒙斋笔谈》之'伪'，《古今说海》本辨之，浦先生未之见"。事实上，杨亿

钟离权像(年画)

《谈苑》之前，关于"吕洞宾人物、传说"的历史文献，尚有《太平寰宇记》和《清异录》，且不说敦煌文献和道藏资料。古代文献，浩如烟海，漏洞实难避免，因之立论很难。浦先生起意挑战历史和传统，奈何资料的占有，其实远不足以支持他的勇敢和文章。即便面对自己取用的传统文献，浦先生的领悟理解也出现了令人惊诧的错误。最突出的是，他把道教"希夷"一词，理解"歪"了，理解成陈抟的"名字"了！且看《八仙考》（载吴光正主编《八仙文学与八仙文化的现代阐释》63—93页，黑龙江人民出版社，2006年。以下引文只注明该书页码）下面三段文字：

引文1：此时正吕洞宾神仙传说鼎盛的时候，安知不是做传的人引吕以重陈，与岳州吕《自记碑》说因游华山，尽得希夷妙旨，引陈以重吕出于一般心理？互相依傍，而实则互相冲突；因为一边是希夷先生的再传弟子，而得道之年才五十，一边是出入斋中，已百余岁！（79页）

引文2：岳州吕真人《自记》称一再遇钟离，尽得希夷妙旨，是以他为希夷先生陈抟的弟子；与宋仁宗时或稍后作《陈抟传》的人以钟吕一为剑仙，一为？（上面同发髻的髻，下面是坐）髻道人，皆来陈抟斋中，因此见陈抟的神异，是互相矛盾的。（83页）

引文3：宋时石刻所以说华山者，因欲依附陈抟，得希夷妙旨故。后来说钟吕之道出于东华帝君，不要陈抟了，因此也不必华山矣。（84页）

这三段引文对吕洞宾研究既极为重要，《八仙考》的错误又极多！《八仙考》最严重和明显的错误是：浦江清先生把吕洞宾"再遇钟离，尽得希夷妙旨"中的"希夷妙旨"误解为陈抟的人名了！陈抟的名字是叫"希夷"；反过来，却不能这样逆推："希夷"肯定就是陈抟的名字。一词而两个概念，是逻辑常识。"希夷"来自于《道德经》，也是一个词两个概念！浦先生见"希夷"只知道想"陈抟"。其错者，此为一也。

"吕真人《自记》称一再遇钟离，尽得希夷妙旨"中的"希夷"，指的是金丹道境。元代赵道一《仙鉴》如此记载："吾乃京兆人，唐末累举进士不第，因游华山，遇钟离子，传授延命之术，寻遇苦竹真人，传授日月交并之法。再遇钟离，尽获金丹之妙。"岳州《自记》"再遇钟离，尽得希夷妙旨"中的"尽得希夷妙旨"，与赵道一《仙鉴》"再遇钟离，尽获金丹之妙"中的"尽获金丹之妙"，说的都是吕洞宾和钟离权的第二次相遇（"再遇钟离"），并且"完全得道"：岳州《自记》用"尽得希夷妙旨"描述，赵道一《仙鉴》用"尽获金丹之妙"描述。在"金丹之妙"面前，《八仙考》却吃了零蛋。浦江清先生由于不懂"金丹之妙"，只能把"尽得希夷妙旨"往陈抟人名上想，将吕洞宾弄成了"希夷先生的再传弟子"！其错者，此为二也。

在引文1中，由于自己理解上出现了错误，将吕洞宾弄成了"希夷先生的再传弟子"，浦先生面对种种"互相冲突"的境况，一会儿猜想"此时正吕洞宾神仙传说鼎盛的时候"，《宋史》"做传的人引吕以重陈"；一会儿猜想"岳州吕《自记碑》说因游华山，尽得希夷妙旨，引陈以重吕"。吕洞宾"尽得希夷妙旨"，是从钟离权得的，不是从陈抟得的；岳州《自记碑》是给吕洞宾立的，因为他早已是岳州一带景仰的神仙，"引陈以重吕"无从谈起！至于《宋史》的"做传的人引吕以重陈"，也完全无从谈起。陈抟《宋史》有传，吕洞宾只是"挤"在《宋史·隐逸传·陈抟》的一角，《宋史》"做传的人"哪里需要"引吕以重陈"？唉，手无缚鸡之力，却在研究山中那些与虎相伴之人；以书生之腹度天仙之心，既妄测岳州《自记碑》，又臆想《宋史》"做传人"，完全远离了"那材料说"的学术原则。其错者，此为三也。鉴于以上三种严重错误，浦江清先生不仅使传统文献变得"自相矛盾"，也直接使自己《八仙考》对历史传统的"挑战"，沦于唐吉诃德的斗风车，更为50年后诸如李裕民的《吕洞宾考辨》埋下定时炸弹。道教文献的记载是：钟离权是师，吕洞宾居中，陈抟为后。李裕民认为，道教搞反了，恰恰相反：是陈抟为先，吕洞宾居中，钟离权最后。作者以"揭示道教史上的谎言"为副题，呼吁"改写道教史"。在"改写道教史"之前，先改正自己理解的常识错误吧。

众所周知，钟离权和吕洞宾乃是钟吕八仙的中心和灵魂。钟离权和吕洞宾关系上理解的重大错误，使浦江清先生的《八仙考》根本散架。浦先生《八仙考》的结论是，吕洞宾信仰出现于北宋庆历年间（1041—1048年）。马晓宏、景安宁诸先生对杨亿（974—1020年）《谈苑》的研究，已经把这一时间提至北宋初年（960—995年）。法国学者侯赛因的《北宋文献中的吕洞宾》对《太平寰宇记》和《清异录》的研究，又把吕洞宾信仰出现推进到了五代时期（960年以前）。吕洞宾信仰，正在返回它真实的历史环境。敦煌文献的出土，和《道藏》文献的关联呼应，给吕洞宾信仰的真实历史环境提供了最终的澄明希望。

《正统道藏》有两处收录了《唐仵达灵真人记》。其中写道：

余自知命之年，从銮舆西幸。当天宝丁亥十一月，遇青城丈人，授以真元丹诀，旨意百不能晓。及肃宗至德丁酉岁，衔命禋于嵩岳，复遇丈人，始授神水黄芽之要。余自得饵灵丹，自至德丁酉，迄于今上干符甲午，历春秋一百一十二载，更十二朝。……今天子蒙尘，奸臣窃位，余西迈，又值钟离公得偕行同宿，逾越三乘。感迷惑之徒，执往不回，良可悲哉。余志辞者，辟下鬼之迷途，开上仙之真境。干符乙未岁丙子日记。（参阅张广保《唐宋内丹道教》第87—88页引文，上海文化出版社，2001年）

在《唐仵达灵真人记》，作者自叙曾随玄宗銮舆西幸，"驻跸行在掌命"，两次均遇见青城丈人，得受"真元丹诀"和"神水黄芽之要",随即向皇帝"乞骸归田"。尤其重要者,"余西迈,又值钟离公得偕行同宿,逾越三乘",既明确叙述了自己和"钟离公得偕行同宿",又表述了他们"偕行同宿"的目的是"逾越三乘"。"钟离公"即八仙钟离权,"逾越三乘"是钟吕派《灵宝毕法》的主题。这一《道藏》文献,既是道教钟吕八仙传统的有力支撑,也与《虚云年谱》中的光绪西驾叙事相互释义,同构辉映。其一,唐僖宗的幸蜀和光绪帝的来陕,皆在国家社稷的严峻危机时刻。其二,在国家社稷的严峻危机时刻,儒家官员"兜不住"了(陈垣语),才有僧道护驾。其三,僧道护驾,都是由于大臣的中介和建议。其四,皇帝御驾安顿之后,僧道又开始自己的专业修炼。虚云和尚是去终南山,钟离权是去青城山。这次钟离权的赴川,既有李八百为师的传道前因,也可能就是刘海蟾的受道之因缘。

可以谅解浦先生《八仙考》,对《道藏》和《唐仵达灵真人记》的忽略。然而,浦先生对另外一则八仙材料的忽略,却无法理解。这则材料即敦煌遗书 p·3810 号的《湘祖白鹤紫芝遁法》。王进玉先生在《八仙和敦煌遗书》(1992)一文中,对《湘祖白鹤紫芝遁法》做过考察研究。其中写道:"敦煌遗书 p·3810 号《湘祖白鹤紫芝遁法》中载:'夫白鹤紫芝遁乃汉名将钟离翁传唐秀士吕纯阳,纯阳,韩湘子阐扬大教,广发慈悲……今以仙术留传于世'等。此法后面是《白鹤灵彰咒》《鹤神所在日期》。此外还有其他几种神仙法。据初步考证是唐末五代初的写本……敦煌藏经洞遗书资料是研究'八仙'中的钟离、吕洞宾、韩湘子修道成仙的重要史料。"王卡先生的《敦煌道教文献研究》,将《湘祖白鹤紫芝遁法》拟名为《道教隐遁内练秘法》。作者写道:"《道教隐遁内练秘法》,撰人不详,约出于唐宋间。"李远国、张广保、吴光正等学者,将《湘祖白鹤紫芝遁法》归于唐代文献,究其原因,一是敦煌藏经洞的封闭下限时间(1000 年左右,荣新江),二是晚唐五代的战乱背景,三是敦煌的遥远地理，四是敦煌文献总体的佛教性质，五是古代的交通能力，六是唐代的传播节奏，七是唐代外丹法术的炽盛，八是唐代敦煌白鹤观的存在，九是敦煌文献中出现了吕洞宾父辈吕恭的名字。种种因素，尤其是和《唐仵达灵真人记》的兼融叙事，几乎可以肯定《湘祖白鹤紫芝遁法》的唐代文献性质。

《唐仵达灵真人记》和《湘祖白鹤紫芝遁法》两则文献，不仅将八仙中的三仙直接"救活"，也将他们的生命和信仰带回盛唐。浦江清先生《八仙考》，对于《湘祖白鹤紫芝遁法》的忽略已是历史事实，但这却是无法理解的：（1）《湘祖白鹤紫芝遁法》为"敦煌遗书p·3810号"。其中的"p"为伯希和（pelliot）的缩写。伯希和（pelliot）就是那位把敦煌学和文献"偷"到法国的著名学者。（2）浦江清先生的

西安八仙庵

《八仙考》一开始，就提到了伯希和的贡献："法国伯希和教授译注《理惑论》，首先注意这问题。"并在自己的《八仙考》中提到"敦煌俗文"。（3）浦江清先生精通西文。《八仙考》就引用着伯希和的法文原作。浦先生"1933年与冯友兰同赴意大利、法国、英国游学，在伦敦博物馆抄录敦煌手卷，阅读东方考古学书籍"。浦先生这样的条件和背景，他的《八仙考》不引用"敦煌遗书p·3810号"，怎么去理解？

就《八仙考》写作而言，浦先生并未引用"敦煌手卷"，"在伦敦博物馆抄录敦煌手卷"，算是白抄了。既已到了"法国、英国游

学"，《八仙考》已然指出了伯希和的八仙研究贡献，浦江清先生偏偏就是不引用"敦煌遗书 p·3810 号"，偏偏不抄录一下伯希和手上的八仙敦煌手卷。从哪方面讲，这都无法理解！"法国伯希和教授"能够一车一车拉走敦煌文献；作为北大教授，浦江清先生在《八仙考》中，却连"敦煌遗书 p·3810 号"也带不回来。其作《八仙考》，既离开自己时代"启蒙和救亡"（李泽厚）的主题，也抛开八仙"救世济人"的意义，连自己手抄的"敦煌手卷"也不会取用，想起来只有辛酸二字。令人深思的还是，"法国伯希和教授"已经把吕洞宾往景教（吕秀岩）或回教（回道人）"拉"，浦先生《八仙考》却要将八仙拉出道教甚至于拉出历史！

20 世纪 80 年代以来，中国的时代主调已从"疑古"走向"释古"。走出《八仙考》的步履，尽管艰难缓慢，也有明显进展。其一，就钟吕八仙和道教的关系问题，浦先生的《八仙考》认为没有关系或"关系很浅"，吴光正的《八仙故事系统考论》一书的结论是"关系很深"，并明确指出浦先生当年的观点"已经站不住脚了"。其二，浦先生的《八仙考》怀疑且否定钟离权、吕洞宾是历史人物，马晓宏、景安宁包括朱越利和李裕民的文章已经不再怀疑。其三，浦先生的《八仙考》认为，吕洞宾的信仰出现于北宋庆历年间（1041—1048 年），景安宁、侯赛因、张广保已经置于宋初（960 年）和五代（960 年以前）。其四，浦先生《八仙考》否定八仙的人物历史，现在已被八仙的历史研究否定。《八仙考》否定吕洞宾的历史存在，欧美学者已将之视为英雄（侯赛因）、圣徒（洪怡莎、森尤利亚）和精神解放的先驱（康豹）。然而，就中国当代钟吕八仙的学界研究而言，《八仙考》当年有两大原初局限：（1）将八仙的历史极大缩短。（2）将八仙的精神空间极大缩小，今天仍以改头换面的形式出现。看来，《八仙考》的诸多问题，就不是一个单纯的历史局限，毋宁牵涉个人的主体性视野。

## 第六节　告别《八仙考》——"奇谈"和"怪论"之二

在很多情况下，修道即修真，仙人就是真人，至少是真正寻找自己的人。苏格拉底有句名言："认识你自己。"这话苏氏可不是随便说的，这正是在《斐多若》篇中提出宗教研究的方法论原则。《论语》讲："古之学者为己，今之学者为人。"我们现代的学者们，更是一些"忘记"自己、专门"为人"的专家；不仅为普通人，更怀着为仙道隐士找回历史和真相的凌云壮志。其结果呢？在国家课题的经费支持下，在博导冠冕的荣誉重力下，"奇谈"出矣，"怪论"来矣。"奇谈""怪论"之最者，当推"假钟离权""假吕洞宾"的惊人发现。这一发现的专利权，属于朱越利先生。在《托名吕洞宾作诗造经小史》（载郑开编《水穷云起》第101—149页，社会科学文献出版社，2009。以下引文只注明该书页码），朱先生向世人公布了这一成果。

"奇谈"和"怪论"者一：宋神、哲二帝时期（1068—1100年），吕洞宾崇拜正在形成之中，有方士二人机敏地抓住了崇拜神仙吕洞宾的社会心理。钟离权不是汉代人，盖为晚唐后梁后唐人。钟离权和吕洞宾不是同时代人。二位冒名方士将钟离权和吕洞宾两个名字结合在一起，是一种创造……从此钟离权和吕洞宾两个名字或形象，经常形影不离。（109页）

关于做学问，胡适有句通俗之语：大胆假设，小心求证。朱越利先生的《托名》一文，假设之大胆，让人惊叹！假设么，一般是放在作者自己的大脑。胆大一些，是将作者自己大脑中的假设讲给一个或几个知己朋友听听；胆子再大一些，是将尚不成熟的假设敷衍成文，拿出去试着公开发表；胆子最大者，就是将假设当成定论，将不成熟的假设视为完美的理论，既公之于众、显之于世，又长篇大论，踌躇满志。"奇谈"于是出焉，"怪论"于是生焉。朱越利先生的《托名》就是这种胆子最大者的"奇谈"和"怪论"。《托名》最大的"奇谈""怪论"就是提出伪造钟吕的"方士二人"的研究假设。"方士二人"的研究假设，由于不仅没有"小心求证"，并且几乎没有论证，就变成了让人惊诧的"奇谈"和"怪论"。

其一，朱文说，"宋神、哲二帝时期（1068—1100年），吕洞宾崇拜正在形成之中"（109页）。"吕洞宾崇拜的形成"时间，朱越利《托名吕洞宾作诗造经小史》认为是"宋神、哲二帝时期（1068—1100年），即北宋末年。事实是什么呢？

杨亿《谈苑》中"吕洞宾者，多游人间，颇有见之者。洞宾诗什，人间多传写。大率词意多奇怪类此，世所传者百余篇，人多诵之"表明，"吕洞宾崇拜的形成"时间，乃是宋太祖、宋太宗，也就是北宋初年（960年）。景安宁写道："太祖时（960—976年），吕洞宾就已经被视为一个著名的神仙。五代末北宋初吕洞宾像广为流传。"（吴光正主编《八仙文化和八仙文学的现代阐释》249页）侯赛因指出："有一点值得一提，宋初时他就是一位世人皆知的人物了。"（《八仙文化和八仙文学的现代阐释》537页）朱越利《托名吕洞宾作诗造经小史》的观点显然是错误的。

其二，朱文说，"钟离权不是汉代人，盖为晚唐后梁后唐人。钟离权和吕洞宾不是同时代人。二位冒名方士将钟离权和吕洞宾两个名字结合在一起，是一种创造……从此钟离权和吕洞宾两个名字或形象，经常形影不离"（109页）。朱文说，"钟离权和吕洞宾不是同时代人"，那么，钟离权是什么时代的人呢？吕洞宾又是什么时代的人呢？先看朱文自己的介绍："钟离权不是汉代人，盖为晚唐后梁后唐人"。"晚唐后梁后唐人"就是唐末（904年以前）五代（907—960年），这是钟离权的生平时代。吕洞宾呢，朱文开篇介绍道："吕洞宾是五代、北宋初一位方士，人称吕先生"（101页）。

据朱文自己的叙述，钟离权和吕洞宾都是"五代"时期的人，怎么又说"钟离权和吕洞宾不是同时代人"呢？看来，首先是相同的时代"将钟离权和吕洞宾两个名字结合在一起"，而不是朱先生捕风捉影的"二位冒名方士"。

其三，朱文说，"宋神、哲二帝时期（1068—1100年）"钟离权和吕洞宾两个名字结合在一起"，"钟离权和吕洞宾两个名字或形象，经常形影不离"，那是因为《钟吕传道集》和《灵宝毕法》已经公开行世，广受欢迎的结果！宋徽宗时期《宣和书谱》记载钟离权的《有问答语及诗成集》，这里的有问答即《钟吕传道集》和《灵宝毕法》。《钟吕传道集》和《灵宝毕法》是以吕洞宾询问，钟离权回答的体例风格写成的。师徒两人一个问一个答，自然"钟离权和吕洞宾两个名字或形象，经常形影不离"了。宋代曾慥《道枢》收录了《钟吕传道集》和《灵宝毕法》中的大量内容。《道枢》还有钟吕"百问集"。宋代陈振孙《直斋书录解题》和宋释志磐《佛祖统纪》也有《钟吕传道集》和《灵宝毕法》的相关内容介绍。《钟吕传道集》的前面写着："钟离权撰，吕洞宾述，施肩吾传"，相当严谨贴切。朱文却先是否定钟吕的著作权，又将《钟吕传道集》和《灵宝毕法》的著作权拱手让给"二位冒名方士"。想一想吧，宋徽宗时期的《宣和书谱》既然已经记载了《钟吕传道集》和《灵宝毕法》，这两本书问世的时间肯定要在宋徽宗宣和时期（1119年）之前吧。两本系统性的仙道著作从酝酿到写作再到问世和传播，在北宋时期，最少需要100年左右的时间吧。这不正是钟吕的生平时间吗？"宋神、哲二帝时期的方士二人"，想写就能够写出《钟吕传道集》和《灵宝毕法》吗？宋真宗之后，钟吕仙道学著述的大量涌现，除了钟吕两人特别是吕洞宾的巨大历史影响力，还有一个技术因素，就是毕升（约970—1051年）发明了活字印刷术。朱文无视这些具体真实的历史因素，将钟吕现象归之于"宋神、哲二帝时期的方士二人",显得既轻佻又荒谬。景安宁指出：

总之，吕洞宾的存在、形象和事迹，在北宋初被社会各层人士承认，这样广泛复杂的现象不能凭空产生，或由一两个人捏造。可以肯定，吕洞宾实有其人，是一个著名隐士，活跃期在五代末北宋初。(《八仙文化和八仙文学的现代阐释》249页)

"奇谈"和"怪论"者二：《灵宝毕法》可以作为神、哲二帝时期钟吕丹法的代表作，也是托名吕洞宾（同钟离权问答）的第一部著作。(110页)

"奇谈"和"怪论"者三：今《修真十书》卷14—16有《钟吕传道集》3卷，采用钟吕问答的形式。其题"钟离权述，吕洞宾集，施肩吾传"。其所谓钟吕实际是指神、哲二帝时期扮演钟离权、吕洞宾者，《钟吕传道集》为施肩吾著，托名钟吕。(112页)

"奇谈"和"怪论"者四：至今，学者中误以为吕洞宾是唐代人的很少了。吕洞宾实有其人，但不是唐代人，他大约生活于五代至北宋太宗末年。(102页)

高人难遇，真人难识。朱越利先生认为，"吕洞宾是五代至北宋太宗末年"人，是一种观点，也有人赞成。但是，朱文声称"至今，学者中误以为吕洞宾是唐代人的很少了"，却无疑属于"奇谈""怪论"。第一，"学者中以为吕洞宾是唐代人的很少"吗？主张吕洞宾是唐代人的学者名单，至少不比认为其是五代至北宋人的学者名单短。胡孚琛主编《中国道教大辞典》的"吕洞宾"条，主张吕洞宾是唐代人；姜生主编《中国道教科学技术史》的"钟吕内丹理论概述"，认为吕洞宾是唐末五代人；卿希泰主编的《中国道教思想史》，认为吕洞宾是唐末五代人。个人著述（胡孚琛、李远国、张广保、吴光正等）主张吕洞宾是唐五代人的，非常之多。任继愈主编的《中国道教史》写道："钟吕二人的确切生卒年代无考，但据可考史料，他们活动于唐末至北宋初，在五代末已颇有名……但钟、吕享一二百岁高寿，于宋初尚活动于人间，还是可信的。"（上海人民出版社，1990年，490页）。朱先生认为"吕洞宾是唐代人"的观点是错误的，都可以，是"误以为"了，也行。他说这种"误以为"的学者"很少了"，由于和直观的事实不符，就显得虚弱和荒谬了。谁在"误以为"，不言而喻。朱先生的"误以为"，还不仅仅于此！朱文中，没有"误以为"的学者中，他举了"浦江清、小野四郎、巴德里安·侯赛因、马晓宏、李裕民及笔者……的深入研究"（106页）。在这些"深入研究者"中，浦江清、小野四郎的基本观点是否认吕洞宾的历史存在，朱越利先生《托名》写道："吕洞宾实有其人。"朱先生在"深入研究"的名义下，又一次"误以为"！

朱越利先生的《托名》认为，吕洞宾崇拜，是在"宋神、哲二帝时期（1068—1100年）"。马晓宏《吕洞宾及其信仰的形成》写道："可知吕洞宾北宋初尚在，而且已经被传为神仙了。"（载《道教与传统文化》24页，中华书局，1992年）巴德里安·侯赛因《北宋文献中的吕洞宾》指出："有一点值得一提，宋初时他就是一位世人皆知的人物了。"在吕洞宾的信仰崇拜形成时间上，朱越利先生的《托名》认为是"北宋末期"，巴德里安·侯赛因和马晓宏明确指出是"北宋初年"。在"深入研究"的名义下，朱先生再一次"误以为"了！朱越利先生《托名》认为，"钟离权，盖为晚唐后梁后唐人"，李裕民《吕洞宾考辨》写道："以上说明钟离权约生于宋真宗大中祥符时……他出生时，吕洞宾早已去世。"面对这些相互冲突的"深入研究"，面对如此之多的"误以为"，朱越利先生再次表现出虚弱和荒谬。作为道教研究专家、博导、教授，朱先生难为情吗？不用。他是《托名》研究！

朱文有不下10次之多（见109页、110页、111页、112页等）声称："宋神、哲二帝时期（1068—1100年），吕洞宾崇拜正在形成之中，有方士二人机敏地抓住了崇拜神仙吕洞宾的社会心理，以

吕洞宾通晓丹法并能够化身周游为依据，扮演钟离权和吕洞宾。"（109页）

如此多的证据，如此多的指控，朱先生完全可以给"假吕洞宾"和"假钟离权"定罪啦！他们是谁呢？朱先生给我们说，有"神、哲二帝时期扮演钟吕二人者"，是"方士二人"。这二位方士是谁呢？除了说"这二位方士"非常"机敏""很成功"之外，他们的相貌特征、籍贯年龄和作案动机，朱先生完全保密着。既然保密，作案者尚完全不能确定，那么多的证据和指控，究竟让谁承担呢？让不幸上当的历史吗？还是让善良的信仰者承担？朱先生做的是国家课题的学术研究，不是离奇的悬疑小说。给纳税人提供"方士二人"的相貌特征、籍贯年龄和作案动机，既是起码的工作职责，也是学术智力的最低诉求。否则，"神、哲二帝时期扮演钟吕"的"方士二人"抓不着，一位现代"学术方士"倒可能完全暴露于公众视野。"方士二人"遥远无法归案，朱先生的评价又离奇之高："神、哲二帝时期扮演钟吕二人者，可比为内丹术史上的慧能。"（111页）还有比这更离奇的比方吗！是说"演钟吕二人者"之伪造和慧能大师可比，还是他们间的成就可以一比？论伪造，至少慧能大师这边为零，无可比性；论成就，慧能大师这边是开宗立派、青史留名；"方士二人"，却托名钟吕，投机作伪，接受着朱先生的追赃指控，也无可比性。朱先生却把这"方士二人"和慧能大师放在一块相提并论，真够离奇荒唐吧。

朱先生《托名》说（102页）："众所周知，以断代出现重大错误的资料为基础撰写的论著，就像沙滩上没有地基的高楼，风吹即倒。"他的"假吕洞宾"学说，首

钟吕传道图

先就是"断代出现重大错误",风不吹即倒!不必援引大量的《道藏》文献,朱先生会来一句"伪作"。可是敦煌文献呢?它既在遥远的河西,又深埋于古洞。藏经洞的封闭时间在北宋初年(1000年左右,荣新江)。在敦煌文献的《白鹤》,"钟离权和吕洞宾两个名字或形象",至少在五代北宋初期,已经"形影不离"。据杨亿(974—1020年)的《谈苑》,陈师道(1053—1101年)的《后山谈丛》,五代北宋初,"钟离权和吕洞宾两个名字或形象",已经"形影不离"。《后山谈丛》既有"钟离权和吕洞宾"相互问答的论道故事,还有五代李后主寻求吕洞宾的画像叙述。根据"命必师传"的仙道原理,"钟离权和吕洞宾两个名字或形象""形影不离"的时间下限,不会晚于五代末期(960年之前)。朱先生"对此"主要问题的"断代",却是"神、哲二帝时期"(1068—1100年)或"两宋之交"的北宋末期,显然是"断代出现重大错误"!

朱先生《托名》一文,论批判火力之猛,不如李裕民的《吕洞宾考辨》;论诗文分析之工,不如马晓宏《吕洞宾著作考略》;论史料文献之消化,不要说和景安宁、侯赛因等欧美学者没法比,就是和浦江清的《八仙考》比,也有距离。朱先生《托名》一文的最大"发现"和"贡献",就是那"宋神、哲二帝时期的方士二人":客气说,是一个工作假设;刻薄说,是滑天下之大稽;中性说,是"奇谈"和"怪论"。无论怎么说,那"方士二人",请感谢朱先生吧。千年以来,你二人不仅创造了自己的仙道学术,还无私地为钟吕作嫁衣裳,使吕洞宾成为和观音菩萨、关羽一样的伟大圣者。这"方士二人"创造了钟吕仙道学,朱先生创造了这"方士二人"说——他制造的真假吕洞宾,究竟是国家课题的"重大发现"还是"重大失败",不言已明。如果我们国家的有关部门认定为"重大发现",那么,敢请继续支持朱先生,把"方士二人"彻底寻找出来,让人们把"喜爱"和信仰献给我们默默无闻的"真仙"吧。

现代人文学科，讲究文明的内部发言原则。由于"国家课题"的缘故，对于道教信仰形成的历史"共识"，朱先生作为课题研究的主持人，最大的权利只能说"历史"的"共识"，而无法说"错误"的"共识"。"虔诚的情感"——比如"喜爱"，涉及信仰性价值观，无法用"错误的"认知语言来判断定性。朱先生可能不"喜爱"或者信仰"道教"——尽管做着"国家课题"，但应该有家庭吧。如果他和妻子互相"喜爱"，并且有"共识"和"虔诚的情感"，而他人总要说其婚姻是"错误"的，朱先生能接受吗？如果朱先生的回答是否定的，那么，我们也不能接受他对于吕洞宾的"错误说法"。用朱先生的说法，就是：吕洞宾仍然"活"在我们的心灵信仰中！李学勤先生主持的国家"夏商周工程"，已经彻底改变了当年古史辨学派的历史偏颇。当代史学研究基本《走出疑古时代》，而走到了"释古"时代乃至于"信古"时代。历史已经走出了《八仙考》的疑古时代。"托名"国家课题的道教研究，不仅更加"疑古"，并且严重"讽仙"。它们让人走进"假吕洞宾"，让人走进学术话语的"迷魂阵"。站在欧美学者"学院派"的外面，昆德拉高喊："生活在别处。"面对中国"课题型"学者的道教研究，我们想说："钟吕在别处！"

## 第七节　告别《八仙考》——"真相"和"谎言"之三

东岳泰山刻石有吕洞宾的一首短诗《书王母池》："昔日曾游此，如今九十春。红尘多少客，谁是识予人。"（《新编吕洞宾真人丹道全书·前言》）

西岳华山题壁也有一首《题文仙峪》："昔日曾居此，埋名四十春。红尘多少客，谁是识予人。"（韩理洲主编《华山志》）

两首诗，20个字，言短，情深，意长。先看"史"的价值：在东岳泰山，吕洞宾是"昔日曾游此"，两次游览的时间，相隔"九十春",题诗时间为金大定时期(1161年左右)。在西岳华山,吕洞宾是"昔日曾居此",居住的时间是"埋名四十春"。换句话说,在华山文仙峪,吕洞宾隐居了40年。它与几个重要史料内容吻合。其一,《宋史·隐逸传·陈抟》记载:"关西逸人吕洞宾有剑术,百余岁而童颜,步履轻疾,顷刻数百里,世以为神仙,数来陈斋中。"陈抟当时隐居华山云台观,吕洞宾隐居华山文仙峪,距离很近,于是"数来陈斋中"。其二,这和吕洞宾的诗歌内容完全吻合。其诗吟道:"落魄红尘四十春,无为无事信天真","闲寻渭曲渔翁引,醉上莲峰道士扶"。其三,北宋苏轼和滕子京的诗文,称吕洞宾是"华州先生""华岳先生"。北宋距离吕洞宾生活年代很近,苏轼和滕子京了解吕洞宾在陕西华山一带的生活背景。其四,南宋吴曾《能改斋漫录》等记载吕洞宾"遇巢乱,携家入终南山",连浦江清先生在《八仙考》里也认为"最近情理"。吕洞宾早期资料,多认为他是"关西逸人"和"京兆人"。

吕洞宾生平游历很广,但有两大修道据点。第一个据点,也就是早期根据地,即华山文仙峪——秦岭终南山一带;另一个据点,也就是他晚期根据地,即湖南岳阳——湖南岳州天门山一带。吕洞宾有两首《过岳州诗》。其一:"独自行兮独自坐,无限世人不识我。惟有城南老树精,分明知道神仙过。"其二云:"朝游百越暮三吴,袖里青蛇胆气粗。三入岳阳人不识,醉吟飞过洞庭湖。"这两首诗,北宋王巩《闻见近录》等文录多有记载。关于吕洞宾的生平,景安宁认为,在"湖南北部或陕西的山中度过了他的大半生",基本可靠。需要补充的是,"湖南北部或陕西的山中"的"或"改为"和"要更为确切。具体说,吕洞宾先是在"陕西的山中",后来是在"湖南北部的山中"度过了"他的大半生"。这一点,其《促拍满路花》写得分明:

西风吹渭水,落叶满长安。茫茫尘世里,独清闲。自然炉鼎,虎绕与龙盘。九转丹砂就，一粒刀圭，便成陆地神仙。任万钉宝带貂蝉，富贵欲熏天。黄粱炊未熟，梦惊残。是非海里，直道做人难。袖手江南去，白苹红蓼，又寻溢浦庐山。

词中，"西风吹渭水，落叶满长安"，是写唐末的悲哀与凄凉。"茫茫尘世里，独清闲"，写秦岭南山的几十年修炼，用《题文仙峪》的话，就是"昔日曾居此，埋名四十春"。从"自然炉鼎，虎绕与龙盘"，到"黄粱炊未熟，梦惊残"，写修炼境界和心情。大致由于以下几个因素，吕洞宾决定离开"陕西的山中"，迁往"湖南北部的山中"度过余生。其一，故国已灭，五代乱世，关中长安让人伤心。其二，"是非海里，直道做人难"，一个地方居久了，人熟事杂，难免出现各种矛盾。其三，"九转丹砂就，一粒刀圭，便成陆地神仙"，吕洞宾有了远行的体魄本钱。其四，在秦岭终南山，吕洞宾修道基本成功。于是，他"袖手江南去，白苹红蓼，又寻溢浦庐山"。其五，吕洞宾的伯父在岳阳附近做官，死后埋在当地。景安宁先生有详细论述。其六，岳阳附近是《古灵宝经》授记之地。钟吕的基本著作就叫《灵宝毕法》。总之，大致上在西岳华山文仙峪，吕洞宾已经修炼成功。《过岳州诗》中的"惟有城南老树精，分明知道神仙过"和"朝游百越暮三吴，袖里青蛇胆气粗"，就是道境见证。曲高和寡，高人难识。

作为杰出的思想家和作家，鲁迅在《呐喊》"序言"中讲过心灵的孤独："寂寞是不可不驱除的，因为这于我太痛苦。我于是用了种种法，来麻醉自己的灵魂，使我沉入于国民中，使我回到古代去。许多年，我便寓在这屋里钞古碑。"和鲁迅比较，吕洞宾不仅承受心灵的孤独，还得面对整个孤独的隐居世界。鲁迅从孤独中出来，给人们创造了震撼人心的《狂人日记》。吕洞宾从孤独中出来，给人们创作了高古俊逸的"真人日记"——这就是《传剑集》和《浑成集》诗篇。据研究，李白的诗歌是十不存一。吕洞宾的"真人日记"，也至少是十不存一吧。面对吕洞宾残存的篇什，其寂寞之逸气、孤独之灵气、修炼之真气和证道之大气,犹如天风四起,弥漫浩荡。在东岳泰山和西岳华山,吕洞宾皆留下"红尘多少客,谁是识予人"的寂寞惆怅。在《绍兴道会》,他写道:"我在目前人不识,为留一笠莫沉埋"。在《成都持丹》,他写道:"今日忆,明日忆,忆得我来不相识"。初到江南,他留下了"三入岳阳人不识,朗吟飞过洞庭湖"的寂寞身影。仍然是岳阳的漂泊生涯,那首著名的传世之诗吟道:"独自行来独自坐,无限世人不识我。惟有城南老树精,分明知道神仙过。"高人孤独,真仙寂寞。吕洞宾的境界,其实也不出《道德经》的气息:"寂兮寥兮,独立不改。"其所吟叹的,也不出《道德经》的主题:"言有宗,事有君;夫唯无知,是以不我知也。"吕洞宾的"红尘多少客,谁是识予人",即《道德经》的"是以不我知也。"吕洞宾一唱三叹的"谁是识予人",不仅有《道德经》作注,有《庄子》"今者吾丧我"作注,也有苏格拉底的"认识你自己"的神谕作注,还有佛教《维摩诘经》作注。"认识你自己",即禅宗的明心见性,即仙佛,即真人。

"无限世人不识我",不识也就罢了,可叹的倒是当代钟吕研究中的众多曲解、臆测和妄言:什么"吕洞宾不存在"啦,"假吕洞宾"啦,"吕洞宾善夸诞"啦,等等。尤其李裕民先生,竟然关公面前耍大刀,欲在真人面前做《吕洞宾考辨——揭示道教史上的谎言》(发表于《山西大学学报》1990年1期;收载于氏著《宋史新探》121—135页)。瞧那题目:《吕洞宾考辨——揭示道教史上的谎言》,他那单挑吕洞宾的身影,让人想起《水浒传》的李逵板斧,粗勇抢空的板斧。

李逵粗勇抢空的板斧,常让局外观者满足喝彩。《吕洞宾考辨——揭示道教史上的谎言》,也是"局外人"首先回应。当年的《新华文摘》转载之,一位70多岁的台湾老兵,在投笔从戎、抗战结束几十年之后,无奈与李先生打了一场"笔仗"——这就是吕作芳先生写作《奇人吕洞宾生卒年代及身世再探——对李裕民先生〈吕洞宾考辨〉一文的考辨》(刊于《温州师范学院学报》1991年第2期)的大致背景。正文前,吕老先生写道:

  清明赴大陆扫墓,得读1990年4月号《新华文摘》转载《山西大学学报》李裕民先生《吕洞宾考辨》。李文虽不乏可取处,然以为吕公乃陈抟后辈,为享年八十多的寻常老者,立论尚可商榷,特与舍弟作昕合草此稿。余自抗日时投笔从戎后,颇少濡瀚为文。此稿本人主要是提出论点,简列二三千字纲要,全文之论述及修饰,则由作昕负责。余乃唐吏部侍郎吕渭长子温公之后裔,按宗谱,吕洞宾乃渭公第四子吕让之儿,为余远代叔祖。然本文乃按史料论事,探讨学术,并无偏袒远叔祖吕洞宾之意。台北吕作芳谨识。

  一场千年之前的唐代家国事,就这样神奇地向我们走来。唐朝800年的时候,李德裕父子为相,打压吕氏,吕洞宾数败科场,报国无门。公元960年建制的北宋皇朝,崇文抑武为其国策,吕洞宾放弃昆吾和青蛇双剑:滕子京岳阳楼的吕祖像是一优雅儒士,张方平《西岳志》的吕祖洞成了"文仙峪"。1127年北宋灭亡,靖康耻前,吕祖灵化传道王重阳,支撑民族精神的半壁河山。1400年,皇孙朱有燉(1379—1439年)的《吕洞宾花月神仙会》在全国盛演,吕洞宾的《天遁剑法》却无人问津。1900年的天津吕祖庙,是义和团的起义中心。1936年的日本侵华背景,浦江清于书斋写《八仙考》,吕洞宾的后代——台湾吕作芳先生,则投笔从戎,走向战场。1990年的今天,和平日子,吕洞宾的后代们,"清明赴大陆扫墓后",看到《新华文摘》上的《吕洞宾考辨》,他们又"无奈握笔","濡瀚为文",和李裕民这些专家学者来一场"笔仗"。"文章千古事,得失寸心知",可敬的吕门老人啊。学术研究让一个抗战老人心有不安,"特与舍弟合草此稿",是一种什么现象?学者们心安吗?回答是肯

狗不咬吕洞宾

定的：自从1990年发表《吕洞宾考辨》，李裕民在十年之后，不仅将它收在《宋史新探》，并在"前言"特别提出，颇为自许。对此，道界沉默，15年的时间，只有吴光正认为李文"站不住脚"。一句"站不住脚"，就像鸡毛拦不住李逵的板斧一样，"道的真相"和"人的谎言"仍混在一起！真正出于不平，有可能向李裕民讨"道教真相"的，是高嵩松的《小器易盈好问则裕》。高嵩松将李裕民的李逵板斧，归结为八种套路："一、昧于知言，喜鳖厮踢"，"二、偷梁换柱，闪避腾挪"，"三、流略自雄，偏贻笑柄"，"四、玩弄数字，幻术眩人"，"五、善攘鸡羊，占为己有"，"六、信口雌黄，翻云覆雨"，"七、读书灭裂，考证粗疏"，"八、小学未通，诗律尤懵"。

其一，"昧于知言，喜鳖厮踢。"《揭示道教史上的谎言》作于1990年，《宋史新探》出版于1999年。1990年，王进玉的《敦煌遗书与八仙》已经发表了；高国藩《敦煌民俗学》也于1989出版了。景安宁、马晓宏、侯赛因甚至浦江清《八仙考》，李裕民先生在《吕洞宾考辨》中既不阅览也一概不提，其《宋史新探》的质量可想而知。景安宁、马晓宏、侯赛因和浦江清的《八仙考》，如果李先生阅览了却不提及，那就是高嵩松给他总结过的"善攘鸡羊，占为己有"。如果李先生真未阅览基本文献，那就是"信口雌黄，翻云覆雨"，就是"流略自雄，偏贻笑柄"。历史上的大量文献告诉人们，钟离权授道给吕洞宾，吕洞宾授道给施肩吾。李君"新探"的结论是"恰好相反"。就是这种匪夷所思的错误结论，李君也称不上"新探"：即便不算南宋吴曾《能改斋漫录》中的怀疑情绪，至少明代胡应麟的《少室山房笔丛》（参见赵卫东《金元全真道教史论》206—207页，齐鲁书社，2010年），已经有"吕洞宾是师，钟离权是徒"的反常之论。和胡应麟比，李裕民的"新探"是，吕洞宾是陈抟的再传弟子。可是，"吕是陈的再传弟子"说，也仍然不是李裕民的"新探"，而是浦江清《八仙考》50年前就有的东西。李裕民先生的"新探"是什么呢？大概就是"真人"面前呈现"假人"的粗勇胆气，就是"真相"面前敢于"谎言"的草莽勇气吧。局外人都看不下去了！高嵩松只好"附带说一下，李君明诏大号'揭示道教史上的谎言'的《吕洞宾考辨》（《宋史新探》，陕西师范大学出版社，1999年版），更是一篇典型的'鳖厮踢'文字，显示出他对宗教信仰的极端不尊重"。李逵式的粗勇和"鳖厮踢"的文字，必须靠硬碰硬的华山论剑。围绕吕洞宾真相，我们的饶舌，也仅仅是"为留一笠莫沉埋"！

其二，"偷梁换柱，闪避腾挪。"看一下《吕洞宾考辨》的第三部分名称——"吕洞宾是隐士，不是道士"就够了。弄不清"隐士"和"道士"的辩证关系，还"揭示道教史上的谎言"呢！吕洞宾和那么多的各色人物交往，是"隐士"还是"道士"呢？不"隐"的道士有吗？真是"隐士"，靠李逵式的三板斧能够"吕洞宾考辨"？李裕民先生做过杨亿《谈苑》的注释工作。杨亿《谈苑》写道："吕洞宾者，多游人间，颇有见之者"，"洞宾诗什，人间多传写。世所传者百余篇，人多诵之"。李先生既然专门做过它的注释工作，比其他人应该更熟知。那么，"吕洞宾者，多游人间，颇有见之者"，是道士还是隐士？那么，"洞宾诗什，人间多传写"，是道士还是隐士？"世所传者百余篇，人多诵之"，等等，是标准的道士修为吧。杨亿《谈苑》记载吕洞宾和名臣丁谓、张洎的交往，也是典型的道士行为吧。朱越利写道："李裕民及笔者等对这些故事进行了深入研究。在这些故事中，吕洞宾仍然云游各地，飘忽不定，但身份经常变换，或为方士、道士，或为酒客、卖鞋人等。"吕洞宾尽管"飘忽不定"，朱越利还是认出了他的"道士"身份。同时，像吕洞宾做"卖鞋人"一样，朱越利也把"深入研究"的李裕民给出卖了。《吕洞宾考辨》第三部分的标题就声称："吕洞宾是隐士，不是道士！"朱越利说，吕洞宾是道士；李裕民说，吕洞宾不是道士。

那么，何为道士？何为隐士？在《吕洞宾考辨》里，李裕民先生"考辨"说："隐士与道士……区别在于一出家，一可以带家眷；一为成仙，一是为避世，但在外界人眼中，往往不加区分。"这是十足的外行话，是十足的"外界人眼中"的"隐士与道士"！其一，道士有出家的，也有和隐士一样"带家眷"的——几十代的张天师世家，就是例证。其二，道士有多种，隐士也有多种。孔子《论语》分为"避世，避地，避色，避言"四种。张三丰《隐鉴》分为"处士""逸士""达士"和"居士"四种。哪一种"隐士"是为"道"而隐和避世的呢？《隐鉴》云："隐之为道也有二。隐之衰世者，不可更仕兴朝。"吕洞宾就是在唐末五代"隐之衰世"的道士吧。作为道士，他也没有在宋初"更仕兴朝"吧。是的，道士"为成仙"，也允许他没有成仙。作为道士，吕洞宾"成仙"了吗？《宋史》写道："关西逸人吕洞宾有剑术，百余岁而童颜，步履轻疾，顷刻数百里，世以为是神仙。"北宋初年张齐贤（942—1014年）的《洛阳缙绅旧闻记》，通过"田太尉重进，常为太祖皇帝前队……重进晚年好道"的亲历故事，表明"时人皆知吕洞宾为神仙"。李裕民是宋史专家，应该知道张齐贤和田重进"出将入相"的历史权重分量。

其三，"玩弄数字，幻术眩人。"南宋吴曾《能改斋漫录》卷十八记载：

> 吾乃京兆人，唐末，累举进士不第。因游华山，遇钟离，传授金丹大药之方；复遇苦竹真人，方能驱使鬼神。再遇钟离，尽获希夷之妙旨。吾得道年五十，第一度郭上灶，第二度赵仙姑。

《吕洞宾考辨》引用之后，结论如下：

> 透露出吕洞宾的年辈要晚于陈抟，他的成道也要晚于陈抟。陈的成道以移居华山时计算，约在948年，吕得妙旨以在其后十年计，应在958年左右，此时五十岁，则其生年在909年，即后梁开平三年。我们再从另一角度计算一下。陈抟长兴中应举时的年龄，以三十岁计，应生于902年，至984年为83岁，这与太宗估计他"年近百岁"相近。

还记得浦江清先生《八仙考》的悲剧吗？浦先生当年的悲剧就在于，不懂"希夷之妙旨"，将吕洞宾错认为"陈抟的再传弟子"。前面已述。当年《八仙考》的悲剧，现在变成了《吕洞宾考辨》的喜剧：从《能改斋漫录》，"透露出吕洞宾的年辈要晚于陈抟，他的成道也要晚于陈抟"。结论和当年浦先生的《八仙考》完全一样，只是换了说法。心有灵犀一点通吧！不知《吕洞宾考辨》的"灵犀"是和《八仙考》相通的缘故，还是和《能改斋漫录》的直接相通？错误却是明确而严重的。区别是：《吕洞宾考辨》如果是和《能改斋漫录》的直通，那就是悲剧；如果是经过《八仙考》的转接，那就是喜剧。如果是经过《八仙考》的转接而又不明言，除了喜剧因素外，就还是高嵩松归纳的"善攘鸡羊，占为己有"。然而，此次却是"有毒的鸡羊"啊！李裕民先生啊，《能改斋漫录》所言的吕洞宾"再遇钟离，尽获希夷之妙旨"，仔细看是什么意思："希夷"者，非陈抟之谓，乃吕洞宾从钟离权"得道"之意！此"希夷"（得道）非彼"希夷"（陈抟）！至于《吕洞宾考辨》关于论主年月日的"玩弄数字，幻术眩人"，由于前提大错，已经毒素入身；除了

"虚耗"人我心智,有几人愿意睁开眼睛呢。

浦江清先生《八仙考》曾详细怀疑钟离权:"是地名,法号,或姓,不得而知。"面对"希夷"二字,却完全失去细心。"希夷"指"道境",源于《道德经》第十四章中的"视之不见名曰夷,听之不闻名曰希"。这是道家所指的一种形神俱忘、空虚无我的境界。由于"视之"和"听之"的困难,浦江清就理解为"陈抟"。他的这一"理解"不仅给自己的一世声名带来污点,也把李君的李逵式铁胃"戳"下大洞,直接造成学术史上罕见的大笑话,被视为李君的"明诏大号",他的《吕洞宾考辨》成了"一篇典型的'鳖厮踢'文字"。"戳"穿李君铁胃的,除了浦江清先生的"智者一失"外,他自己对道教内外丹的囫囵吞枣也难辞其咎。内外丹呢,好说其实难分。李裕民先生将《钟吕传道集》归于全真教道士的"伪造",其莽撞实在惊人:其一,太多的文献证明,全真教之前,《钟吕传道集》就流行了。其二,《钟吕传道集》是全真教道士的"伪造",何以全真教之前的张伯端道教南宗也把钟吕奉为道祖。其三,李裕民先生将吕洞宾归于"隐士",为何全真教道士特别需要这位"隐士",而不是其他"道士";并且让施肩吾托名,而不直接以吕洞宾署名。照李君的"新探",施肩吾不是出生在吕洞宾之前吗?

正像李逵的板斧无法砍断人们呼吸的大气一样,李裕民先生的《揭示道教史上的谎言》也拿吕洞宾的"希夷"没办法。除了让台湾的吕老先生在"清明赴大陆扫墓"的路上,莫名地多了祭祖的困惑,让远在局外的围观者多了好奇之外,李裕民的《揭示道教史上的谎言》也终于祭出了高嵩松赠给他的《小器易盈好问则裕》的吕祖"八卦炉"。顽石在浊流中,倒有可能扮演"中流砥柱"的石敢当角色;而一旦落到道教的八卦炉,三昧真火迟早会把它沉淀为金丹之外的炉渣。仙人也叫真人。如果要"揭示道教史上的谎言",就像关公面前耍大刀,得胜也可能:美髯公出于某种心情,不理会李逵般粗勇的炫武者。

## 第八节 "隐逸方技":仙的史学

《唐书》有《方技传》,《宋史》有《隐逸传》。《唐书·方技传》有张果条,其中写道:"晦乡里、世系以自神,隐中条山,往来汾、晋间,世传数百岁人。"《宋史·隐逸传》有陈抟条。作为官方正史,《唐书》《宋史》对张果和陈抟的记载,让这两位神仙般的人物毕竟名留青史,谁也无法否认他们的历史存在。这是张果和陈抟比钟离权和吕洞宾幸运的地方。吕洞宾还沾了陈抟的"光",《宋史·隐逸传》记载陈抟的时候,也记录了他与陈抟的交往。否则,吕洞宾为自己的历史身份还得有更多的申辩。唉,吕洞宾毕竟有那么多的行迹叙事,也还要为自己的历史身份进行申辩;古往今来那么多的人,根本没有一个字的历史记载,他们就不曾来过这个世界吗?正史不记载他们,他们就不曾"活"过吗?浦江清和李裕民诸先生"迷信"的正史和文献,比人重要吗?比人的"心情"重要吗?脱脱主持的《宋史》,开正史《道学传》先声。匪夷所思的是,《宋史》中的《道学传》里,并没有一个道士,而都是朱熹般的儒生。宋明理学蜕变为"伪道学",朱熹乃始作俑者。脱脱《宋史》《道学传》的瞎子乱点兵,既把宋明理学逼到"伪道学"的死胡同,又把陈抟诸仙塞进《隐逸传》,弄得800年之后,李裕民先生在《吕洞宾考辨》找不见"道士",竟然把朝野震动、名扬天下的吕洞宾继续塞进"隐逸传",也终于逼得詹石窗在"人民论坛"作《千年道学正名》之文章。《道学传》之胡整,甚矣。正史的玩笑,多矣。

就钟吕八仙研究而言,正史文献的分量远不比道藏文献重要,更无法和仙道之信仰相比!全部正史的《方技传》和《隐逸传》,根本无法容纳仙道神奇的广博世界。不消说,官方学者视为权威、奉为圭臬的所谓"正史",在道教内部乃视为"大路货"、一般化的

"外史"。正史和野史对峙而互补，民间是官方的对方和对话。唐朝王绩的《游北山赋》有言："察俗删诗，依经正史。"那么，就道教而言，"察仙立正，依道补史"就是不言而喻的事情。从儒制官方看，史分正野；从道家私方看，史分内外。很有趣，至今的中央国家高层，仍有各种"内参"。美国中情局，往往一个情报，几十年之后才解密。道教的各式《内传》，自有其道理吧。因之，就道教的史学和文献学看，就不是一个简单的正野二重奏，甚至于弄成以"正"欺"野"的独断官腔；而是一个正野内外的四重唱，一支此起彼伏、和声于天的道歌。

　　正史的权威化，乃是昔日皇权的表现与诉求。文献的实在化，乃是传统文人的苍白与无能。实证的史学有其合理范围；超过这个范围，其褊狭性是显而易见的。文献可以证明一些东西，更多的东西尚在文献世界之外。正史和文献，无论是作者还是读者，首先面临的是个人的领悟和解释。人永远是正史文献的主体和主角，问题仅仅是哪些人成为其主体和主角而已。司马迁作为《史记》的作者和正史的权威，他所受的"宫刑"和死亡，如果不是《报任安书》的私人写作，靠《汉书》正史，能够感受多少呢？秦始皇后宫万人，被秦二世残杀大半。她们中有几个人被正史记录了籍贯身世、花容美貌和陵挫之死呢？休矣，正史的权威化！休矣，文献的实在化！正史也是人写出来的，也存在着种种局限和缺陷。比如《唐书》《宋史》来写钟离权和吕洞宾，他们的去处，跟张果和陈抟将完全一样，不是《方技传》就是《隐逸传》。且不要说，钟离权和吕洞宾的前面必然会矗立着唐皇宋帝、王公大臣、皇亲国戚的赫然身影；就是轮到写他们了，将钟离权和吕洞宾归于《方技传》呢，还是归于《隐逸传》，史家也会有一番踌躇。李裕民先生会把钟离权和吕洞宾归于《隐逸传》，他的文章指出吕洞宾是"隐士"。朱越利先生会把钟离权和吕洞宾归于《方技传》，他的文章指出吕洞宾是"方士"。

浦江清先生会将吕洞宾归于其祖父吕渭之后，作为附录，他的文章指出吕洞宾实在飘忽。把钟离权和吕洞宾归于《方技传》，也就意味着他们以外丹学为主，就像张果。把钟离权和吕洞宾归于《隐逸转》，也就意味着他们以内丹学为主，就像陈抟。问题在于钟吕仙道的旗帜，恰恰是"性命双修""内外结合"。把钟吕放在《方技传》不妥，放在《隐逸传》也不妥。反过来说，把钟吕放在《方技传》行，放在《隐逸传》也行。"都行"和"都不妥"的操管自由和写作困境，就是史家面对仙道叙事的真实挑战。司马迁的《史记》如果开设《道学传》，肯定不会放进儒生，而只能是纯正道士。《史记》中"六家旨要"的深刻可以保证。面对业已出现的钟吕八仙，司马迁会怎么处理呢？《史记》会如何抉择呢？

"史家之绝唱"——《史记》

司马迁《史记》会选择"正野内外"的复调立场。仙道的历史，有正野内外四种观察角度。《史记》是正史之源，也是它的最高典范。鲁迅对《史记》的评价，概括而准确："史家之绝唱，无韵之离骚。"《史记》之史，恰恰兼容了正野内外四种观察角度。《五帝本纪》的开篇，决定了"正史"的关键枢机：帝王政权的历史中心观。《日者列传》《龟策列传》《滑稽列传》以及《游侠列传》又是后世"野史"的热衷内容。重大历史事件——诸如焚书坑儒、楚汉战争、吴越春秋，构成《史记》恢弘雄大的"外史"轮廓。《封禅书》《天官书》包括《五帝本纪》《项羽本纪》中的《垓下歌》，又形成《史记》意味深长的"内史"气韵。清代周亮工读到《项羽本纪》中的《垓下歌》时，纳闷霸王别姬的绝唱，作者司马迁是如何知道的呢？周亮工的"阅读和理解"，实际上是不自觉提出了历史的心灵化幅度和心灵的历史学维度。换句话，它涉及的是史学与文学的成功结合命题。史学凭"事件"说话，修道的特征拾是实践品格；文学靠"想象"存活，仙人的禀赋正在构型力量。《史记》中不仅有《老子列传》，不单写了众多方仙道士，并且《五帝本纪》《秦始皇本纪》和《孝武本纪》中的一个重要议题即仙道学。《史记》之后，从唐朝帝王的服丹到明清君臣的养生，一个基本线索即仙道学。不深入中国源远流长、影响朝野的仙道学，欲掌握"正史"，难矣。《史记》的第一主题，即"究天人之际"。其中的"天"，早已历史性地托付给了仙道学！《史记》多篇出现又闪烁其词的"岩穴处士"，也早已由吕洞宾们历史性地粉墨登场。后世不肖，让《史记》成了"史家之绝唱"。"岩穴处士"的吕洞宾们难以在"正史"落脚，钟吕八仙迄今还得为历史而申辩。这是仙道的巨大不幸还是"正史"的严重倒退？我们今日为了走近钟吕八仙，还得从《史记》出发。正野内外的四重奏，组成了《史记》的"史家之绝唱"；欲续"无韵之离骚"，钟吕八仙乃照耀史学之道光。

《史记》是正史的表率、宗祖和权威。它的史学框架是"本纪""世家"和"列传"的三阶体。其中的《日者列传》《龟者列传》为后世正史《方技传》的滥觞，而其中的《老子伯夷列传第一》（南宋版）则是后世正史《隐逸传》的先声。即便把钟离权和吕洞宾置于"列传系统"，还有两个问题：其一，是将他们放在《老子伯夷列传》——即《隐逸传》的第一位置呢？还是放在《日者列传》《龟者列传》——即《方技传》的最后位

司马迁像

置呢？其二，吕洞宾是罕见的侠客，《史记》也可能将他置于《游侠列传》。浦江清先生的《八仙考》，以为吕洞宾没有"剑"，那是由于战乱年代，他有北大的校墙和书房可"呆"，多少有些"呆"了。吕洞宾纵横"三大列传"，身影太庞大，《史记》也会考虑径直将他置于"世家系列"。司马迁未将老子列入"世家系列"，在于老子基本上就是《老子》，《隐逸传》的确合适。《史记》有《孔子世家》，一是孔子执著地周游列国，二是他有"弟子三千，贤人七十"的学生，三是他有世代家族。吕洞宾呢，论家族，至少他的先人比孔子显赫。他的后世，这是一个神秘话题：浦江清先生和李裕民先生都看重"值巢乱，携家入终南山，学老子法"；全真教苗善时《妙通记》，则否定吕洞宾曾经婚娶；明清道门扶乩又有吕祖的妻子和后代之语。对此，喜欢严肃的东西，可阅洛维特的《世界历史和救恩历史》；偏爱轻松的话，可看美国《达·芬奇密码》的书籍电影。《达·芬奇密码》电影，已经获"奥斯卡奖"了。而打"学生牌"，吕洞宾也至少在孔子"弟子三千，贤人七十"之上，他是整个道教五派之宗啊。论"周游列国"的壮举，吕洞宾比孔子既勇武又要潇洒，剑仙的优势吧。如果再论"立一家之言"，吕洞宾也毫不逊色。"立一家之言"外，从《史记》的另两大主题"究天人之际"和"通古今之变"来看，吕洞宾就要远远在上了。他简直就是"天人"！看来，司马迁《史记》留给吕洞宾的历史地位，还有很多空间。

《史记》以《五帝本纪》开篇，其中"黄帝第一"。"黄帝"不是皇帝，不是只会玩权力的秦皇汉武们。《史记》中的"黄帝"，既是皇帝也是神仙。《尚书》从尧开始，源于吃不准"神仙皇帝"。《史记》之所以是正史的表率和权威，也就在于它对"神仙皇帝"有着高水平的把握。《尚书》不书，而《史记》叙述的《五帝本纪》和"神仙皇帝"，今天已经是国家"夏商周工程"的崇高目标。秦汉流行的"黄老道"，也不是一个单纯的道派学说，而是华夏的历史密码。其对华夏历史解读的重要和关键，前辈学者王明先生在《道教通论》"序言"已有阐述。钟吕八仙的研究，是求解此华夏历史密码的重要锁钥。研究钟吕历史问题的许多学者们，口口声声"正史"，其实表露了自己"封建"的"正统"，根本不足以摸索八仙之堂奥。郭沫若当年呼喊《女神》，历史强音就是钟吕八仙。浦江清先生《八仙考》等文章，根本不曾注视吕洞宾的"女人缘"。吕洞宾的"女人缘"，它上接黄帝和九天玄女传说之余绪，中有盛唐人性解放之强音，下应女权运动的世界眼光。欧美学者已经有《吕洞宾——妓女的保护神》研究问世。当前中国的钟吕八仙著述，拾《八仙考》余唾者不少，入钟吕堂奥者罕闻；既隔膜于欧美研究之动向，也远离了中国前辈之高点。

中国现代史学，能够与郭沫若相提并论又分庭抗礼者，只有陈寅恪先生。郭沫若先生的《女神》写于新中国成立前。新中国成立后的陈寅恪先生，却写出了自己的"女神"：这就是《论"再生缘"》和《柳如是别传》。尤其《柳如是别传》，传主题材就是艺妓才女，洋洋80万言，为陈寅恪先生篇幅最长的巨作，连钱钟书先生也大惑。陈寅恪先生留学欧美时，在法国巴黎给小仲马笔下的"茶花女"献过鲜花。就此而言，《柳如是别传》的写作，既不孤立也不偶然。与传统"正史""政史"相比，陈寅恪先生的目标是"家国心史"。与"正史"帝王将相的正统题材相比，柳如是、陈端生包括"茶花女"，也的确更容易反映"家国心情"。日本电影《艺妓回忆录》已经获得奥斯卡大奖，《吕祖全书》中的"艺妓回忆录"根本无人问津。《吕祖全书》有许多艺妓度脱叙事，那是罕见的深度历史和人性故事。陈寅恪有现代的学术背景和史学理念，如果他做钟吕八仙研究、特别是作何仙姑仙史，既可以上接黄帝九天玄女、西王母和西施的神奇传说，下可以告慰柳如是、陈端生和"茶花女"们的不幸魂灵，将是多么完美、多么令人憧憬！

## 第九节 《八仙传》：道的文学

八仙的传说大致始于唐朝五代，其时已有《八仙图》《八仙传》。不过，八仙姓氏至宋代仍有变更，至明朝吴元泰的《东游记》最终彻底定为李铁拐、钟离权、张果老、何仙姑、吕洞宾、蓝采和、韩湘子、曹国舅八人。"八仙过海"的故事出现最早的是金院本《八仙会》。宋元以来，人们不断地将民间的种种传说加到八仙的身上，使八仙的故事越来越丰富、神奇，差不多成了群众心目中的神仙象征和英雄代表。到了明清，更是出现了多种以八仙故事为题材的长篇小说，较著名的有收入《四游记》内的明吴元泰撰《东游记上洞八仙传》，明杨尔曾撰《韩湘子全传》，明邓志谟撰《吕仙飞剑记》，清汪象旭撰《吕祖全传》，清无名氏撰《三戏白牡丹》以及清无垢道人撰《八仙传》。清无垢道人的《八仙传》是八仙文学的集成之作。

《八仙传》的作者无垢道人，清末道教人物。无垢道人自幼流落成都，师从清云观志元法师长达28年，熟读道书，深通玄理。清朝咸丰二年（1852年），无垢道人遵从师命，游览江山之胜，历南北十余省。后至京师，落脚京西白云观，著书讲道，其传世之作有《八仙传》和《七真传》。《八仙传》的前面有作者"自序"。从作者"自序"，我们知道，《八仙传》大概写成于同治七年（1868年）之前。《八仙传》的写作地点，从"无垢道人自序于白云观"看，应该就是北京白云观。白云观是全真教祖庭，现在是中国道教协会驻地。无垢道人的基本身份是全真教的道士。全真教发轫于宋金之际，于蒙元开始南北宗合流，于朱明又民族道义化，于满清先是承受异族统治之桎梏，后又面临泰西列强之强暴。不仅道教信义，整个华夏文明也面临着"三千年未有之挑战"！黑夜深重之际，道本信仰的心火转化为小说文本的薪火,这就是《八仙传》的写作背景。《八仙传》原名《八仙得道传》,其内容和主题就是通过小说文本的通俗形式,讲述钟吕八仙的"得道"故事。《八仙传》,它"传"的就是人的"得道"主题。因之《八仙传》首先是信仰道的文字,是景仰钟吕的文学,是信奉八仙的文学,是传播钟吕八仙的通俗小说。它完全不同于浦江清先生的《八仙考》。《八仙考》只看到《八仙传》的通俗,而未看到《八仙传》的通脱;只看到《八仙传》的低俗,而未看到《八仙传》的高雅;只看到《八仙传》的符号文字,而未看到《八仙传》的玄远道本。《八仙考》是斯多葛的清醒和儒家实用的混合物,对八仙之道持否定怀疑论的眼光。《八仙传》是苏格拉底的诚恳和道教信理的结合者,对八仙之道持赞颂仰慕者的目光。《八仙传》采取中国传统的章回形式,全书共100回,58万字,既是八仙文学的集成之作,也是钟吕小说的经典之作。《八仙传》是信仰"道"的文学之声。作者在《自序》中写道:

  各书既成,复念道统失绪,于今为甚。后之学者,容有数典而忘祖者,是道家之忧,亦吾身之责也。故就志祖以来,迄于近代诸仙祖得道始末,与夫修道情形,著为《八仙得道传》一书。为便利初学起见,特仿稗乘体裁,用寻常方言记载。良以道统衰落,道流

八仙过海

多不通文义，此作既为通俗，求其广博，固无取于高深也。惟是仓卒成书，校雠未竣，又有海外之行，考据容有未审，舛错在所难免。钝乖纠谬，以俟后之君子。

无垢道人首先是道人，其次才是作者。《八仙传》近60万字，既可见出文学情节的丰富，也有着道学蕴含的深彻。如果与当代金庸先生的作品比较，《八仙传》的文学性略欠，道学性则胜出。在佛道文学世界，《八仙传》可与星云大师的《释迦牟尼佛传》相提并论，交相辉映。仙的文学，首先依赖着"仙"和"道"："故就志祖以来，迄于近代诸仙祖得道始末，与夫修道情形。"《八仙传》的内容，仅就仙道传统，就由三方面构成：其一，是作为"志祖"的八仙自己的得道故事；其二，是"迄于近代诸仙祖得道始末"；其三，是作者自己的"与夫修道情形"。这从根本上保证了《八仙传》首先是"道"的文学。"求其广博，固无取于高深也"的努力，使得《八仙传》又成为"文学"的道。

吴光正的《八仙原始文献汇编》，计有500余万字。其中大部分内容，应该就属于"道"的文学作品与文化著述。台湾李丰楙的《仙境与游历：神仙世界的想象》《忧与游：六朝隋唐仙道文学》，吴光正的《八仙故事系统考论》都是当代八仙道教文学与历史文化的研究力作。詹石窗已经写出了一部《道教文学史》。浦江清先生当年的《八仙考》，其着眼点也是八仙的文学化历史。"道"与文学的关系理解，决定着道教文学研究的质量水平以及风格倾向。比如，浦江清的《八仙考》认为八仙的构成与道教无关。对此，吴光正的《八仙故事系统考论》做了大量正本清源的工作，系统阐述了八仙与道教的丰富关联。无垢道人的整部《八仙传》，就是文本书证。再如对道教文学《东游记》的研究，其中"关于吕洞宾酒楼画鹤的情节"，周晓薇《八仙考补》（《八仙文化与八仙文学的现代阐释》140—148页）指出："金王朋寿《增广类林杂说》卷12神仙下篇则似其所本。"

将《东游记》"吕洞宾酒楼画鹤的情节",追溯到金王朋寿《增广类林杂说》是《八仙考补》的基本贡献。周晓薇认为《东游记》的文字不如《增广类林杂说》"周详,生动",也对。不过,紧接着,他又说:"不过《东游记》一出,黄鹤楼的仙人中,便又多了一个吕洞宾",就有明显问题了。其一,《东游记》的文字尽管不如《增广类林杂说》"周详,生动",它的文学系统化力量却是后者没法比的。事实上,"《东游记》一出",广大的民众社会基本可以不去理会《增广类林杂说》之类的东西了。《东游记》的高明之处就在于,它请了吕洞宾登场!《东游记》"吕洞宾酒楼画鹤的情节",在文学中叫典型化处理,在社会学中叫权威化效应,在人类学中叫仪式化完成。其二,早在金王朋寿《增广类林杂说》之前,吕洞宾就在"黄鹤楼的仙人中"。他的贵宾角色,并非周晓薇以为的"《东游记》一出"的结果。李白有著名的《登黄鹤楼》。李白之后,吕洞宾和黄鹤楼是最有缘了。吕洞宾既有《黄鹤楼诗》,还写有《黄鹤楼赋》。几乎100年之前,英国学者叶芝就注意到了"鹤"与钟吕八仙的文化关系。南宋白玉蟾《平江鹤会升堂记》是吕洞宾的传记,"江"与"鹤"已经是主体意象语境。因之,《东游记》"吕洞宾酒楼画鹤的情节",与其说是附会了《增广类林杂说》,不如说是将"酒楼画鹤的情节"还给了它的主人。另外,《增广类林杂说》中的"以橘画鹤"也不是凭空独创,而源出于苏轼和沈偕的交往故事。故事的主人公就是吕洞宾。《吕祖全书》收录了"榴皮画壁"的叙事。在那则故事里,诗酒和"橘皮"(石榴皮)都有了。无须否认《增广类林杂说》的增益乃至创造因素,不过,就《东游记》"吕洞宾酒楼画鹤的情节"而言,《吕祖全书》才是"其本",《增广类林杂说》仅是"其末"而已。围绕道教的文化和文学成果,就其根本原理看,应该是文化和文学来源于"道"的结果,而不能把"道"归于文化和文学的成果。回到《东游记》和《八仙传》的文学研究,我们既要努力寻找它们的文化和文学源流，更应该看到它们出现的仙道背景。道教文学么，"道"是"本"和"源"，文学是"末"和"流"；源流不分，本末倒置，只能造成混乱和错谬。

　　再以《八仙传》的最后一章——《八仙过海海面起战祸》来说，它既继承了元杂剧《争玉板八仙过海》中"蓝采和丢玉板"的肇事情节，又吸收了明代吴元泰的《八仙出处东游记》的王母庆寿故事，更有来自一个全真道士的小说美学。八仙过海的叙事系统中，《争玉板八仙过海》更接近北方全真教的仙道传承，吴元泰《八仙出处东游记》已经渗入了南宋南宗色彩。其一，早期全真教的八仙队伍，以钟吕为领袖，元杂剧有《吕洞宾度铁拐李岳》。到了明朝《八仙出处东游记》，鲁迅《中国小说史略》指出："传言铁拐（姓李名玄）得道，传唐钟离权，权度吕洞宾，二人又共度韩湘曹友、张果、蓝采和、何仙姑则别成道，是为八仙。"这可以看出，明代已逐渐移植李铁拐为领袖了（赵景深《八仙传说》）。其二，八仙聚会的因缘场所，在元杂剧《争玉板八仙过海》中，是蓬莱山白云仙长的牡丹花会；在《八仙出处东游记》中，是西王母瑶池的蟠桃宴会。西王母瑶池的蟠桃宴会主题是饮酒庆寿，属于南宋道教热衷的话语传统。蓬莱山白云仙长的牡丹花会的主题是赏花论道，属于全真教热恋的话语系统。其三，元杂剧《争玉板八仙过海》，是蓝采和手拿玉板，是底层道人的法器，是惹祸的因缘；明代小说《八仙出处东游记》，则是曹国舅手拿玉板，是皇亲大臣的笏板，是逃离东海的依靠。面对此类差别和冲突，《八仙传》在最后一章《八仙过海海面起战祸》中，继承了《争玉板八仙过海》中"蓝采和丢玉板"的肇事情节，却将"玉板"还原成传统上的"花篮"；吸收了《八仙出处东游记》中的王母庆寿内容，却将主角从铁拐李、曹国舅还原到钟吕为主的全真教立场。在《争玉板八仙过海》和《八仙出处东游记》中成为焦点的"玉板"，在《八仙传》的《八仙过海海面起战祸》中，根本没有出现，而代之以吕洞宾的夜明珠和钟离权的变身法。诸如此类，显示着的就是一个全真教的传统信仰，就是一个全真道士的小说美学。在此我们愿意提出仙道文学的一个三段式原则，或曰仙道传播的文化学模式：第一是道学的存在论境界；第二是道学的历史性境域；第三是道学的文化学或曰人类学境相。道学的存在论境界，从根本上决定着它的历史性境域和人类学境相。懂得这一原理，就会避免"八仙的构成与道教无关"的常识错误，就会避免在文化学寻找八仙本质构成的理论误区。波普尔有世界三理论。无论什么"学"——道学、史学、文学、人类学——皆是波普尔理论中的"第三世界"。"第三世界"乃是"第一世界"（存在界）和"第二世界"（体验界）的符号表达。当代的道教包括八仙研究，多是"第三世界"的玩意。由于"第二世界"（体验界"）的欠缺，训诂的文献追究也找不到方向，由文献尚爬不到史学。学者们研究道教和道学，被困于波普尔的"第三世界"，阻于"第二世界"，根本无望于"第一世界"——道境！比如吕洞宾吧，道教已虔敬地以吕祖相称。帝王封其号，民众修其庙；朝野上下，俨然英雄。这已是明白无误的历史踪迹和存在世界。今天仍有一二学者，靠着片面零碎的文献，欲砜巨玉于玩石，欲污英雄于庸众。其历史结论，不用多言。

钟吕八仙实际上是唐宋以降的民族英雄和精神寄托，被称为老子以来的道教"副亚"（南怀瑾），被看做是道教中的"六祖慧能"（蒙文通），被视为古典中国的精神超越者和大师（李约瑟）。钟吕八仙的故事是华夏的伟大遗产，是中国复兴的宝贵资源。我们呼吸之，含咏之，领纳之，深受激励与感染。美国电影《特洛伊》的结尾，奥德赛深情地说道："千年之后，如果我们仍被记忆，那是由于一个伟大的时代。它是阿喀琉斯的时代，它是赫克托尔的时代。"瞧瞧众多的八仙道观，看看浩繁的钟吕文献，不禁觉得：唐宋以降的中国精神，至少就道教来说，的确就是八仙的时代，是钟吕的时代。

# 第二章　从八仙庵到八仙桌

## 第一节　长安酒肆八仙庵

历史说到底是人类众生于时间弦索上的弹奏。弹奏的舞台空间即地理环境：自然地理、人文地理还有历史地理。顾颉刚是中国历史地理的开创者。"古史辨"的疑古消极倾向，从《八仙考》到今日的钟吕研究都有体现。顾颉刚学问中的坚实精神，他将史学逼到地理问题的卓见，国内道教研究却罕闻传承者。倒是台湾的严耕望拿出了《六朝佛教地理》。葛兆光《征服史及其他》呼吁道教研究的突破。顾先生开创的历史地理学思路，或许能让钟吕问题回到它原初的环境故乡。

唐代长安是国家首都，也是世界文明中心。钟离权和吕洞宾在长安酒肆的相遇，是道教的重大历史事件，更是八仙崛起的历史契机。元代赵道一的《仙鉴》写道：

后有唐进士吕绍先，屡举不第，乃纵游天下，首于庐山遇火龙真人传剑法，后于长安道中遇真人题壁间云：坐卧常将酒一壶，不教双眼看皇都……真人曰："今朝吕海州让之子，本习儒墨，失意上国，邂逅长安酒肆，从吾奉道，通阴阳制炼、形神入妙之微。"后因游庐山，遇异人，得长生诀。一云武宗会昌中，两举进士不第，因于长安道中拟游华山，酒肆憩息，俄有一人长髯碧眼，自西而来，亦憩此肆，遂与共炊。

《吕祖本传》写道：

咸通中，举进士第，时年六十四岁。后游长安酒肆，见一羽士，青巾白袍，长髯秀目，手携紫筇，腰挂大瓢，书三绝句于壁曰："坐卧常携酒一壶，不教双眼识皇都。乾坤许大无名姓，疏散人间一丈夫。得道真仙不易逢，几时归去愿相从。自言住处连沧海，别是蓬莱第一峰。莫厌追欢笑语频，寻思离乱可伤神。闲来屈指从头数，得到清平有几人。"吕祖讶其状貌奇古，诗意飘逸，因揖问姓氏。曰："吾覆姓钟离，名权，字云房。"吕祖再拜延坐。钟曰："子可吟一绝，予欲观之。"吕祖遂呈一绝曰："生日儒家遇太平，悬缨重滞布衣轻。谁能世上争名利，臣事玉皇归上清。"钟祖见诗暗喜。因同憩肆中。（《吕洞宾全集》第3—4页，华夏出版社，2010年）

关于钟离权和吕洞宾第一次相遇的地点，传统上有三种说法：（1）长安酒肆。除了上引的《仙鉴》和《吕祖全书》，吴曾的《能改斋漫录》和苗善时的《妙通记》也有记载。（2）江西庐山。首见于陈葆光的《三洞群仙录》。（3）长安沣水。载于袁从义的《吕真人祠堂记》。钟吕第一次相遇的地点在长安酒肆，无论从文献记载还是客观性上可能都较大。从钟离权这方面看，终南山是他的主要修行基地。终南山距离首都长安很近，钟离权来京城是常有之事。从吕洞宾来说，他生活于京城长安。出身儒家，科考应举是吕洞宾年轻时代的主要事务。长安酒肆相遇，钟离权和吕洞宾有诗作的唱和交流，这既符合唐朝的文化风尚，也是吕洞宾应试的必考内容，还是钟离权探试对方的绝佳方式。"江西庐山说"和"长安沣水说"都没有这种丰富的见面情节和细节，显得孤立单薄。不过，钟吕和"江西庐山"和"长安沣水"的缘分都很深。陈葆光《三洞群仙录》的"江西庐山说"，从内容看，是钟吕在长安酒肆相遇以后的事情，属于吕洞宾的晚期活动。长安酒肆，意义重大，钟离权终于找到了杰出的

长安酒肆

受道者，吕洞宾终于从儒士迈向"道"的世界。长安酒肆和钟离权见面之后，吕洞宾就来到华山，开始了自己40年之久的仙道修炼。

《宋史》记载了吕洞宾和陈抟在华山的交往。著名德国学者侯赛因写道：

> 据另二部宋代书籍（现已无存）的记载，吕洞宾为关右（陕西）人，因咸通年间（849—873年）的黄巢起义退隐终南山。（注：此外，这本书还说：吕洞宾自晚唐以来藏在华峰羽谷40多年。只有到那时，人们才认识到并告诉给李琪。吕洞宾那时已是150岁了，已经帮助100多人得到超度。他的出现和消失都非常有名，是空前的。）他在五代时隐居华山……这似乎有点矛盾——李琪是一个隐士还是一个官员？一个李琪，泰州郡守，死于大中祥符元年（1008年）。

毕竟是"老外"，侯赛因先生将关右"陕西"全部弄成"山西"了（也可能是翻译错误），因为在西文里，"陕西"和"山西"常常难以区分。文章中的"吕洞宾自晚唐以来藏在华峰羽谷"，即华山文仙峪，因有羽谷庵，历史文献中也称作"华峰羽谷"。"华峰"即华山，"羽谷"即文仙峪，秦岭著名的72峪之一，位于华山东3里附近。原始记载吕洞宾于华山修道的"二部宋代书籍"已经不存，但还是有其他文献保留了相关信息，特别是吕洞宾自己的诗歌。作为修道人，吕洞宾的《浑成集》多为形上学的道境吟唱，具体的地理名称很少出现。而在出现的具体地理名称中，最多者即唐代京兆长安一带的山川名胜。

陕西西安现在有曲江开发区。唐代的曲江是皇家游园。唐代诗人歌吟曲江的作品，成百上千。杜甫就有十多首围绕曲江的诗篇，著名的《哀江头》开始之句就是："少陵野老吞生哭，春日潜行曲江曲。"《哀江头》中的"江"，不是长江，不是汉江，而是西安的曲江。祖父吕渭和父亲吕让多年在朝廷任职，吕洞宾长期生活于长安，游览过曲江。吕洞宾有多首诗歌写到曲江。其《谷神歌》写道："曲江东岸金屋飞，西岸清光玉兔辉。"其《真经歌》写道："初三日，震出庚。曲江上，月华荣。"吕洞宾著名的《沁园春》也写道："曲江上，看月华莹净，有个鸟飞。"吕洞宾之前和之后，仙道诗歌皆很少以"曲江"抒写道境，而以"黄河逆流""曹溪路"取代。吕洞宾多次以曲江写道境，只能理解为少年游历和大唐记忆。其中一首是：

当年诗价满皇都，掉臂西归是丈夫。万顷白云独自有，一枝丹桂阿谁无。闲寻渭曲渔翁引，醉上莲峰道士扶。他日与君重际会，竹溪茅舍夜相呼。

这首诗特别重要。其一，"闲寻渭曲渔翁引，醉上蓬峰道士扶"中的"渭曲"和"莲峰"，即关中渭河与西岳华山，它们是盛唐长安最大的地望标志和自然名胜，是唐代"皇都"的天然风水。唐代之后，关中长安再未做过国家首府，诗中的"当年皇都"，指盛唐和长安无疑。其二，诗中的"渭曲"和"蓬峰"既是写自己的游历轨迹，也是开始访道的心路痕迹。其中的"醉上莲峰道士扶"透出了特别的身世消息：作为显赫人家子弟，吕洞宾尽管已经开始访道，但还无法和"酒"拜拜；"道士扶"既是华山道士对他醉态的原谅，也是对他出身的敬重。其三，"闲寻渭曲渔翁引"和"醉上蓬峰道士扶"是偏义复指，写自己在关中"闲"和"醉"的存在境况。其中的"渭曲"是否包括"曲江"无法遽断，渭河的指涉却完全明确。也正是在大唐"皇都"的"闲"和"醉"的访道背景下，吕洞宾遇见了钟离权——"一个重大的历史文化事件出现了"（张广保），长安酒肆的文明传奇诞生了。它的发生地，过去叫长安酒肆，现在是西安道教圣地八仙庵。

八仙庵是一座道观，位于西安东门外，最初用来纪念各显神通的八仙。它建立在唐朝兴庆宫的遗址上，到宋朝才开始成了道观，至今没有更改。庵前有石头砌成的两座大牌坊，两旁树木葱郁，对

西安八仙宫

面的照壁上刻着"万古长春"四个大字,有三间山门,左右各有钟、鼓二楼。听说光绪年间,慈禧太后西行途中曾经在这里避难,赠银整修,并颁赐庙额"敕建万寿八仙宫",八仙宫因此得名。慈禧太后歇驾八仙庵,有几点构成浓郁的"历史意识":其一,面对欧美八国联军的威逼,首都北京"四面楚歌"。其二,虚云法师劬劳护驾。其三,作为权利最高层,慈禧太后已厌倦地方官吏接驾。她需要佛道"信仰"。慈禧太后危难中对佛道"信仰"的开放,也正是钟吕八仙出现的历史契机。其四,"万寿八仙宫"现在是八仙庵的门额,也是八仙庵的灵魂。八仙庵是三重建筑:进门第一层是灵官殿,第二层是八仙殿,最里面的建筑是圣母殿。从道学看,是西王母的瑶池殿,从现实看,是宋皇后的庆寿殿。历史和神话的结合是八仙庵的建筑"秘密"。圣母殿居中,两边分别是吕洞宾和丘处机护驾。其五,圣母殿居中的建筑格局,来自于曹国舅与皇后的八仙背景。八仙庵创建于宋代,并不偶然。其六,宋皇后和慈禧的"光临",既是八仙庵历史的巧合，也有某种必然因素。其七，就慈禧太后而言，义和拳从天津吕祖殿出发，到西安八仙庵收场，是多么之巧！

八仙庵庙址属唐朝兴庆宫长乐坊地段。山门外，石碑上刻有"长安酒肆，吕纯阳先生遇汉钟离先生成道处"。长安，华夏的千年古都，汉唐的文明见证。尤其唐太宗和唐玄宗标志的盛唐文明，万国来朝，雄风八面。帝王大臣，文士墨客，对修道炼丹也表现出空前的热衷和参与。修道炼丹乃千古"玄学"，唐玄宗径直以"玄"取号。玉真等多位公主进入女冠。大诗人李白"求仙不辞远"，白居易兄弟皆有炼丹实践。1970 年,在西安市南郊何家村考古发掘出一大堆璀璨夺目的金杯银碗，这一发现震惊中外考古界，被誉为半个世纪以来一次空前的考古大发现。这些璀璨夺目的金杯银碗，其实就是炼丹的器具，它们转入地下窖藏，标志着两大事件：其一，以安史之乱为开始，西蕃和黄巢两度攻陷长安，盛唐结束。其二，王公贵族炼外丹，以巨大财力和国家强大为前提。盛唐之后，道教炼丹术开始以内丹为主的历史性转向。这一历史性转向的标志人物，正是钟吕八仙。

钟吕八仙的活动年代，正是盛唐飘逝、国力式微的中晚唐和五代时期。《历代神仙体道通鉴》将吕洞宾定位于唐德宗时人，应该有据。钟离权应该比吕洞宾大 20 多岁吧，盛唐是上线。他们在"长安酒肆"相遇，喝的是什么酒呢？此酒至少有五种味道：（1）八仙庵庙址，属唐朝兴庆宫长乐坊地段。兴庆宫也罢，长乐坊也好，都是盛世气息，皆为盛唐记忆。而今呢，盛世不再，民不聊生；盛唐已逝，魂断蓝桥。钟吕喝的，首先是祭奠国家的酒。（2）钟离权曾经为将，勇猛一方。吕洞宾是名门之后，钟食玉鼎。而今呢，报国无门，应举无路。钟吕喝的就是伤悼身世的酒。（3）尽管盛世不再，盛唐已逝，钟吕并未失志，并未失忆，更未失节。相反，他们不仅要寻回盛唐的精神意象，更要寻找整个华夏的文明密码。修道炼丹就是他们的奋起方案。钟吕喝的就是乱世奋起的英雄酒。（4）钟离权十试，吕洞宾十应。钟吕喝的就是授受传道的知音酒。（5）钟离权的名字就是脱离权利，远离权利，这意味着丧失权势财富，这意味着外丹时代的终结。吕洞宾呢，名"岩"，又写作"上山下品"，它意味着艰苦卓绝的内丹修持，意味着"穴居之士"的招魂与宣言。钟吕喝的就是内丹传道的长寿酒。他们在酒中，体会了大唐盛世的兴庆与长乐；他们在酒中，将大唐盛世的兴庆与长乐形象，酝酿为磅礴凌云的个人气象；他们在酒中，决意穿越华夏文明的苦难和黑夜，为民族树立炼丹仙道的耀眼标杆。于是，"长安酒肆，吕纯阳先生遇汉钟离先生成道处"，如今成了八仙庵，成了道教圣地，成了追忆盛唐乃至华夏精神的文明胜迹。

## 第二节　钟吕八仙出终南

20世纪90年代，中国社会的知识教育界，尤其是大学生毕业之际，有一句流行语："宁去天南海北，不去新西兰。"流行语中的"天南海北"指天津、南京、上海和北京；而"新西兰"，指新疆、西安、西藏和兰州。和此时代流行语呼应着的，还有一句更为普遍和诗意的总结："孔雀东南飞！"流行谚谣乃是一个社会的晴雨表和风向标。西北包括西安，在20世纪90年代，其严重的落后有目共睹，众人皆知。"孔雀东南飞"，钟吕八仙的信仰和文化也如此。宋元明清之后，钟吕八仙的信仰中心不在自己的故乡关中，而在秦岭之阳的发达南方。清代刘体恕汇编的《吕祖全书》，就反映了中国历史一种割裂的二元结构：书的前半部分，属于吕洞宾生前的手写著作，有大量的终南、华阴、皇都长安歌吟；书的后半部分，属于吕洞宾身后的灵化著作，基本上是湖广山色、江南气韵。灵化著作即从扶乩、鸾占而得。这些从扶乩、鸾占而得的灵化著作，书中皆有文字说明。扶乩、鸾占的地理环境，基本都在湖广南方。据德国侯赛因考察，吕洞宾的扶乩、鸾占场所，台湾香港也不少。"孔雀东南飞"，扶乩、鸾占的地理在南方，主持者也是南方人，感情上和遥远的陕西关中也较远。然而，吕洞宾似乎并未忘记他自己的故乡，真正是梦绕着关中，魂牵着终南。《吕祖全书》中，源出湖广江南扶乩、鸾占的作品写道：

沉醉东风

（《吕洞宾全集》459页，华夏出版社，2010年。以下只注明页码）

望咸阳残霞剩阙，惜商山流云断碣。倩花神影漫遮，线儿春拽，锦屏忙鹤丝鸾颊，余红褪也。狂莺那些，任羽化南窗邀醉蝶。

杂　说（450页）

终南鹤岭多异树。直者耸天。曲者环谷。中有虎兕栖止。风生时山鸣林吼。有道者则恬然。否则阢陧。

题忠孝诰词（207页）

梅仙

几度到潇湘，挑灯夜未央，春风一曲白云乡。

一笑还一哭，坐在南山麓，忠孝万言书熟读。

竹仙

古寺雁声残，明月上栏杆，三更何处冷蒲团。

不笑亦不哭，忘却南山麓，忠孝万言书谁读。

柳仙

袖里是青蛇，笼内是丹砂，一轮明月夜开花。

知笑不知哭，跳过南山麓，忠孝万言书不读。

松仙

落日满山红，乾坤一掌中，丹成炉内起蛟龙。

止笑不止哭，踢倒南山麓，忠孝万言书常读。

从《梅仙》的"一笑还一哭"到《松仙》的"止笑不止哭"，

笑中含哭，长歌当哭，笑尽唯哭，让人心泪涌动，眼泪夺眶。"止笑不止哭"，吕祖已经成了泪魂啊！"踢倒南山麓"，作为"关西逸人"，吕洞宾多么恨长安皇都的沦落啊！我们不肖子孙，现在能够做的，就是将吕祖的不幸故事、伟大传奇从文本世界迎回他的关中故乡。

先看灵迹显化中，吕祖提到的"终南鹤岭"。终南山，又名太乙山、地肺山、中南山、周南山，简称南山，是秦岭山脉的一段，西起宝鸡市眉县，东至西安市蓝田县，千峰叠翠，景色幽美，素有"仙都""洞天之冠"和"天下第一福地"的美称。主峰位于长安区境内，海拔2604米。对联"福如东海长流水，寿比南山不老松"中的南山指的就是此山。终南山为道教发祥地之一。据传楚康王时，天文星象学家尹喜为函谷关关令，于终南山中结草为楼，每日登草楼观星望气。一日忽见紫气东来，吉星西行，他预感必有圣人经过此关，于是守候关中。不久一位老者身披五彩云衣，骑青牛而至，原来是老子西游入秦。尹喜忙把老子请到楼观，执弟子礼，请其讲经著书。老子在楼南的高岗上为尹喜讲授《道德经》五千言。唐代首都长安距离终南山很近，唐代皇帝既把老子尊为远祖，又将道教列为国教。道教在唐代达到历史的最盛时期，公主们出家修道，达观贵族普遍炼丹。吕洞宾就是唐代众多的修道人之一，也是唐代修道的最高成就者。

"终南鹤岭"是吕洞宾终南山修行之地。史料记载，吕洞宾出生的时候，异香满室，有白鹤飞入帐中不见。白玉蟾写的吕洞宾传记就叫《平江鹤会升堂记》。"终南鹤岭"不是具体的专指名称，而是吕洞宾对自己终南山修行地的泛称。吕洞宾终南山修行，与钟离权的指导有关。《吕祖本传》写道："予居终南鹤岭。"（5页）《指玄篇》《吕祖自序》写道：余精儒业，应试，路逢正阳仙翁，悯岩，指修大道，遂弃功名。始生疑惑，后蒙指出，余方省悟。再访

终南金仙观

圣师,登山涉水,游至终南,稽首讯问根由。"(158页)这和其二之诗的内容是一致的:"昔年我亦赴科场,偶遇仙师古道旁。一阵香风飘羽袖,千条云带绕霓裳。""赴科场"的地点是首都长安,于是出现了长安酒肆的相遇。钟离权给吕洞宾的诗写道:"坐卧常携酒一壶,不教双眼识皇都。乾坤许大无名姓,疏散人间一丈夫。"钟离权和吕洞宾的代表著作《灵宝毕法》就是从"终南山石壁取出"。吕洞宾自己的诗歌唱道:"天下都游半日功,不须跨凤与乘龙。偶因博戏飞神剑,摧却终南第一峰。"(132页)

道教西派祖师陆西星给吕洞宾编辑的著作,取名就是《终南山人集》。广义的终南山即秦岭。除了终南山(狭义)外,吕洞宾另外两个修行之地就是华山和太白山。吕洞宾有《题凤翔府天庆观》,太白山位于当时的凤翔府。《示顾、吴三子》写道:"三生石畔殷殷望,太白亭前款款行。春色不知何处去,空余皓首说幽情。"太白亭就在太白山吧。《送钟离云房赴天池会》写道:"道德崇高相见难,又闻东去幸仙坛。杖头春色一壶酒,顶上云攒五色冠。饮海龟儿人不识,烧山符子鬼难看。先生去后身须老,乞与贫儒换骨丹。"(97页)。赠诗的主人很清楚:钟离权。地点呢,是天池会。从太白亭(太白山)、天池会看,当时钟离权似乎是在太白山修道。至于吕洞宾在华山修道,资料特别丰富,以至于苏轼就将吕洞宾称为"华山山人"。吕洞宾自己的诗歌写道:

华阳山里多芝田,华阳山叟复延年。青松岩畔报高干,白云堆里陷飞泉。不寒不热神荡荡,东来西去气绵绵。三千功满好归去,休与时人说洞天。

倾倒华阳醉再三,骑龙遇晚下南岩。眉因拍剑留星电,衣为眠云惹碧岚。金液变来成雨露,玉都归去老松杉。曾将铁镜照神鬼,霹雳搜寻火满潭。

当年诗价满皇都,掉臂西归是丈夫。万顷白云独自有,一枝丹桂阿谁无。闲寻渭曲渔翁引,醉上蓬峰道士扶。他日与君重际会,竹溪茅舍夜相呼。

垂袖腾腾傲世尘,葫芦携却数洲巡。利名身外终非道,龙虎门前辨取真。一觉梦魂朝紫府,数年踪迹隐埃尘。华阴市内才相见,不是寻常卖药人。

德国思想家拉纳说:"神学是自我的生平描述。"诗歌更是心灵的自我独白。心灵的独白,需要知音聆听。我们不敢说什么是吕洞宾的知音,不过我们信仰他、景仰他、信任他。他自己那么多的诗歌表明,他是唐代人,他在终南山修行。千年之后,他的灵魂还在牵挂关中故乡,还在遥远的南方和台湾言说长安皇都。如果连他的灵魂言说都不相信,我们要相信什么呢!相信那些或功利或虚名的学者吗?相信他们堂而皇之的课题成果吗?我们听见了吕洞宾的笑声和哭声，那撼人心魄的笑声和哭声啊！吕洞宾的灵魂似乎还走在返回关中故乡的途中，为了华夏文明复活的返乡旅程啊！《全唐诗》收录了几百首吕洞宾的诗歌，绝大多数是可信的，从中大致可以描述出他的生平道路和心灵旅程。早期吕洞宾的记载资料，大多称之为"关中京兆""关西逸人"。钟离权和吕洞宾是钟吕八仙的核心和灵魂。陕西关中是钟吕最主要的修行根据地。张果老在大唐朝廷有法术表演，震动朝野。韩湘子的蓝关道情，隽永经典。西安户县有玉蟾宫，陕西秦腔有《刘海打柴》。与钟吕八仙密切相关的全真教发源于陕西终南山。在很大程度上，可以说：钟吕八仙出终南，终南山是钟吕八仙的故乡。

## 第三节　岳阳楼记剑仙影

洞庭天下水，岳阳天下楼。八百里洞庭湖，南接湘、资、沅、澧，北分松滋、太平等长江支流，烟波浩渺，湖山辉映，自古以来就是令人神往的江山胜地。岳阳古称巴陵，位于洞庭湖与长江汇合之处，枕山带湖，为巴、蜀、荆、襄之要冲。北宋庆历六年（1046年），一代名臣范仲淹应朋友之约，为重修的岳阳楼作记，千古名文《岳阳楼记》于是诞生。全文如下：

庆历四年春，滕子京谪守巴陵郡。越明年，政通人和，百废具兴，乃重修岳阳楼，增其旧制，刻唐贤今人诗赋于其上。属予作文以记之。

予观夫巴陵胜状，在洞庭一湖。衔远山，吞长江，浩浩汤汤，横无际涯；朝晖夕阴，气象万千。此则岳阳楼之大观也，前人之述备矣。然则北通巫峡，南极潇湘，迁客骚人，多会于此，览物之情，得无异乎？

若夫霪雨霏霏，连月不开；阴风怒号，浊浪排空。日星隐曜，山岳潜形。商旅不行，樯倾楫摧。薄暮冥冥，虎啸猿啼。登斯楼也，则有去国怀乡，忧谗畏讥，满目萧然，感极而悲者矣。

至若春和景明，波澜不惊，上下天光，一碧万顷。沙鸥翔集，锦鳞游泳，岸芷汀兰，郁郁青青。而或长烟一空，皓月千里，浮光跃金，静影沉璧。渔歌互答，此乐何极！登斯楼也，则有心旷神怡，宠辱偕忘，把酒临风，其喜洋洋者矣。

嗟夫！予尝求古仁人之心，或异二者之为，何哉？不以物喜，不以己悲。居庙堂之高，则忧其民，处江湖之远，则忧其君。是进亦忧，退亦忧。然则何时而乐耶？其必曰："先天下之忧而忧，后天下之乐而乐"欤！噫！微斯人，吾谁与归？

最早相遇《岳阳楼记》，是40年前的初中语文课堂，似懂非懂，只盯着它的尾句——"先天下之忧而忧，后天下之乐而乐"，放在嘴上，以备考试。而它的开篇实在绕口、生僻，根本不是十几岁的童心可以盛放下的。《岳阳楼记》刻在岳阳楼，是一个政治家给游览的大人写的，是让有了阅历的成人看的，是和国民公众的心灵交谈。在某种程度上，吕洞宾乃是岳阳楼的精神领袖。

岳阳楼

我们如果连范仲淹的《岳阳楼记》都理解不了，就不要再跟着吕洞宾研究什么八仙了。《岳阳楼记》对于我们理解钟吕八仙，实在太重要了！首先，《岳阳楼记》开篇讲明的时间是"庆历四年春"，为现在公历的1044年。重修岳阳楼是国家工程，工程开始是1045年（"越明年"），修了大概一年，岳阳楼重修竣工，范仲淹在北宋庆历六年（1046年）写下千古名篇《岳阳楼记》。其次，范仲淹写《岳阳楼记》，是应朋友滕子京的邀请。滕子京，名宗谅，子京是他的字，古时朋友间多以字相称。"谪守巴陵郡"，指滕子京降职任岳州太守。范仲淹担任过宰相，是滕子京的上级。岳州太守相当于副省长，宋代宰相相当于国家总理。"滕子京谪守巴陵郡"，是朋友间友情和同情的体现。宋代是否也有领导剪彩仪式？若有，范仲淹一定也会光临岳阳楼的竣工现场。"咔嚓"一下的剪彩，比写作《岳阳楼记》轻松得多吧。其三，我们看重修岳阳楼的工程负责人和领导，是"谪守巴陵郡"的滕子京。滕子京任当地领导的第二年，就发动重修岳阳楼的国家工程，可见其重要。岳阳楼的重要性是什么？现在当然有可观的旅游经济效益。北宋时期，它应当纯粹是精神文明需要。具体说，岳阳楼三层，登高可望远。地望的高远可带来心情的解放，刚被贬官的滕子京需要这种高远的视野和解放的心情。《岳阳楼记》有五个自然段，除去首段和尾段外，主题内容即中间三个自然段。三个自然段中，第一段是总体写"巴陵胜状"，气象万千，一派无限（"横无际涯"）；第二段是写岳阳地区"霪雨霏霏，连月不开"的阴沉，即"阴"；第三段写岳阳地区"春和景明，波澜不惊"的明媚，即"阳"。尽管说"一阴一阳之谓道"，人类的精神至少是审美心理还是倾向于"阳"——即岳阳楼"上下天光，一碧万顷"的明媚春光。这样的明媚春光，既是生命的春天（"沙鸥翔集，锦鳞游泳"），也是心灵的春天（"渔歌互答，此乐何极"),更可能是精神升华的佳机和道缘("心旷神怡,宠辱偕忘")。这样,我们就容易理解吕洞宾的"三过岳阳楼"了。应该说,吕洞宾就是岳阳楼的神仙和护法。

岳阳楼重修竣工,《岳阳楼记》写完了吗?不可能。瞧,《岳阳楼记》就岳阳楼本身,竟没有写一个字哩!范仲淹在他的《岳阳楼记》里,只写了岳阳楼的自然和人文的地理环境。作者把想象的空间留给了人们,尤其是游览岳阳楼的人们。《岳阳楼记》的主题和岳阳楼的主题是什么呢?是"沙鸥翔集,锦鳞游泳"的生命春天,是"渔歌互答,此乐何极"的心灵春天。这一主题的人格化象征即吕洞宾,纯阳是他的道号,也是岳阳楼的主题。岳阳地区是吕洞宾信仰的重要或者说主要发源地。岳阳楼重修竣工,其中一个重要的装修内容,就是绘制吕洞宾的画像。在侯赛因的《北宋文献中的吕洞宾》中,第三节就是《吕洞宾与岳阳之传统》。侯赛因引用了大量文献,详细叙述了滕子京请人绘制吕洞宾画像的过程。岳阳楼布置了吕洞宾的画像,岳阳白鹤寺也有吕洞宾的画像。滕子京之后,岳阳地区的接任领导李观,在岳阳楼刻写了吕洞宾的自传碑记。这就是著名的《吕洞宾岳阳楼自记》。全文如下:

吾京川人,唐末三举进士不第,因游江湖间,遇钟离子,受延命之术。寻又遇苦竹真君,传日月交拜之法。久之,适终南山,再见钟离子,得金液大丹之功。年五十,道始成。世多称吾能飞剑戮人者,吾闻之笑曰:慈悲者佛也。仙犹佛尔,安有取人命乎?吾固有剑,盖异于彼。一断贪嗔,二断爱欲,三断烦恼,此其三剑也。吾成道以来,所度者何仙姑、郭上灶二人,吾尝谓世人奉吾真,何若行吾行。既行吾行,又行吾法,不必见吾,自成大道。不然,日与吾游何益哉!

《岳阳楼自记》和《岳阳楼记》完全一个文法:范仲淹的《岳

阳楼记》不写岳阳楼本身，而写环境形胜；吕洞宾《岳阳楼自记》也未写岳阳行迹，而写终南山传奇。《岳阳楼记》不写岳阳楼的具体面貌，《岳阳楼自记》也不写他自己的剑仙真相。纵横天下的唐朝剑仙悟道之后，变得弥勒佛模样："吾固有剑，盖异于彼。一断贪嗔，二断爱欲，三断烦恼，此其三剑也。"以至于在《八仙考》中浦江清先生认为"吕洞宾没有剑，他手里只有'金刚'"，太天真吧。唐代李白尚是"拔剑四顾心茫然"，纵横天下的吕洞宾玩空手道吗？唐末五代，生灵涂炭，盗贼四起。没有本事，吕洞宾无有可能纵横天下，"三过岳阳楼人不识"。他的剑仙面目，至今也不为人们认识啊！岳阳楼上的自记，只留下他隐约飘过的剑仙身影。犹如范仲淹《岳阳楼记》的主题，需要人们想象；岳阳楼上吕洞宾的剑仙自记，也靠我们解读。首先看吕洞宾的诗歌独白：

西风吹渭水，落叶满长安。茫茫尘世里，独清闲。自然炉鼎，虎绕与龙盘。九转丹砂就，一粒刀圭，便成陆地神仙。任万钉宝带貂蝉，富贵欲熏天。黄粱炊未熟，梦惊残。是非海里，直道做人难。袖手江南去，白苹红蓼，又寻溢浦庐山。

昔年游戏岳阳楼。好个莺花鹦鹉洲。今日重来沽美酒。故人多半丧荒丘。

黄鹤楼中吹笛时。白苹红蓼满江湄。衷情欲诉无人识。只有清风明月知。

朝游北越暮苍梧，袖里青蛇胆气粗；三醉岳阳人不识，朗吟飞过洞庭湖。

独自行来独自坐，无限世人不识我。只有城南老树精，分明知道神仙过。

还有很多，上引的几首特别重要，它既给我们透露了吕洞宾，从"落叶满长安"到"袖手江南去"的地理大跨越，还交代了他"是非海里，直道做人难"的因缘背景；既叙述了"九转丹砂就，一粒刀圭，便成陆地神仙"的修行成果，还表达了"茫茫尘世里，独清闲"的孤独情绪。总之，"袖手江南去，白蘋红蓼，又寻溢浦庐山"，于是有了后来和黄龙禅师的交手故事。诗歌中虽然没有出现"岳阳楼"，但"袖手江南去，白蘋红蓼，又寻溢浦庐山"告诉我们，经过岳阳楼是免不了的。特别是其中的"黄粱炊未熟，梦惊残"，和《雨中花》"悟黄粱弃事，厌世藏身"的诗句很近，差不多都是"岳阳楼上"写的。吕洞宾多次去岳阳楼，"昔年游戏岳阳楼，今日重来沽美酒"写得清楚，"三醉岳阳人不识，朗吟飞过洞庭湖"，更是明白。我们剩下的问题有两个：其一，他去江南和岳阳的原因；其二，他从关中去江南和岳阳的路线。先看第一个问题。吕洞宾下江南和岳阳的原因大致有以下几点：（1）唐末五代的关中战争。（2）吕洞宾于终南山已经修道成功。（3）他叔父在岳阳任职。（4）《论语》讲"仁者爱山，智者爱水"。关中以山胜，江南以水长。洞庭湖水既然可以抚慰滕子京贬官的心灵创伤，也可以营养吕洞宾"是非海里，直道做人难"的忧伤道心。何况"好男人，志在四方"，吕洞宾没有不"朗吟飞过洞庭湖"的理由。（5）他要开始传道了，江南岳阳看来是吕洞宾首选的站点。（6）岳阳的知名度。那么，第二个问题，吕洞宾从关中去江南和岳阳的路线？唐代从关中去江南和岳阳的首选路线是蓝田武关道，途经商山。吕洞宾诗中写道："望咸阳，惜商山。"从关中去江南和岳阳的另一路线是，先到四川，再沿长江水路去。吕洞宾有《青城鹤会》和《成都持丹》，有《海蟾得道》。大致上吕洞宾是在成都给刘海蟾传的道。看似顺路所结的道果，却是非常重要的结果。由于刘海蟾，钟吕丹道有了南宗法系，广播大江南北，长江两岸；由于刘海蟾，道教南北宗最后合流，撑起了半壁江山。"三醉岳阳人不识"，上述两个路线，吕洞宾应该都走过。"袖里青蛇胆气粗"，青蛇是一把犀利的短剑。郭上灶就是由于发现了这一秘密，而成了吕洞宾的大徒弟。

作为剑仙,吕洞宾既有长剑,也有短剑,当然还有所谓的"法剑"和"心剑"。没有看得见的长剑和短剑,他不可能成为"剑客";没有看不见的"法剑"和"心剑",他也不可能成为"仙人"。记住他的原则吧,他的原则是"性命双修""内外结合"!当他从关中去江南岳阳或者其他地方远行的时候,应该是"袖里藏剑"("青蛇"),身内有宝;一来长剑不方便,二来他已经修道成功——拥有"法剑"和"心剑"了!只有如此,才能保障他从陕西关中去江南岳阳的顺利成功。吕洞宾的"三醉岳阳",使他成为岳阳楼的神仙和护法,岳阳也成了吕洞宾信仰的中心和发源地。几十年后,滕子京和李观仍对吕洞宾极为尊敬和景仰:一个为他在岳阳楼绘像,一个给他在岳阳楼树碑。岳阳楼记下了他的剑仙身影,岳阳楼记下的却也是一个无剑的剑仙身影。一来岳阳楼毕竟是吟诗谈歌的文雅之地,二来宋代是一个崇文贬武的皇朝,三是"袖里的青蛇"如何描画啊?吕洞宾的剑仙真相,于是广泛地蜕变成了文仙模样。等到几十年之后,等到"靖康耻"来到:守护开封的北宋将领们在地上抱怨手中无长剑,滕子京和李观这些官员在地下后悔岳阳楼内吕洞宾的袖里少短剑。

## 第四节 钟吕印心遇仙桥

20世纪80年代南斯拉夫的电影《桥》,以炸毁敌人的大桥为题材情节,激荡奔放;以心桥断裂的《老朋友,再见》为主题曲,深沉忧伤。那看不见的心桥,也是佛教《心经》的主题。《心经》是佛教的著名经典。《心经》很短,它的最后是几句咒语:"揭谛,揭谛,婆罗揭谛,婆罗僧揭谛,菩提萨婆诃。"其意为:快渡啊,快渡啊,赶紧快渡啊。依凭智慧快渡啊,赶快渡到彼岸吧。创作了《心经》的佛教,后来在它的印度故乡竟然消逝了。《心经》倒是被我们中国人放在了"心"上!心心相印,既是中国成语也是禅宗心法。是啊，此岸到彼岸必须有桥，今世到永世必须有师。人的得度必须有桥，此桥即师、即仙、即道。于是，中国悠远的历史传统就有了薪火传递的师道尊严，就有了丰富多彩的桥文化，就有了众多神奇的遇仙桥。

湖南桃源县有遇仙桥，与《桃花源记》秦人洞的神仙有关。四川成都青羊宫的遇仙桥，相传为老子和尹喜相遇之桥。陕西户县甘河的遇仙桥，相传为吕洞宾和王重阳相遇之桥。西安八仙宫的遇仙桥，则是钟离权和吕洞宾的相遇之桥。钟离权和吕洞宾的相遇，是道教研究中的大事情。他们的相遇，传统上有三种说法（参见张广保《唐宋内丹道教》127—129页，上海文化出版社，2001年）。长安酒肆的相遇，即现在西安八仙宫遇仙桥的来历。因之，西安的八仙宫遇仙桥，就有虚实两个涵义，或者说有象征和历史两种含义。就其象征含义来说，又包含"人生解脱"的主题和"师徒传道"的哲理。

按照海德格尔的说法，不论选择入世还是出世，都正表明了"人"是一种"在世"的存在。作为一种"在世"的存在，人必然要和"烦""畏""死"三种基本情境或情绪相遇。通过一则希腊神话，海德格尔回溯了人的"身"和"心"，"肉"和"灵"的两重存在性，表明"人"的确就是"烦"的孩子。作为"烦"的孩子，人便有形上之"畏"和形下之"怕"。中国人不太分形上形下，孔子总结道："君子有三畏：畏天命，畏大人，畏圣人之言。小人不知天命而不畏也，狎大人，侮圣人之言。"

按照孔子的说法，有无"畏"，乃是"君子"和"小人"的分野。按照海德格尔的说法，"君子"有形上之"畏"和形下之"怕"，"小人"没有形上之"畏"，仅有形下之"怕"——如怕饿，怕官小，怕老虎，等等。特别是乱世，朝秦暮楚，早生夕亡，"烦"和"畏"已不在话下，"死"径直君临头顶，如剑在悬——莫道君子，小人也

"怕"啊。钟离权和吕洞宾生活的唐末五代,就是乱世。在"君子"的"三畏"中,他们大概最"畏天命"!就钟离权而言,既已"得道",其"天命"便是找到"受道"之人。就吕洞宾而言,既已"畏大人,畏圣人之言"。其"天命"便是找到"授道"之人。"师徒传道"的哲理,同样深矣!按照韩愈的《师说》:"古之学者必有师。师者,所以传道受业解惑也。人非生而知之者,孰能无惑?"按照重要性,是"传道受业解惑"的顺序;按照教学法,是"解惑受业传

钟吕八仙庵

道"的顺序。吕洞宾见钟离权之前,一般性的"解惑受业"早已完成,关键即"传道"了!钟离权的十试,即确认吕洞宾具备"君子"的"三畏",是真君子,大丈夫;不是"不知天命而不畏也,狎大人,侮圣人之言"的小人。于是才有八仙庵的遇仙桥传说。

八仙庵遇仙桥,就其历史性而言,也有两大蕴含。其一,八仙庵位于西安东郊,毗邻灞桥,西安现在还有灞桥区。灞桥曾经是汉唐帝王叱咤风云的历史舞台,灞柳曾经是文宗国士吟赏风月的浪漫信物,灞水又曾经是"八水绕长安"的风水源头。从灞桥溯源,不

远处就是中国人魂断蓝桥的蓝桥,是历史文明的故乡,是八仙韩湘护佑韩愈的地方。钟吕旅游之,赏玩之,咏叹之,也是意料之中、情理之间的事情。"窗含西岭千秋雪,门泊东吴万里船。"从长安酒肆的窗口,钟吕能看到什么呢?他们能看到灞桥,能看到蓝桥,能看到历史文明的拱桥!就此而言,八仙庵遇仙桥仅是灞桥、蓝桥以及历史文明拱桥的移地换形、文化表达而已。其二,钟吕八仙的巨大名声和深远影响,和王重阳全真教的确密切相关,无法分开。王重阳在户县甘河岸边遇见吕洞宾的地方,修有遇仙桥,更有全真祖庵。王重阳和吕洞宾在户县甘河的相遇,是全真教普遍传扬、耳熟能详的著名教典。道教全真派创始人王重阳出家求道时,在甘河桥遇吕洞宾祖师授"五篇灵文"而得道,故全真十方丛林,皆修遇仙桥以示纪念。

西安八仙庵至今还是全真教在西安和整个西北的中心。八仙庵遇仙桥,就成了全真教的历史记忆和文化教典。今日,迈进八仙庵五开门的山门,钟、鼓二楼分立左右。第一进院落的正中,就是遇仙桥。质朴无华的遇仙桥,永远无语地讲述着钟离权和吕洞宾的相遇传奇,讲述着王重阳和吕洞宾的相遇传奇,讲述着华夏历史的文明传奇。

## 第五节　韩湘远来蓝关雪

中国素称诗的国度,唐诗又是中国诗的极峰。全唐诗中,韩愈的《蓝关》堪称桂冠诗歌。有唐一代,唐太宗诸帝王,皆有千古诗篇。著名诗人中,李白有诗仙之称,杜甫有诗圣之称,王维有诗佛之称。然而,如果综合观之,韩愈却应当是诗歌第一人:论政治地位,韩愈做过刑部侍郎、国子祭酒、兵部侍郎、吏部侍郎、京兆尹等,用现在的话说,韩愈做过国家的司法部长(刑部侍郎)、文化部长(国子祭酒)、国防部长(兵部侍郎)、组织部长(吏部侍郎)和北京市委书记（京兆尹）等；论诗歌创作的数量和质量，他是响当当的一流诗人；论思想文化的深远影响，苏轼称他"文起八代之衰"，明人推他为唐宋八大家之首，有"文章巨公"和"百代文宗"之名，在儒家主流道统，韩愈被视为孟子以后的第一人。宋江文不如吴用，武不如李逵，却是梁山第一把交椅。如果从"文"（诗歌）"武"（政治）双全的综合成就来看，韩愈的确是唐朝的桂冠诗人，《蓝关》也的确是他的桂冠诗歌。

《蓝关》的全名是《左迁至蓝关示侄孙湘》，诗云：

一封朝奏九重天，夕贬潮阳路八千。欲为圣明除弊事，肯将衰朽惜残年。云横秦岭家何在，雪拥蓝关马不前。知汝远来应有意，好收吾骨瘴江边。

"左迁"即贬官，韩愈从朝廷吏部侍郎被贬为潮州刺史，从中央高官被贬为地方小吏。《蓝关》包含了与"仙"结缘的全部要素：（1）"左迁"贬官，是入世的重大挫折。比较之下，"仙"即一种出世姿态。（2）"左迁"的缘起，是韩愈的《谏迎佛骨表》。在韩愈看来，他的《谏迎佛骨表》，是"欲为圣明除弊事"。而结果呢，是"夕贬潮阳路八千"。人生的荒诞性、悲剧性和价值信仰的动摇，从来就是"道"的主题歌。（3）"好收吾骨瘴江边"表明，韩愈已将"死"的问题收入自己眼帘。弘一大师讲："人能常念死，则道业自成。"海德格尔亦言，死亡特别能够将人置于生存论上的本真境域。"左迁"犹如棒喝，让韩愈想到了死亡问题！老子言："出生入死"，死亡的确是仙道之门。（4）在死亡门前，陪伴韩愈的，不是朝廷大官朋友，也不是儿女们，而是他的一个"侄孙"——韩湘子，八仙之一的韩湘子。

至少，韩愈《左迁至蓝关示侄孙湘》明确是写给韩湘子！诗中"知汝远来应有意"，也表明是写给"汝"：韩湘子。诗中"好收吾骨瘴江边"也表明，韩愈是将生死大事托付给了韩湘子！

韩湘子是韩愈的侄孙。韩湘子的故事记载，源远流长，也比较丰富,《唐书·宰相世系表》《酉阳杂俎》《太平广记》《仙传拾遗》等书都有他的人生介绍。历史上韩愈确有一个叫韩湘的侄孙,曾官大理丞。他成仙的传说,最早见于唐代段成式的《酉阳杂俎》。书中称韩愈有一年少远房

西安城南湘子门

子侄,为人轻狂不羁,不喜读书,韩愈曾责怪他,他却能在七日之内使牡丹花按其叔的要求改变颜色,并且每朵上边还有"云横秦岭家何在……"的诗句,韩愈惊奇万分。北宋刘斧《青琐高议》的记载和《酉阳杂俎》基本一致,谓湘字清夫,为愈之侄,且云所开之花类牡丹。两书均未言韩愈被度成仙事。考《新唐书·宰相世系表三上》及韩愈《韩滂墓志铭》,湘字北渚,为愈之侄孙,官至大理丞,非神仙中人。不过,韩愈《徐州赠族侄》写道:"击门者谁子?问言乃吾宗。自云有奇术,探妙知天工。"也许,韩愈笔下这个"有奇术,知天工"的族侄就是韩湘子。

元朝人所著《韩湘子引渡升仙会》《韩退之雪拥蓝关记》中记录了韩湘子得道成仙的故事:韩湘子原是苍梧之野、宾龙峰西经皇老洞中,东华公、西城公(道教中的神仙)座前的白鹤,因经常听仙人们讲道而深有感悟,只因它是鸟类,不得登上仙班。后来,吕洞宾教其先转化为人类,脱去羽毛。韩湘子于是投胎于河南孟县韩家,出生后取名韩湘。他自幼丧父母,是叔祖父韩愈将其培养成人,希望他能攻读儒学。吕洞宾化名为"官无上",前来传道、点化韩湘,使韩湘子很快成仙。后来,韩湘子几次点化韩愈,而韩愈始终

不悟。后世小说及民间故事中所谓"八仙"之一的韩湘子形象，当由《韩仙传》等书所载附会渲染而成。在这些文献传说的基础上，明代杨尔曾编著了30回本的《韩湘子全传》。《韩湘子全传》的主题和情节，一是写韩湘子修道，拜吕洞宾为师；二是写韩湘子和韩愈的关系。"云横秦岭""雪拥蓝关"是全书的转折点：此前，韩愈是一个固执坚强的正统高官，对韩湘子既有长辈对晚辈的权威教训，还有儒家思想对仙道价值的怀疑拒绝；此后则相反，感到怀疑动摇的是韩愈这位正统杰出人物，"云横秦岭""雪拥蓝关"就是他人生危机的关键事件。在《韩湘子全传》中，不仅韩湘子从吕洞宾处得道，韩湘子也帮助韩愈度过"云横秦岭"的人生危机，并最终使他接受了"道"。

干嘉学派的赵翼在《陔余丛考》中指出韩湘"初不言其有异术"，《青琐高议》和《酉阳杂俎》多是一种附会。明末胡应麟《少室山房笔丛》卷四十《庄岳委谈》和卷四十二《玉壶遐览》中对于八仙传说及吕洞宾、钟离权等有简要考述，对韩湘子的仙事也持否定态度。他主要依据《新唐书·宰相世系表三上》及韩愈的《韩滂墓志铭》，认为湘字北渚，为愈之侄孙，官至大理丞，非神仙中人，甚至判断"韩湘"不是韩湘子。《韩湘子全传》是道教观念小说。胡应麟作为正统儒家观念的学者，对《韩湘子全传》的思想倾向提出质疑批判，完全自然，他否定韩愈得道成仙有较充分的历史依据。不过，胡应麟和赵翼认为韩湘子也无"异术"，"非神仙中人"，明显错误。韩湘子的"异术"和神仙形象，不是《韩湘子全传》作者一个人能够树立和确立的。它不仅有从唐代《酉阳杂俎》到北宋《青琐高议》的早期记载，还有元朝《韩湘子引渡升仙会》《韩退之雪拥蓝关记》的铺陈发挥，更有敦煌文献的考古发现支持。在敦煌文献中，韩湘子就和吕洞宾修习道教法术了。《韩湘子全传》描写韩湘子的前世是白鹤，敦煌文献中的韩湘子修习的正是"白鹤隐遁法"。

胡应麟和赵翼般后世学者，既执于"榜客鼓枻"，又作为局外人、站在蓝关雪外，对韩愈和"侄孙"韩湘子的云横秦岭故事，各抒己见，徒然臆测，完全忽略了这里关键性之人生严重的"危机"和"道机"！他们的笔墨意见，可归结为三点：其一，夸张韩愈和"侄孙"韩湘子身世关系的模糊性和歧异性。其二，强调韩湘子的入世为官身份。韩湘子是韩愈的外甥也罢，"侄孙"也罢，并不影响"蓝关故事"中的"危机"和"道机"。韩湘子的入世为官，时间长也罢短也罢，官职高也罢低也罢，并不影响他的炼丹修道，并不影响他的八仙地位。其三，唐代不是明清。唐代的自由开放、儒道互溶经过宋明理学化后，变得难以理解了。胡应麟和赵翼诸明清学者对韩湘子的理解中多有误解：这既有个人局限，也有时代落差。的确，在唐代社会，韩愈的"蓝关故事"中，分明有着一个晚辈对长辈的关怀与道心，分明有着一个长辈对晚辈的赞许和谢意，也分明可以体会到危机事件中的转机和道机。事实上，韩愈的女儿就死于这场蓝关大雪；过了几年，韩愈也离开人间，仅仅54岁啊。他的《蓝关》诗也写得分明："知汝远来应有意。"韩湘子何意而来？大家再参。《韩湘子全传》的作者杨尔曾，在"序言"中写道："参公之题咏，有云横秦岭句而虚其目"，是意识到了诗歌和小说的不同，并自谦是"以之为矇师瞽叟，执简高歌"。如果有人"以之为榜客鼓枻之歌，则观者闭目"。这不仅是自谦，不仅是历史叙述和小说叙事的分野觉悟，更是对执于"榜客鼓枻"历史叙述者的预先棒喝！

### 第六节　诗酒酬唱八仙桌

八仙桌，指桌面四边长度相等的、桌面较宽的方桌。大方桌四边，每边可坐二人，四边围坐八人（犹如八仙），故民间雅称八仙桌。几案类家具的历史至少可以追溯到有虞氏的时代，当时称为俎，多用于祭祀。案的名称在周代后期才出现，宋代高承的《事物纪原》载："有虞三代有俎而无案，战国始有其称。"桌子的名称在五代时方才产生。现在可考的八仙桌至少在辽金时代就已经出现，明清盛行。关于八仙桌的来历，有一个传说。有一天，钟吕八仙在唐代长安相聚。他们听说画圣吴道子也来到了长安，就一齐来拜访。吴道子正在家中作画，忽见这么多客人来访，原来还是八仙，连忙上前把他们迎进房内，搬椅子倒茶忙了一通，海阔天空地谈论起来，不知不觉天已暗了下来。吴道子想：难得八仙光临，要招待他们吃饭，于是吩咐下人准备酒菜。可是这么多人没有一张大桌。吴道子灵机一动，大笔一挥，画出一张四角方方的桌子，正好够坐八个人。吕洞宾问吴道子："吴先生这张桌子倒很实惠，叫啥名字？"吴道子想了想说："为你们而作，就叫八仙桌吧。"

中国 20 世纪的"文化大革命"，是自上而下的国家运动。其中有一个高歌猛进、影响深远的著名口号："横扫一切牛鬼蛇神"。在

八仙夜宴图

"一切牛鬼蛇神"中，佛道应该归于鬼神类，自然也是"扫除"对象，并且简直就是重点的"扫除"对象。于是许多寺庙变为学校，许多道观或变为医院，僧侣还俗，道士回家。可是，有一个与道士和八仙有关的文化遗迹，却不仅未被"扫除"，还摇身一变成了"革命"的符号——它，就是八仙桌。当年非常著名的《沙家浜》，属于"文革"十年的八大样板戏。在其中让人屏息紧张、印象深刻的《斗智》一场，我们的女英雄阿庆嫂唱道："摆开八仙桌，招待十六方……司令常来又常往，我有心背靠大树好乘凉。"八年抗日的战争年代，敌人坚壁清野，生活异常艰苦；阿庆嫂的唱词却完全是乐观轻松的革命浪漫主义："八仙桌"，"十六方"，再加上地方司令胡长官。

十年"文革"，对中国历史文化的毁灭空前严重，某些地方要超过八年抗日战争。好多寺院毁坏，好多道观拆除，好多古碑文物被消灭。道教器物能够保留下的，大概也就是"八仙桌"吧。"八仙桌"能够避开"文化革命"的"横扫"，并且进入革命浪漫主义，可能因了三个缘由：（1）器具性。（2）高档性。（3）想象空间。

器具与工具不同，工具属于生产世界，器具属于生活世界。作为物质生产手段，工具是走向目的的环节，是消逝的一环。作为人类生活环节，器具是目的到场标志，是滞留的时光。目的到场与滞留时光的特征，使得器具拥有某种盛放性、包孕性的空间感，因而不同于人类生活的一般用具。比如门窗、衣服和枕头，是用具而不是器具。反过来，衣柜、碗和桌子，是用具也是器具。衣柜可以盛放衣服，碗可以盛放饭菜，桌子可以盛放碗碟和饭菜。由于盛放性、包孕性的空间特征，作为器具，在革命样板戏《沙家浜》中，新四军连长郭建光和敌伪司令胡传魁就先后坐在了阿庆嫂的八仙桌旁。解放战争年代，毛泽东和蒋介石可以同时坐在重庆的谈判桌，那谈判桌也许就是一张八仙桌呢。同样的道理，八仙桌在钟吕八仙时代使用，明清农耕时代使用，发达的现代仍然使用。阿庆嫂唱道，

"摆上八仙桌，招待十六方"，固然源于革命浪漫主义，也唱出了八仙桌兼容"十六方"的器具哲学。

作为中国人的生活器具，八仙桌具有明显的高档性和高雅性。八仙桌一般配太师椅就是明证。高档性更多对应物质基础，高雅性更多对应文化学养。在革命样板戏《沙家浜》的盛演时代，一般工农兵家庭无力拥有八仙桌。有八仙桌实力的家庭，差不多得县级上下的干部。在《沙家浜》所反映的革命时代（新中国成立前），拥有八仙桌的家庭，起码是富农以上的家庭。八仙桌，配上太师椅，无论哪个时代，对于经济贫困家庭，一直都是奢望和梦想吧。而八仙桌盛放的碗碟饭菜，与富裕、奢华、高雅伴奏出场的，就是美酒和诗篇了。美酒和诗篇，直接标志着八仙桌的精神想象空间。

美酒和诗篇所标志着的八仙桌的精神想象空间，在欧美有所谓的酒神精神，在中国有杜甫的《酒中八仙》。酒中八仙：贺知章、汝阳王李琎、李适之、崔宗之、苏晋、李白、张旭、焦遂。其中李白被称为诗仙。"李白斗酒诗百篇，长安市上酒家眠，天子呼来不上船，自称臣是酒中仙。"诗仙李白的胆略豪迈，让人想起他的同氏黑旋风李逵。李逵在八仙桌上喝完酒，大喊："杀去东京，夺了鸟位。"当代艺术，则有莫言编剧的《红高粱》主题歌《酒神曲》："九月九，酿新酒，好酒出在咱的手，好酒！喝了咱的酒，上下通气不咳嗽；喝了咱的酒，滋阴壮阳嘴不臭；喝了咱的酒；一人敢走青杀口；喝了咱的酒，见了皇帝不磕头！"

《酒神曲》中的"九月九""滋阴壮阳"和"见了皇帝不磕头"，表达了酒神之道，唱出了仙道之歌。"九月九"是全真教的重阳节，其实也是八仙中吕洞宾的纯阳节。八仙中的吕洞宾，就叫吕纯阳。敢于"见了皇帝不磕头"，对钟吕八仙来说，绝不仅是李逵式"杀去东京，夺了鸟位"的鲁莽豪气，也不完全是靠李白式"天子呼来不上船，自称臣是酒中仙"的高雅飘逸，而是依赖"炼精化气"

的功夫修炼，依靠天籁仙真的智慧境界。钟吕八仙，代表了"男女老少，贫富贵贱"，代表了"天地人"三才之道，代表了永恒时间的三世之理。钟吕八仙中，吕洞宾一人，《全唐诗》就有他的200多首诗歌。他的200多首诗歌中，许多就是歌吟美酒和仙酒呢。吕洞宾和钟离权第一次相见的地方，就在长安酒肆，就围着"八仙桌"，就留下了唱和的仙道之歌，就成了八仙历史出场的重要契机。后来，张果老加入，韩湘子加入，蓝采和加入……真正是八仙坐在八仙桌，喝着八仙酒，唱着八仙歌。他们诗酒酬唱，写出了《灵宝毕法》的伟大道歌，留下了正义深沉的惊世道行。钟吕八仙的桌子，是原初的八仙桌，是本真的八仙桌，是纯粹的八仙桌；是仙人的桌子，是友人的桌子，也是向穷人开放的桌子。它穿越历史，连接人天，包容世界。钟吕的八仙桌，盛放美酒和诗篇，也盛放良知和真心。钟吕的八仙桌，不仅具有阿庆嫂招待胡司令的高档性，不单具有李白诗酒百篇的高雅性，还具有仙道人间的高贵性。钟吕八仙，哪怕坐的是山中石头，也是八仙桌。钟吕八仙，哪怕围的是贫家案板，也是八仙桌。钟吕八仙到哪里，哪里就有八仙桌，哪里就是八仙桌。

# 第三章　从《钟吕传道集》到《灵宝毕法》

## 第一节　《钟吕传道》仙理高

《钟吕传道》即《钟吕传道集》，又简称《传道集》，清乾隆年汇辑的《吕祖全书》卷29取名《修真传道论》。《钟吕传道》是我们出于修辞对《钟吕传道集》的一时省称。在现存的钟吕著述中，《钟吕传道集》有着特别重要的分量地位。此书的文献历史，马晓宏的《吕洞宾经诰考》和张广保的《唐宋内丹道教》都进行过论述。日本学者坂内荣夫写有《〈钟吕传道集〉与内丹思想》的讨论专文。中国学者也有《〈钟吕传道集〉与〈西山群仙会真记〉版本考述》（高丽杨《中国道教》2011年第4期），惜未阅见。宋徽宗时期的《宣和书谱》首次提到钟离权和吕洞宾有"问答语和诗成集"。"问答语"即指《钟吕传道集》，全书采用钟吕的"问答"体例。宋代曾慥《道枢》已经收录了《传道集》三卷。胡孚琛主编的《中华道教大辞典》"《钟吕传道集》"条的结论是，"约成书于唐末五代"。原书题有："正阳真人钟离权述，纯阳真人吕洞宾集，华阳真人施肩吾传。"古人的这种严谨措辞，体现出一种客观立场。考虑到从"书"到"集"再到"传"的传播过程，还有从孕育到成熟的诞生过程，"约成书于唐末五代"的结论应该正确。该书的重要价值，已经得到人们的共识："是书乃唐宋间最为系统之内丹著作，钟吕金丹派教义法术之宗源"（王卡），"《灵宝毕法》《钟吕传道集》二书为道教传统看法中有关钟离权著述之最重要者"（张广保）。在某种程度上，《钟吕传道集》和《灵宝毕法》乃是钟吕金丹学的文本象征和标志。正像老子寄托于《道德经》那样，钟离权和吕洞宾的人本和道本，也实质性地依存于《钟吕传道集》这部人类文本世界的伟大著述。

《钟吕传道集》是承前启后的集大成巨作。它所提出的"仙学",如果与前人相比,显得严整系统;而与后人相比,又显得完整浑厚。《钟吕传道集》共18章。其内容结构由"总论"(第一到第六章)和"专述"(第七章到第十八章)两部分组成。"总论"共六章,"论日月第四"和"论五行第六"是战国以来阴阳五行理论的丹道援用。"论天地第三"和"论四时第五",是先秦《周易》天地

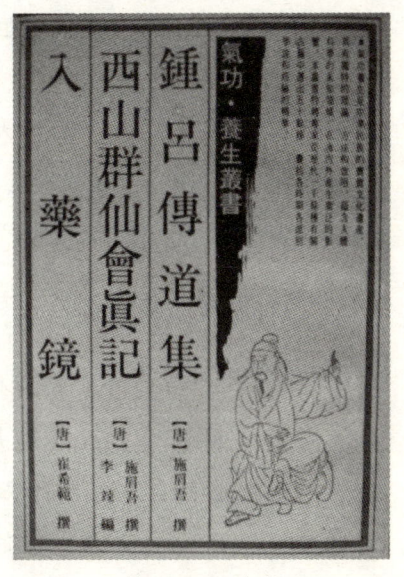

钟吕八仙道书

人三才之道的修炼概述。"论真仙第一"和"论大道第二"则是概论中的概论,纲领中的纲领,其思想灵魂也就两个字:"仙"与"道",而"真仙第一""大道第二"的谋篇安排,堪称远虑深谋,大匠慧眼:(1)它既有别于老子《道德经》"大道"优先的道家学说理路,也与宋明儒家的道学严格区分;(2)它以"真仙第一"的思想理念,既极大地充实了《道德经》中"德"的内容规定和人文主体境域,也将修道的意义目标空前显豁开来;(3)"真仙"和"大道"的鱼贯而出,相提并论,既区别了纯粹道家的泛泛空谈,也防范着后世道教的低级术化。"真仙第一"作为《钟吕传道集》的首篇,其核心思想是"五仙级"的仙道学。《钟吕传道集》写道:

吕曰:"法有三成而仙有三等者,何也?"钟曰:"法有三成者,小成、中成、大成之不同也。仙有五等者,鬼仙、人仙、地仙、神仙、天仙之不等,皆是仙也。鬼仙不离于鬼,人仙不离于人,地仙不离于地,神仙不离于神,天仙不离于天。"吕曰:"所谓鬼仙者,何也?"钟曰:"鬼仙者,五仙之下一也。阴中超脱,神象不明,鬼

关无姓，三山无名。虽不轮回，又难返蓬瀛。终无所归，止于投胎就舍而已。"吕曰："所谓人仙者，何也。"钟曰："人仙者，五仙之下二也。修真之士，不悟大道，道中得一法，法中得一术，信心苦志，终世不移。五行之气，误交误会，形质且固，八邪之疫不能为害，多安少病，乃曰人仙。"吕曰："所谓地仙者，何也？"钟曰："地仙者，天地之半，神仙之才。不悟大道，止于小成之法。不可见功，唯以长生住世，而不死于人间者也。"吕曰："所谓神仙者，何也？"钟曰："神仙者，以地仙厌居尘世，用功不已，关节相连，抽铅添汞而金精炼顶。玉液还丹，炼形成气而五气朝元，三阳聚顶。功满忘形，胎仙自化。阴尽阳纯，身外有身。脱质升仙，超凡入圣。谢绝尘俗以返三山，乃曰神仙。"吕曰："所谓天仙者，何也？"钟曰："地仙厌居尘世，用功不已，而得超脱，乃曰神仙。地仙厌居三岛而传道人间，道上有功，而人间有行，功行满足，受天书以返洞天，是曰天仙。既为天仙，若以厌居洞天，效职以为仙官：下曰水官，中曰地官，上曰天官。于天地有大功，于今古有大行。官官升迁，历任三十六洞天，而返八十一阳天，而返三清虚无自然之界。"

《钟吕传道集》的"五仙级"理论，有两大思想来源：（1）先秦道家《庄子》和《黄帝内经》中的"真人"等概念；（2）南北朝时期道教《无上秘要》中的仙学思想。先秦《庄子》，已经有了"真人，天人，至人，神人，圣人"的论述。《庄子·天下篇》写道："不离于宗，谓之天人。不离于精，谓之神人。不离于真，谓之至人。以天为宗，以德为本，以道为门，兆于变化，谓之圣人。"《庄子·逍遥游》写道："若夫乘天地之正，而御六气之辩，以游无穷者，彼且恶乎待哉？故曰：至人无己，神人无功，圣人无名。"《逍遥游》是《庄子》的首篇，《天下篇》是其末章。"真人，天人，至人，神人，圣人"的人本超越品级，真正是贯穿了《庄子》始终的主题。《黄帝内经·上古天真论》写道：

黄帝曰：余闻上古有真人者，提挈天地，把握阴阳，呼吸精气，独立守神，肌肉若一，故能寿敝天地，无有终时，此其道生。中古之时，有至人者，淳德全道，和于阴阳，调于四时，去世离俗，积精全神，游行天地之间，视听八远之外，此盖益其寿命而强者也，亦归于真人。其次有圣人者，处天地之和，从八风之理，适嗜欲于世俗之间，无恚嗔之心，行不欲离于世，被服章，举不欲观于俗，外不劳形于事，内无思想之患，以恬愉为务，以自得为功，形体不敝，精神不散，亦可以百数。其次有贤人者，法则天地，象似日月，辨列星辰，逆从阴阳，分别四时，将从上古合同于道，亦可使益寿而有极时。

在《庄子》和《黄帝内经》之外，《钟吕传道集》"五仙级"理论的另一个思想来源是北周的著名道书《无上秘要》。《无上秘要》为目前所知最早的道教类书，由北周武帝宇文邕敕纂。《无上秘要》原100卷292品。《旧唐书·经籍志》等著录为72卷。《无上秘要》有多种刊本，我们这里援引敦煌唐写本。据北珍20卷末题识，系"开元六年二月八日，沙州敦煌县神泉观道士马处幽并侄道士马抱一奉为七代先亡及所生父母、法界苍生敬写此经供养"。敦煌唐写本，在时代和内容两方面将《无上秘要》和《钟吕传道集》"五仙级"理论联系在一起。众所周知，魏晋南北朝是"人的自觉"

明代八仙像

(李泽厚)时代,其中一大风尚特征,即品藻人物,指点江山,给"人"立品。钟嵘有《诗品》之作。《无上秘要》一百卷,每卷有"品",卷卷说"品"。其"卷之七十八"的"天仙药品,地仙药品",和"卷之八十八"的"长生品,地仙品,天仙品,升日门品",乃是《钟吕传道集》"五仙级"的直接思想来源。具体说,《无上秘要》中的"地仙品,天仙品"已经为《钟吕传道集》直接继承;《无上秘要》中的"尸解"和"得鬼官道人名品",即《钟吕传道集》的鬼仙概念;《无上秘要》中的"长生品,升日门品"等,又对应着《钟吕传道集》的"人仙"和"神仙"表述。详尽探讨《钟吕传道集》与《无上秘要》二者之间的内容关联,是一个重大课题,它既能帮助我们具体体会《钟吕传道集》的"承前"品质,也可以辅助解决《钟吕传道集》写作的时代背景。

按照《无上秘要》敦煌唐写本,系"开元六年二月八日,沙州敦煌县神泉观道士马处幽并侄道士马抱一奉为七代先亡及所生父母、法界苍生敬写此经供养"的说法,这已经和《钟吕传道集》的作者钟离权是同一个时代了。敦煌道经中,就有叙述钟吕八仙的文本。如此看来,《钟吕传道集》与《无上秘要》敦煌唐写本之间,无论时间、地点还是内容,的确都关系密切!当然,《钟吕传道集》和《无上秘要》的区别也很明显:(1)《无上秘要》毕竟是"北周武帝宇文邕敕纂"的官方集体著作,《钟吕传道集》毕竟是民间的个体著述;(2)《无上秘要》体现着类书集体性工作的庞杂散乱,《钟吕传道集》敞示着个体专著性写作的严整精深。反过来看,《无上秘要》作为类书的庞杂散乱,却又包含着丰富的营养和母液,恰是私人写作的最佳汲取对象和参考文本。这就是《钟吕传道集》继《无上秘要》之后出现的基本缘由,这也就是《钟吕传道集》把"论真仙"列为"第一"和"五仙级"学说的基本缘由,这也就是《钟吕传道集》承前启后、严整精深的基本缘由。

在《钟吕传道集》的首篇"论真仙第一",作者就已提出了自己"三乘五仙"的思想核心。具体说,"五仙说"乃是《钟吕传道集》的主题,"三乘说"乃是《灵宝毕法》的主题。一些学者不明就里,以为《灵宝毕法》的"三乘说"来源于丘处机的《大丹直指》,恰是不辨源流、本末倒置了。全真教将钟吕列为道祖,岂无谓哉?岂无凭欤!就《钟吕传道集》的"三乘五仙"看,既有《无上秘要》的直接滋养,又有《周易参同契》的"三五匡郭",还有司马迁《史记·天官书》"为国者必贵三五"的影响。简明看,《周易参同契》的"三五匡郭"是"为己",《史记·天官书》的"必贵三五"是"为国";《无上秘要》的出发点是超世的"道",《史记·天官书》的出发点是济世的"儒"。这一切的汇合交融,正是《钟吕传道集》的魅力和奥秘之所在。

## 第二节 《灵宝毕法》道术深

在《灵宝毕法》正文的前面,有"正阳真人钟离权云房序"。序不长,全文如下:

道不可以言传,不可以名纪。历古以来,升仙达道者不为少矣。仆志慕前贤,心怀大道,不意运起刀兵,时危世乱。始以逃生,寄迹江湖岩谷,退而识性留心,惟在清静希夷。历看丹经,累参道友。止言养命之小端,不说真仙之大道。因于终南山石壁间,获收《灵宝经》三十卷。上部金诰书,元始所著,中部玉书录,元皇所述。下部真源义,太上所传。共数千言,予宵衣旰食,远虑深省,乃悟阴中有阳,阳中有阴……方册灵宝妙理,可用入圣超凡。总为三乘之法,名《灵宝毕法》。大道圣言,不敢私于一己,用传洞宾足下。道成勿秘,当贻后来之士。

钟祖此序,可注意者三:其一,时代背景。时代背景是"运起

钟吕道典

刀兵,时危世乱。始以逃生,寄迹江湖岩谷,退而识性留心,惟在清静希夷"。具体说,"运起刀兵,时危世乱"是指盛唐之后的安史之乱和黄巢兵犯,前者终结了盛唐,后者终结了李唐。在"运起刀兵,时危世乱"的中晚唐,钟离权"始以逃生"之后,选择的生活方式是"寄迹江湖岩谷,退而识性留心,惟在清静希夷"。其二,获书的有关因缘地理。四川大学的丁培仁先生在《〈灵宝毕法〉再研究——附论钟吕金丹派的丹书与西部区域性》(2007)中,已注意到此书的区域空间问题。就《灵宝毕法》而言,它出现的区域空间是"终南山石壁间"。秦岭终南山又叫太乙山,盛唐王维的名作《终南山》写道:"太乙近天都,连山到海隅。白云回望合,青霭入看无。分野中峰变,阴晴众壑殊。欲投人处宿,隔水问樵夫。"获名太乙山,又"近天都",可见终南山乃是道教名山和圣山。长安为唐朝国都,举头可见终南山。钟离权是咸阳人,吕洞宾是"关西逸人"(《宋史》)。"关西"指陕西潼关以西的关中平原。终南山为钟吕的主要活动区域,宋代苏轼就把吕洞宾称为"华岳山人",明朝李西月编辑的吕洞宾文集就叫做《终南山人集》。如此,钟离权在"终南山石壁间"获收《灵宝经》30卷,显得理固宜然。另外,"终南山"又是一个"神性地理"概念,并非地理实体。《灵宝毕法·肘后飞金晶第五》写道:"终南路上逢山,升身频过三关。贪向扬州聚会,争如少女烧天。解曰:终南者,圣人隐意在中男也,中男即坎卦。艮为山,山是势,飞金晶至巽卦方止,第二百日下功之时也。"从具体山脉衍生神性地理概念,是宗教空间文化的普遍现象。《灵宝毕法》中,终南山的虚实两层蕴含,非常值得玩味。

需要指出的是,钟离权在"终南山石壁间"获收《灵宝经》30卷,并非首次,也并非第一人。换句话说,钟离权在"终南山石壁间"获收《灵宝经》,不仅仅是他个人的主体性,而有着深沉悠远的历史渊源。《云笈七签·灵宝略纪》写道:

在昔帝喾时,太上遣三天真皇灵宝五篇真文以授帝喾,奉受供养,弥其年稔,法传乎世。帝喾将仙,乃封之于钟山。钟山在西北弱水之外,山高万五千里。至夏禹登位,乃登名山巡狩,度弱水,登钟山,遂得帝喾所封灵宝真文。于是奉持出世,依法修行。禹唯自修而已,不传于世,故禹得大神仙力,能凿龙门,通四渎。功毕,川途治道,天下又安。乃托尸见死,其实非死也。故智者美其迹,真人知其灵。禹未仙之前,乃复封之,镇乎北岳及包山洞庭之室,于是孔子曰:"此是灵宝五符真文。昔夏禹得之于钟山,然后封之于洞庭之室。"

"灵宝五篇真文",即最古老的《灵宝经》。钟离权"在终南山石壁间"获收《灵宝经》之前,"夏禹,度弱水,登钟山,遂得帝喾所封灵宝真文"——即从钟山得到最古老的《灵宝经》。"钟山"和终南山的关系非常微妙,此处不遑细论。可以明确的两点是:(1)"钟山在西北弱水之外。""西北"很明确,"弱水"呢?《禹贡》指出:"黑水、西河惟雍州。弱水既西,泾属渭汭,漆沮既从,沣水攸同。荆、岐既旅,终南、敦物,至于鸟鼠。""弱水"是雍州的地标河流,与"泾河、渭河和沣水"紧挨叙述,相提并论,并且"终南、敦物"的终南山也破晓而出了!夏禹获取《灵宝经》的"钟山",即便不是终南山,也不会在广义秦岭以外。(2)"昔夏禹得之于钟山,然后封之于洞庭之室。"可以看出,《灵宝经》大的流播路线乃是从"钟山"(终南山)到"洞庭之室"。旅美学者景安宁对吕洞宾诗文研究之后,他的结论是:"《国史》称吕洞宾为'关中逸人',《雅言系述》云其是'关右人',《宋史》陈抟称其为'关西逸人',数来抟斋中,人咸异之",都说吕洞宾活动于关中一带,离陈抟隐居的华山不是很远。关中最有名的洞天福地是终南山。有些传说中说黄巢之乱时,吕洞宾"携家隐居终南"。美国研究道教的学者康豹在《多面相的神仙——永乐宫的吕洞宾信仰》中写道:吕洞宾是在"湖南北部或陕西的山中度过了他的大半生"。需要补充的是,"湖南北部或陕西的山中"的"或"改为"和"要更为确切。具体说,吕洞宾早期是在"陕西的山中",后来是在"湖南北部的山中"度过了"他的大半生"。

在秦岭终南山修道取得高度成就之后,吕洞宾开始"遨游"。吕洞宾"遨游"的一条最重要路线,就是从陕西终南山到岳阳洞庭湖。这也是古代《灵宝经》的流播路线。吕洞宾既寻找精神上的"道",也在寻找历史禹迹的"根"。尽管没有将古《灵宝经》悠远的流播禹迹及时看清,多年远在美国的景安宁先生和美国学者康豹先生,毕竟还是看到了吕洞宾在陕西关中的深沉脚印。任继愈主编的《中国道教史》也写道:"北宋初,内丹大家吕洞宾、陈抟、刘海蟾等就活跃于秦晋一带。""秦"即陕西,特别是陕西关中一带。面对吕洞宾半生修行于华山和终南山这一学界共识,曾经生活于陕西的马晓宏先生,在《吕洞宾成仙的传说》中写道:"至于吕洞宾的身世,可能他确系河东望族中唐吕渭之后。晚唐战乱频繁,河东一带大族纷纷迁居岭南一带,大概吕氏也在其中,所以吕洞宾活动的范围大多在湘鄂一带。"(王卡主编《道教文化100问》第75页,东方出版社,2006年)马先生提到了"晋"("河东一带"),提到了"湘鄂一带",就是未提"秦"——"关中一带"!在学术研究上,这分明是违背事实和共识;在心理感情上,这显然是将故地当做弃土。马先生当年生活的地方,南是终南山,北叫吕公寨。吕洞宾诗文,家国感情之深,让人叹为观止,不禁下泪。马先生对终南山故地的感情态度,只能说是冷漠绝情。其研究吕洞宾仙道学术,既事倍功半,也买椟还珠矣。

道教《灵宝经》有两大特点:即历史宗教意识和普世救赎价值。作为道家和道教经典,老子的《道德经》毫无历史痕迹;作为万古丹经王,魏伯阳的《周易参同契》突出精英姿态。道教《灵宝经》与之完全不同,从"帝喾将仙,乃封之于钟山","至夏禹登位,登钟山,遂得帝喾所封灵宝真文",皆华夏历史叙事。关于《灵宝经》的普世救赎价值,《灵宝略纪》写道:"普为时俗人天开畅大法。是时得道之人,尘沙非譬。元始乃与道君游履十方,宣布法缘";陆修静《灵宝经目序》写道:"大法流行,众圣演畅,修集杂要,以备十部三十六帙,引道后学,救度天人。"《灵宝经》的普世救赎价值,首先来自于乱世的苦难现实。《灵宝经》的"降世",三次都在乱世:第一次是三国时代,"至三国时,吴主孙权赤乌之年,有琅琊葛玄,字孝先。孝先乃葛尚书之子。尚书名孝儒,年八十乃诞玄。玄多灵应,年十三,好慕道德,纯粹忠信"(《灵宝略纪》)。这是"白骨露于野,千里无鸡鸣"的"三国演义"。第二次是南北朝时期,"元嘉十四年某月日,三洞弟子陆修静,敬示诸道流相与同法,弘修文业,赞扬妙化,兴世隆福"(《灵宝经目序》),因为"承唐之后四十六丁亥,其间先后庚子之年,天子续觉于禹口,乱群填尸于越川。强臣称霸,弱主西播",这是家国灭裂的南北朝啊。第三

明代钟离权像

次便是唐末五代，即钟吕的生活时代，是"运起刀兵，时危世乱"的乱世。唐末诗人韦庄在《秦妇吟》中写道："家家流血如泉沸，处处冤声声动地。舞伎歌姬尽暗捐，婴儿稚女皆生弃……昔时繁盛皆埋没，举目凄凉无故物。内库烧为锦绣灰，天街踏尽公卿骨。"战争磨砺着儒士，苦难玉成了英雄。钟吕成为古《灵宝经》的唐代传人，岂偶然哉？

钟祖此序，第三个要点即普世救赎意识，"总为三乘之法，名《灵宝毕法》。大道圣言，不敢私于一己，用传洞宾足下。道成勿秘，当贻后来之士"。《灵宝经》降世的初始，"禹唯自修而已，不传于世"。尽管三国时代的葛玄和南北朝时期的"三洞弟子陆修静"已经有了普世化转向，然而只有到了唐末五代的钟吕手中，华夏历史中古老的《灵宝经》才真正成为《灵宝毕法》！其一，无论钟离权还是吕洞宾皆是"半路出家"：正式修道前，钟离权是后唐将军，吕洞宾是儒官世家。其二，唐代将道教列为国教，为道教人世提供了空前契机。其三，唐代长安是世界第一大城市，其文明的开放性和国际性极大朔制了仙道眼光。其四，吕洞宾祖父吕渭是朝廷的礼部侍郎，其文化素养之高，社交活动之多，心灵襟怀之阔，不难想象。吕洞宾生长于唐代首都的长安，既接纳了盛唐的历史馈赠，也饱吮了家学的良好庭训，其成为盛唐遗产的托命者和冥灵子，其作为古《灵宝经》的出蓝者和总结者，理固宜然。布罗茨基将这种时代的托命者和冥灵子称为"文明的孩子"，吕洞宾其实就是盛唐文明的孩子。《灵宝毕法》的命名之意，已经透露消息："毕法"者，"灵宝经"至此圆满完毕之意；"终南山取出"者，《灵宝经》至此终极圆满之意。盛世唐朝是华夏古典文明的圆满和终结。《灵宝毕法》和终南山是它的两大注解。时间仅仅轮回到元代，也许是已经被殖民征服的缘故，作为全真南宗教士，作为吕洞宾传记的书写者，道教人物苗善时就完全看不懂《灵宝毕法》和

《钟吕传道集》了。苗善时对钟吕这两本书的谩骂,实在让人同情。至少从仙道学术的发展看,钟吕之后的历史乃是极大的停滞和倒退。比如唐末五代,吕洞宾剑法之高,道法之绝,身影之巨,朝野倾倒,佛教竟为其作传,拉为护法。元代呢,佛道几次较量,皆以道士惨败告终,明令焚毁《道藏》。苗善时元代先进发展了的仙道理论,哪里去了?

苗善时等人对《灵宝毕法》和《钟吕传道集》的谩骂轻蔑,显然是错误的,并付出了极为沉重的历史代价。清乾隆年间的《吕祖全书》也不敢收录《灵宝毕法》,这也旁证了《灵宝毕法》的道术太深了!它的时间攒簇观,是爱因斯坦相对论的最佳道解;它的金液、玉液炼形术,是人体科学的至高奥境;它的内丹和外丹、清修和双修的修炼辩证法,苗善时等就是由于不懂才生气拒绝的啊。而他的结尾绝唱,是在"超脱分形"中的"七级宝塔法"。这种道术,从科学领域看,必须具备激光知识基础;从灵智修炼看,既可能给伯希和等人的景教联想以鼓舞,也让人联想加尔默罗学派的卓越成就。《灵宝毕法》犹如它的盛唐遗产,总是让人痴迷和眩晕啊。盛世唐朝是华夏文明的峰巅,钟吕八仙则是中国仙道的峰巅。《灵宝毕法》从终南山取出,这是历史也是象征。从终南山取出的《灵宝毕法》,正在穿越历史迷雾,正在迎临它的终极天命。

## 第三节 兴观群怨《证道歌》

《论语·阳货》:"子曰:'小子,何莫学夫《诗》?《诗》可以兴,可以观,可以群,可以怨;迩之事父,远之事君;多识于鸟兽草木之名。'""兴"指人的高峰体验和临界感情,"观"指对社会和自然界的观察作用,"群"指诗歌的交流和传播功能,

"怨"指人在历史际遇中的失望和哀伤意绪。"怨"相当于屈原《离骚》中的"骚",是失望和哀怨之意。《诗经》中的"国风",多"怨"和"骚"。"兴"相当于李白《行路难》中的"酒",是旷达和超脱之心。《诗经》中的"二雅",多"兴"和"酒"。"兴"之所以能够"雅"的原因,在于人能够暂且忘记社会和自我,而在"酒"啊"月"啊"花"的消受和体会中,赢得意外的岁月收获。因之,"迩之事父,远之事君"是句外行话。"远之事君"能作出好诗,恐怕只有李白一个人,并且也"事君"不长啊。"迩之事父",艾特玛赫娃和北岛都是否定性例证。事实上,孔子也没有作过诗。不过,孔子所言的"多识于鸟兽草木之名",对作诗倒有帮助:它们都属于自然界,能够帮助人暂且忘记社会和自我吧。孔子甚至对自己的儿子讲:"不学诗,无以言"(《论语·季氏篇》)。老子没有诗话,却拿出了哲诗《道德经》。道家多诗人,道教多诗歌。李白是著名的诗仙,在于他人生的道境。钟吕八仙也创造了大量的诗篇,有咏物诗,有赠答诗,更多的当然是悟道之诗。中国古典素有"文以载道"的说法,钟离权的《证道歌》是名副其实的"载道之歌"。先看《证道歌》的开篇:

> 若非符契天缘事,故把天机诀与君。
> 片言半句无多字,万卷仙经一语通。

修行的圈子都知道"家传万卷书,真传一句话"的道理。为什么呢?《证道歌》告诉我们:"片言半句无多字,万卷仙经一语通。""万卷仙经",可以"一语通"。这"真传的一句话"却没有在"万卷仙经"!那"一语通"并没有在"家传的万卷书"!为什么会这样呢?其一,"万卷仙经"是用语言符号写的。语言符号属于英国哲人波普尔的"第三世界"。语言符号的第三世界外,有存在论的"第一世界"和体验论的"第二世界"。比如"爱情"这个词,我们小学一年级的孩子都认识"它"（语言符号），可是，六七岁的孩子不会懂得"它"吧（"体验"和"存在"）。因之，"道"作为"第一世界"的存在问题，人首先必须穿越"第三世界"（语言符号）和"第二世界"（体验领会）这两关。道门外的专家学者，也写作了许许多多的研究著述，首先的原因：他们绝对认识那些字啊！就像孩子们也认识"爱情"这个词啊！至于"道"的体验领会和终极实在，管它呢。从他们对钟吕八仙或怀疑否定或消极敷衍或不屑一顾的态度语气，可以判断，我们的专家学者很少有"道"的体验领会，也就不信什么终极实在的"道"。他们是和"书"打交道，有感情；而没有和"道"相遭遇，无爱情。他们尚在波普尔的"第三世界"，还未走到"道"的"第一世界"。其二，"道"存在于"第一世界"，却不是"第一世界"的任何对象性存在。哲学家海德格尔将"道"叫做"存在"，把对象性存在则称作"存在者"。对象性存在由于它是人的"对象"，比如孩子的橡皮，可以抓在手里，就叫"把握"和"有把握"。"道"呢，它不是对象性的"存在者"，你无法"抓在手里"把握，也不可能"有把握"。《老子》的描述是"希夷"，看不见，摸不到啊。然而看不见又摸不到，"道"就不存在吗？它恰好就叫做"存在"，是终极性的"存在"。比如"爱情"，也看不见又摸不到，就不存在吗？如果谁说"爱情"不存在，风雪中热恋的"爱侣"准会将他揍扁。或曰："爱情"和"道"不一样，"爱侣"们有哭有笑有幸福感，僧侣有吗？对了，如同有哭有笑有幸福感，可以是"相互爱"的存在凭证，有哭有笑有幸福感也是僧侣和"道"有了相关性的存在凭证。"情书"是"相互爱"的存在凭证吗？"情书"可以给第三者吗？第三者理解"爱侣"之间的"情书"，其前提和危险还小吗？前提显然是：你有"爱情"，"情书"才是"爱"的存在凭证；如没有，你会觉得那是"神经病"和垃圾。作家果戈理和卡夫卡都决定过不把书籍留在世界上。《红楼梦》中的林

醉三仙图

黛玉有"葬花吟"——毁灭"情书"啊!"道书"比"情书"更难理解,对人的挑战性更高。"道书"能留下来的缘故有两个:其一,毕竟还有"好道"的人们;其二,师傅传"一语",弟子就可以看懂"道书"。因之,《证道歌》开篇就是:"若非符契天缘事,故把天机诀与君。片言半句无多字,万卷仙经一语通。"

最幸福和圆满的"爱情",人们比喻为"天作之合"。"道情"的传达,是真正的"天作之合",《证道歌》就用"符契天缘,天机诀与"来表达。"君"指受道的弟子,就是吕洞宾吧。就此而言,《证道歌》是写给吕洞宾"这个人"的,并非要献给"专家学者"的读书学术圈。如果"专家学者"面对"道书",连阅读"情书"的急切和信任感都没有,最好不要再面对《证道歌》了。那会人我两误啊!道教研究界的许多学者,常常指责道人道书"多夸饰"啦"好夸诞"啦"爱夸张"啦!钟离权《证道歌》,又在"夸饰""夸诞""夸张"声中走来:

一诀便知天外事,扫尽旁门不见踪。

若言此理神仙道，天地虚无上下空。

说破木金无间隔，真铅真汞岂有形。

谁知这个天机理，便会日月得高奔。

"一诀便知天外事"，不就是"夸张"吗？"便会日月得高奔"，不就是"夸诞"吗？"若言此理神仙道，天地虚无上下空"，又是多么"夸饰"啊！李白的诗歌十分"夸张"，人们喜悦；屈原的《离骚》十分"夸饰"，人们喜欢；李贺的创作十分"夸诞"，人们喜爱。"趣味无争辩"，不喜欢李白、屈原和李贺的专家学者也有，可以喜欢杜甫啊。既不信任也不喜欢"夸饰"的道教、"夸诞"的道士和"夸张"的道书，又要阅读又得研究，是值得同情的职业不幸和悲剧事件。我们既信任也喜欢《证道歌》（参阅王西平主编《道家养生功法集要》386—387页，陕西科学技术出版社，1989年）：

也无坎离并龙虎，也无乌兔各西东，非肝非肺非心肾，不干脾胃胆和精，非思非想非为作，不在三田上下中，岂干夹脊至昆仑，不是精津炁血液，不是膀胱五脏神；此物在人身中出，四时春夏及秋冬，先天先地谁人识，二物相和重一斤，弦望晦朔合本数，循环昼夜不曾停，依时采取知老嫩，片晌之间并甲庚，只在西南产坤位，慢慢调和入艮宫。试把天机轻拨动，真炁时时聚太空，谋得乾坤作鼎器，颠倒宇宙任纵横，南辰移入北辰位，金乌飞入玉蟾宫。太阳里面藏玉兔，太阴加减自和同，前弦之后寻药物，后弦之前炁停匀，两弦之间为采取，先后存亡定祖宗，他是主时宾是我，我若浮时你却沉，调得浮沉归一处，沐浴潜藏总是空。离坎本来无南北，震兑岂则在西东，若遇神仙亲指诀，捉住北斗周天轮，摄得阴阳归掌内，顷刻之间万物生。这些金液还丹诀，不遇仙师莫强攻。

《证道歌》全名是《破迷证道歌》，与之同名的，还有佛教永嘉玄觉（665—713年）的《证道歌》和道教太白山人的《证道歌》。先看《证道歌》的文本形式特点：（1）一般七言一句，四句为一个意义单元。四句为一个意义单元，相当于一首七绝。比如第一个意义单元，"若非符契天缘事，故把天机诀与君。片言半句无多字，万卷仙经一语通"，就是一首七言绝句。（2）《证道歌》是以诗的体例叙述道的内容。道的艰深内容决定了诗的较长篇幅。由于篇幅较长，《证道歌》的用韵是比较自由的。（3）从七言长篇幅的形式特点看，《证道歌》是借鉴了唐代古风和佛教偈颂。佛教偈颂很多，陈寅恪有过考察。唐代七言长篇巨制，最著名者就是白居易的《长恨歌》。（4）佛教偈颂很发达，大致在唐代得到大量翻译。唐代诗歌又特别发达，很快就出现了七言的长篇古风。就佛道《证道歌》来看，也是佛教永嘉玄觉的《证道歌》在先，钟离权的《破迷证道歌》居后。钟离权的《破迷证道歌》既是道教最早的《证道歌》，也是很有影响的道教《证道歌》。紧接着，就有了吕洞宾的《敲爻歌》。再之后，就是张伯端著名的《悟真篇》。和钟离权的《证道歌》比，吕洞宾的《敲爻歌》和张伯端的《悟真篇》在形式上有了变化和灵活性。《敲爻歌》除了第一句之外，每四句为单元的首句，都采用三个字重叠的形式；显得铿锵有力，增强了韵律感。张伯端《悟真篇》就更灵活：有五言形式，也有六言一句，还有词牌运用。仅仅从形式特征看，就可以初步判断出《悟真篇》是后期作品，属于宋代；《证道歌》是前期作品，属于唐朝五代；而《敲爻歌》则居二者之间。钟离权的《证道歌》不仅形式上没有任何变化，并且名字都不避雷同的现象，正表明其属于唐代时期的作品。一来他可能并不知道对方的作品，二来尚无暇顾及这些小的修辞环节。作为第一个道教的《证道歌》，钟离权首先关心的自然是内容。

　　《证道歌》前两节是总写，讲了三个重要原则：（1）修道靠师传，要有特别因缘，"若非符契天缘事，故把天机诀与君"。诗句中的"君"，有可能就是吕洞宾吧。（2）修道是一句话的问题，这一句话却至为关键，诚所谓"真传一句话"（"片言半句无多字，万卷仙经一语通")。(3) 修道和许多事情一样,避免歧途和各种错误非常重要("扫尽旁门不见踪")。如何才能避免歧途和错误,这又回到了明师问题。讲完上述三个重要原则,从"说破木金无间隔,真铅真汞岂有形"一直到"蓬莱三岛任纵横,若更万年百千劫",钟离权都是正面讲正道:无形的先天真气:"真炁时时聚太空","先天先地归一处","果然采得先天炁";并用遮诠方式强调什么不是"它"("真铅真汞岂有形","非肝非肺非心肾,不干脾胃胆和精","也无坎离并龙虎,也无乌兔各西东,非肝非肺非心肾,不干脾胃胆和精,非思非想非为作,不在三田上下中,岂干夹脊至昆仑,不是精津炁血液,不是膀胱五脏神")。这种否定的遮诠方式让人想起柏拉图的辩证法拒绝。和否定遮诠方式相应的,就是肯定内容,就是得到先天真气的效果:"谁知这个天机理,便会日月得高奔","果然采得先天炁,日月擒来两手中,昼夜打交成一块,自有龙吟虎啸声"。还有更详细美妙的描述,前提是必须找到老师!

从"堪嗟无限学仙者,总与天仙道不同"到"三千六百旁门法,不识狂邪尽惧人",谈各种错误和歧途,据统计有"三千六百"多种"旁门法"呢。从"有缘遭遇明师指,顷刻之间造化生"到结束,又正面谈正道的各种道境风貌。从"兴观群怨"的诗学标准看,《证道歌》的"兴",有着质朴深沉的"高峰体验"描写:"便会日月得高奔","捉住北斗周天轮","金乌飞入玉蟾宫"。这等壮怀逸兴,首先让人想到李白"直挂云帆济沧海"的豪迈之气,其次是嫦娥奔月的美丽之心,再就是《战争与和平》中娜泰莎的升空之梦。《证道歌》之"群"的交流传播意义,既有徒弟吕洞宾《敲爻歌》的对歌,还有钟吕仙道学的深远影响,更有道教南北宗、东西派的众星捧月。《证道歌》的"怨",洋洋洒洒,浩大深沉;集中的体现就是仇恨那些旁门左道,有"三千六百"多种呢。《证道歌》最主要的诗歌功能还是"观"。它既让我们"观"到了日月高奔的天梯般之

"正道",又让人看到了面貌众多,各色各样,有"三千六百"之多的修行"歧途"。《破迷证道歌》,作为道教第一首《证道歌》,名副其实,绝非虚传。

## 第四节　诗话道境《敲爻歌》

吕洞宾的《敲爻歌》,和其师的《证道歌》比,是继承光大之作。先看继承:(1)明师的重要性仍然获得强调("得遇仙师是祖宗","命要传,性要悟","口口相传不记文")。(2)得到真传口诀的关键性("传真诰,话幽情","一诀天机直万金","附耳低言玄妙旨")。前面已经有了《证道歌》的铺垫和基础,吕洞宾《敲爻歌》首先就有形式上的改进,采取了类似"三句半"的体例方式,意境也显得潇洒旷远。这与一开始就是"纵横逆顺没遮栏,静则无为动是色"的唱腔很有关系。紧跟着"色"的,就是"饮酒""赏花"的道情"行歌",根本没有后世道学的呆板僵硬,反倒十分自由、洒脱、清新啊。《敲爻歌》(参阅王西平主编《道家养生功法集要》388—389页,陕西科学技术出版社,1989年)开篇唱道:

汉终唐国飘蓬客,所以敲爻不可测。纵横逆顺没遮栏,静则无为动是色。也饮酒,也食肉,守定胭花断淫欲。行歌唱咏胭粉词,持戒酒肉常充腹。色是药,酒是禄,酒色之中无拘束。只因花酒误长生,饮酒带花神哭。不破戒,不犯淫,破戒真如性即沈。犯淫坏失长生宝,得者须由道人。道力人,真散汉,酒是良朋花是伴。花街柳巷觅真人,真人只在花街玩。摘花戴饮长生酒,景里无为道自昌。一任群迷多笑怪,仙花仙酒是仙乡。到此乡,非常客,姹女婴儿生喜乐。洞中常采四时花,时花结就长生药。长生药,采花心,花蕊层层艳丽春。

首句,"汉终唐国飘蓬客,所以敲爻不可测",似乎脱口而出,自然散漫，其实蕴意深长，一语双关。首先，"汉终唐国"是最宏观也最表观的，人们会想到汉武帝、唐太宗的两大王朝。其次，是钟离权和吕洞宾师徒之间的薪火传递。钟离权不是叫做汉钟离吗？吕洞宾呢，朋友之间的称呼，一般叫他"唐秀士"。对于钟离权和吕洞宾的"汉唐"历史资格，学者们聚讼不休，没完没了。然而，他们一个喜欢汉代一个喜欢唐朝乃是明摆着！《赠刘方处士》写道："唐家旧国尽荒芜，汉室诸陵空白草。"还有吕洞宾诗中的"武氏死时应室女，陈王没后是童男"，也是汉终唐国的心灵记忆。即便不谈钟吕和汉唐有什么具体瓜葛，他们也有这点"人文选择权"吧。陈垣先生视其为"逸民情怀"，葛兆光视其为"奉正朔"问题。吕洞宾对盛唐的确有挥之不去的"逸民情怀"，高干后裔之故吧；钟离权也的确把汉武帝"奉为正朔"，做过将军之故吧。不过这么说，《敲爻歌》开篇的"汉终唐国飘蓬客"，分明表现了钟吕师徒间的薪火传递以及他们的"逸民情怀"和"正朔标准"。他们为什么对"汉终唐国"那么一往情深、一唱三叹呢？"飘蓬客"就包含了回答。《诗经·卫风·伯兮》有"首如飞蓬"之吟，是家道多苦，劳人远征的内心失栖；《庄子》有"君子得其时则驾，不得其时则蓬累而行"之语，是人的两种国家际遇和时势回应。《敲爻歌》"飘蓬客"，两者兼而有之。《赠刘方处士》中"悠悠忧家复忧国，耗尽三田元宅火"，非常明确。"忧家复忧国"的沉痛情感，几乎要"耗尽"吕洞宾个人的"三田元宅火"了！国破家亡，命运莫测，"首如飞蓬"，"蓬累而行"，才有了世外修道的《敲爻歌》（"所以敲爻不可测"）。一个"客"字，就把国破家亡，地老天荒的异乡异国感写尽了。异乡人失去家庭温暖，补偿的就是个人自由；异国人失去社稷保护，获得的就是主体超越。"纵横逆顺没遮栏"，就是这种"个人自由""主体超越"的诗意表达。盛唐本来就是中国最自由的历史阶段，吕洞宾在修道生活中也体现了这种"盛唐之音"："也饮酒，也食肉，守定胭花断淫欲。行歌唱咏胭粉词，持戒酒肉常充腹。色是药，酒是禄，酒色之中无拘束。"

吕洞宾的道情，有着浓郁的诗情。他以前就是"诗价满皇都"的"文人"啊。其诗唱道："当年诗价满皇都，掉臂西归是丈夫。万顷白云独自有，一枝丹桂阿谁无。闲寻渭曲渔翁引，醉上蓬峰道士扶。"其祖父吕渭是礼部侍郎，史载他多次参加科举，由于种种缘由，可能还包括宰相李德裕的压制，才名落孙山。杜甫也考了十年而无果，那还是开元盛世呢。和杜甫比，吕洞宾又经历了黄巢兵乱和五代战乱，他才"携家入终南山，学老子法"。他毕竟是大唐首都生长的高干子弟，见过世面，包括女性。因之，他从"饮酒""赏花"和"行歌"中悟道，他的"敲爻歌"葆有丰富的审美仪态，十分自然。一开始的几十句，他就集中写"酒色之中无拘束"，"酒是良朋花是伴"，"仙花仙酒是仙乡"；写"花街柳巷觅真人，真人只在花街玩"。先撇开"真人"是否应该"在花街玩"，也先不管"酒是良朋花是伴"的对错，我们且考虑一下，什么人能够做到"酒色之中无拘束"呢？刘备当年已经是"三分天下"了，周瑜依旧拿孙权的妹妹作"美人计"的诱饵呢。周瑜讲的理由就是，刘备出身贫寒啊。和美女小乔共枕的周郎，的确更知道女人之美的魅力程度吧。同样，吕洞宾的才情和气概显然不输周瑜，审美能力又在其上，出身也是殷实官宦人家，他从"饮酒""赏花""行歌"包括女性那里悟道，实在自然。一句"酒色之中无拘束"表明，吕洞宾的确是富贵官宦人家的身世，史料不诬矣。任继愈老先生在《中国道教史》"序言"指出："外丹黄白术，只有大官宦家族才办得起，一般中产家庭都不行。"和钟离权的《证道歌》比，《敲爻歌》最突出的内容旗帜就是：内丹和外丹双修，性命双修，强调"仙花仙酒是仙乡"！外丹所需要的经济条件，任继愈老先生从社会学角度，指出只能在"大官宦家族"。张三丰则从仙道理法角度，将之概括为"法、吕、财、地"四项基本原则中的"第三条":"财"。关于内丹和外丹的双修,《敲爻歌》写道:"内丹成,外丹就,内外相接和谐偶","参同理,炼金丹,水火薰蒸透百关","丹入腹,非寻常,阴阳剥尽化纯阳"。"阴阳剥尽化纯阳"的"纯阳",没有外丹行吗?不行,"只修祖性不修丹,万劫阴灵难入圣"。由于盛唐炼丹术的炽热、混乱和惨痛以及身世和行迹的保密需要,吕洞宾的《敲爻歌》才对外用炼丹术较少披露,而较多转化为"性命双修"命题。《老子》指出:"国之利器,不可示于人。"老子的道理,修道的吕洞宾不懂吗?老子的话,可是要听呀。关于"性命双修",《敲爻歌》既叙写较多,也以之作为结束和高潮:

吕岩画像

命要传,性要悟,入圣超凡由汝做。三清路上少人行,畜类门前争入去。报贤良,休慕顾,性命机关须守护。若还缺一不芳菲,执著波查应失路。只修性,不修命,此是修行第一病。只修祖性不修丹,万劫阴灵难入圣。达命宗,迷祖性,恰似鉴容无宝镜。寿同天地一愚夫,权物家财无主柄。性命双修玄又玄,海底洪波驾法船。生擒活捉蛟龙首,始知匠手不虚传。

性命双修是道教的基本理念,也是重要原则。性命双修体现了道教修炼的整体观、先天性和辩证法。道教修炼的整体观,在老子《道德经》有"一"的歌唱,在《易经》为太极本体论,在道教即生命的灵宝观。《灵宝毕法》是钟吕金丹学术的基本著作。"灵宝"

即性命的先天整体状态，也决定了性命的双修原则。性命双修的先天性，在老子《道德经》有"无""先天地生"和"象帝之先"等描述歌吟；在《庄子》有"无极"概念的极大强调，有"六合之外，圣人存而不论"的卓越思想；在道教则有"先天派"的独立门面。性命双修的辩证法，在老子《道德经》有"既知其子，复归其母"的母子辩证法，有"大曰逝，逝曰远，远曰反"的"反者道之动"；在战国有阴阳派的五行生克理论；在道教则有"用铅不用铅，是为用真铅"的谜语般的"铅论"，有谭峭"精气神"相生相灭的《化书》。如果说在修道的"先天观念"上，钟吕仙道学对《老子》等更多是继承性，那么，"性命双修"则是钟吕仙道学的历史性突破和创造。性命双修既包括身心双修、内外双修，还包括男女双修。《敲爻歌》写道：

> 时人不达花中理，一诀天机直万金。谢天地，感虚空，得遇仙师是祖宗。附耳低言玄妙旨，提上蓬莱第一峰。第一峰，是仙物，惟产金花生恍惚。口口相传不记文，须得灵根骨髓坚。坚骨髓，炼灵根，片片桃花洞里春。参同理，炼金丹，水火薰蒸透百关。养胎十月神丹结，男子怀胎岂等闲。内丹成，外丹就，内外相接和谐偶。结成一块紫金丸，变化飞腾天地久。丹入腹，非寻常，阴阳剥尽化纯阳。飞升羽化三清客，

汉代画像砖图案

各遂功成达上苍。三清客,驾琼舆,跨凤腾霄入太虚。似此逍遥多快乐,遨游三界最清奇。太虚之上修真士,朗朗圆成一物无。一物无,唯显道,五方透出真人貌。

由于种种原因,我们看不到吕洞宾关于"内外丹双修,性命双修"的更多资料文献。首先是晚唐五代的战乱,其次是吕洞宾漂泊不定的多次迁徙和"搬家",最后是毕升的活字印刷实在是晚了几十年。以南宋诗人陆游为参照,现存李白的诗歌数量,专家们估计是十不存一。以李白为参照,我们估计吕洞宾的诗歌,大概是百不存一吧。千年了,多少次战乱,多少次教难,自己的民族尚被征服过数次,

现代修道创作

能够留存下来的汉语文献,包括吕洞宾的诗文在内,首先就是残存者和幸存者。劫后余生的残卷,中国学者该努力器重和尊重并充分运用。面对钟吕八仙的文献资料,中国学者的态度真是反其道而行之。弄不清吕洞宾的生平身世,又把他仅剩下的诗文动辄视为"托名"和"伪作",几乎不瞧内容!请问:诗是容易"伪作"的吗?诗要"伪作"成功,意味着精神分裂的危险!个别马虎一下有可能,整体"伪作"既无必要也无可能性。不必信仰,只需最起码的信任,阅读一下他的诗歌,比如《敲爻歌》的开头:"汉终唐国飘蓬客,所以敲爻不可测",吕洞宾的生平身世就有弄清的希望。明明白白,他说自己是"唐国飘蓬客"。这有我们上述的分析论证,有他的许多其他诗文举证,有五代宋初的许多文献作证,有道教的整个信仰保

证。现在应该将精力用在解释历史，而不是自己制造历史。《敲爻歌》在元代公开来到世界，不等于它是元代作品。元代打败全真教的关键僧人，乃是一位西藏喇嘛。西藏的密宗，不就是以"酒""花"和"明妃"（女性）为特色和看家本领的吗？全真教的失败，原因之一就是既不知己也不知彼。"酒""花"和"明妃"中的"道"，吕洞宾《敲爻歌》已有基本阐述。漫说《敲爻歌》，元代道士苗善时等公然谩骂《灵宝毕法》和《钟吕传道集》，清代不敢将《灵宝毕法》收入《吕祖全书》。这就是历史，就是《敲爻歌》隐没的背景，就是它在元代出世的因缘。人需要隐没，书也需要隐没！《敲爻歌》的问世，已经算得上是神奇而深沉的命运吧！元代道人倘有写作《敲爻歌》的能耐和条件，当不会出现被焚经落发的羞辱和悲剧。在元代出世，大概使一些道人痛感羞辱和悲剧，但无力请动吕洞宾的"真身"，便决定让《敲爻歌》出场，哪怕又被质疑为"托名""伪作"。《敲爻歌》中的"花""酒"之意，不仅"时人不达花中理"，后世也极易误解。《敲爻歌》晚至元代才公开行世，完成历史出场就是证明。其中的性命双修问题，太过艰深，我们留给后日。基尔克尔把诗歌意境分为神学（道学），审美和伦理三个层次。我们不妨从审美层次看，吕洞宾诗歌有什么特色。最突出的特色有两个：其一，由"赏花"而来的生命觉悟和尊重。这特别表现在吕洞宾的妓女题材诗作。张广保指出："吕洞宾在传道时，度化妓女甚多，因此元时烟花巷中盛行吕洞宾崇拜，妓女们往往供奉吕洞宾画像。"（《唐宋内丹道教》146页，上海文化出版社，2001年）。其《题广陵妓屏》写道：

嫫母西施共此身，可怜老少隔千春。他年鹤发鸡皮媪，今日玉颜花貌人。花开花落两悲欢，花与人还事一般。开在枝头防客折，落来地下倩谁看？

吕洞宾的妓女诗不同于唐代一般诗人的艺妓诗，就在于这种对生命的觉悟和尊重；一般唐代诗人只有欣赏，甚至沦于玩弄。从诗歌可以看出，吕洞宾对妓女充满了理解和尊重，甚至于让她们进入"道"。其二，和"始乱终弃"的文人士大夫们不同，吕洞宾从关注底层开始到拯救妓女结束。因之，吕洞宾被誉为"妓女的保护神"。《指玄篇》写道："不识真金如粪土，老龙把作毒蛇蹉。""行满蓬莱为别馆，道成瓦砾尽黄金。"艾赫玛托娃说，诗歌就是从垃圾中寻找黄金。现代诗歌是从波德莱尔的《恶之花》开始的。小仲马的《茶花女》是小说代表。看来，吕洞宾《敲爻歌》的"花中理"，终于在波德莱尔的《恶之花》和小仲马的《茶花女》中等到了理解的希望。吕洞宾的"不识真金如粪土""道成瓦砾尽黄金"，和艾特玛赫娃的"诗歌就是从垃圾中寻找黄金"，的确是诗歌审美上的知音。审美之上，"道成瓦砾尽黄金"，吕洞宾说的还是"行满蓬莱为别馆"的道境。

## 第五节　人与书：道学公案

海德格尔的《艺术作品的本源》被誉之为"20世纪轰动一时的哲学事件"。一本论"艺术作品本源"的小书，何以成了"哲学事件"，并且"轰动一时"？即便这有道理，和我们谈论钟吕八仙又有什么关系？关系极大；至少可以说，海氏在《艺术作品的本源》所获得的两个思想成果，对我们研究钟吕八仙有莫大帮助。这两个思想成果是：其一，海氏通过探讨《艺术作品的本源》，提出了"艺术作品""艺术家"和"艺术"的三方关系，并将"艺术"置于"真理"视域。"真理"作为存在的澄明之境，即"道"。张祥龙的《海德格尔思想与中国天道》，就已经将二者笼聚在了一起。其二，为了廓清"真理"的存在视域，海氏真正是"上穷碧落下黄泉"，先是"世界、大地、神祇"，接着概括成著名的"天地人神"四重奏。我们容易联想起《老子》"人法地，地法天，天法道，道法自然"的"域中四大"。可是，海德格尔是通过《艺术作品的本源》，甚至是凭借梵高那双《农鞋》发现了"域中四大"啊！

《艺术作品的本源》发表于1936年，和浦江清先生的《八仙考》同年。浦先生精通西文，包括德文，1933年和冯友兰同去欧洲游学。如果当时能在德国听一下《艺术作品的本源》的演讲，浦先生的《八仙考》一定会两样。海德格尔通过《艺术作品的本源》，发现了"域中有四大"——包括"道"；浦先生的《八仙考》，不仅没有了"道"的影子，连"人"（如吕洞宾）也变得模糊，只剩下一堆可怜的托名伪作——"书"。当代一些道教研究学者，承袭《八仙考》流弊，"托名伪作"已经得到极大发扬，甚至出现了李裕民《吕洞宾考辨——揭开道教史上的谎言》这类明诏大令"杰作"！钟吕八仙已经让欧美人寻索的"道"，在我们频频出现的"国家重大课题"的研究名义下，距离它的国人，却显得愈来愈远了！失却"道"，能算"国家重大课题"吗？失却"道"，这"重大课题"，还能算"国家级"吗？"春花秋月何时了，往事知多少？"且继续忍着性子回到1936年浦先生发表的《八仙考》，且在同样是1936年出版的海德格尔《艺术作品的本源》的对比刺激中，看我们能否请回"道"，能否重新回到钟吕八仙"人"和"书"的原初道境。

就"人"和"书"的关系而言，在当前无论是道家还是道教的道学研究中，已经明显地出现了这样六大学术公案。

第一，《老子》和《论语》的先后问题，比方说孔子向老子的问礼，这是儒道公案。第二，道者和君王的历史关系问题，比方说道士给皇帝吃了丹药的死活结果？这是修行隐性显化的政治公案。第三，钟吕八仙是唐代还是宋朝的问题，比方说吕洞宾究竟能够活多长时间，这就是我们所面临的钟吕八仙的历史公案。第四，托名吕洞宾之作的真伪问题，或者叫道书的托名公案。第五，全真教和天师道的历史地位评价问题。或曰这是清修和双修的具体修炼公案。第六，王重阳"活死人墓"和释迦牟尼菩提树下的比较问题，或者说这是佛道的修行公案。这六大公案，基本贯穿了道学的全部历史。围绕六大公案的探讨分析，决定着道学和道教史研究的质量品级。凡是不直接或间接回答六大公案，即算不上是道学著述研究：它们既然不牵涉"道"的性质，它们的性质也就与"道"无关。上述第一和第二个公案，构成本系列《祖风犹龙》的主题。第五和第六个公案，构成本系列《重阳登高》的主题。第三和第四个公案，构成我们这里的研究和阐述主题。

钟吕八仙的历史公案，我们前面的内容已经给出回答：即使不考虑人文心情的希望原则，钟吕八仙的历史主体也表明他们属于唐代而非宋朝。属于唐代，不表明钟吕在宋朝没有活动。唐宋之间的五代历史，也就 50 年时间（907—960 年），钟吕穿越唐宋两代，既完全可能，也是历史和传统的一致共识。20 世纪 30 年代浦江清先生《八仙考》之后，马晓宏先生是 80 年代研究钟吕八仙的"领先性"人物，也基本上持"五代宋初"的看法。他率先发表了一系列文章，《吕洞宾神仙信仰溯源》（《世界宗教研究》1986 年第 3 期），《吕洞宾著作考略》（《中国道教》共 3 篇，1988—1989 年）；又是《道教与传统文化》（中华书局 1992 年）和任继愈主编的《中国道教史》（上海人民出版社，1990 年）中吕洞宾有关章节的著写人。相比于 30 年代浦江清先生的《八仙考》，马晓宏先生的突破和进展有三点：（1）他肯定吕洞宾首先是一个历史人物；（2）他肯定吕洞宾是一个"剑仙"和"异人"；（3）他肯定了许多吕洞宾的传世著作。他的主要问题有两个：一是对宗教"神""仙"的根本理解；二是对理智的经验运用。对宗教"神""仙"的根本理解，他多次引用马恩经典，主张"造神说"，并有《天人神——中国历史上的造神运动》专书。

关于理智的经验运用，他在《吕洞宾及其信仰的形成》中写道："修道者多夸其年岁，年百余岁似不可信。"（《道教与传统文化》第241页，中华书局，1992年）

"年百余岁似不可信"？可信！首先，《宋史》告诉我们吕洞宾"百余岁而童颜，步履轻疾"。其次，任继愈先生是马晓宏当年的老师，任老先生后来活了93岁。宋美龄（1897—2003年）呢，是106岁的高寿。马先生"年百余岁似不可信"的经验理性，面对宋美龄都要碰壁，何况要面对"百余岁而童颜，步履轻疾"的吕洞宾呢，何况他是神仙呢。吕洞宾在宋朝初期的活动作为，基本是向新的统一王朝说"拜拜"，王安石的记载已是"真身"。如果不懂道教"真身"，如何能知道历史的"真相"。如果以大宋建立（960年）为界限，吕洞宾作为"唐朝人"仅仅需要活54岁！他活90岁，和任继愈老先生一般年岁，吕洞宾就是晚唐人。他活150岁，和孙思邈一般年岁，吕洞宾就是中唐人。这和道教的传统记述也"差不离"吧。为什么说，吕洞宾只要活过54岁，他就有资格说自己是"唐人"呢？陈垣先生《宋初河北新道教考》教诲我们：这叫"逸民精神"；葛兆光《征服者及其他》告诉大家：这叫"奉正朔"问题。根据学者们信奉的正史《宋史》的"百余岁而童颜，步履轻疾"来看，吕洞宾称自己是"回州道人，大唐神仙"，合情合理也完全具备历史伦理的正义合法性！下面让我们探讨第四公案——钟吕道书的托名问题，托名吕洞宾之作的合理性问题。

当年浦江清先生《八仙考》的首要价值，即不自觉地提出了道学的第四公案问题，即道书和道人的关系问题。对钟离权吕洞宾著作文献的研究，马晓宏也是苦劳和功劳都领先的一位学者，前后发表了三篇文章专门讨论之。他的《吕洞宾著作考略》的主要问题是：把文献的问世时间和诞生时间没有自觉区分，把文献从诞生到问世的传播旅程忽略掉了。这一忽略又相当"致命"，既无法准确判断著述文献的文本历史，又导致将著述文献的作者历史严重"滞后化"。这是马晓宏先生把钟吕八仙"滞后化"到"五代宋朝"的原因，也是结果。比如钟吕的主要著作《灵宝毕法》和《传

八仙庆寿

道集》，是北宋末问世传出，不等于是北宋末诞生，更无法等于是北宋末的创作。尽管和马先生无缘认识，但早在20世纪70年代末，我就知道他在终南山下的国防厂研阅道教书籍；而在正式公开的书刊上看到他的研究成果，已经是90年代了，间隔有15年的时间。何况钟吕八仙的唐代和北宋初年呢。浦江清先生的《八仙考》将钟吕信仰之所以归结到北宋庆历年间（1041—1048年），其中一个重要因素就是毕升发明活字印刷技术正是在庆历年代。从书的文献学要走到人的历史学，必须考虑古代传播学；不考虑古代传播学，直接从钟吕书籍的问世时间断定八仙的生平历史，是流行的普遍错误。从书到达人有不短的旅程，由人抵达"道"更有艰难的征程。

因之，道书和道人的关键问题，其实并不是书和人的关系问题，而是道书和"道"，道人和"道"的关系问题。"道"，乃是把握道书和道人关系的关键问题和本真视域。离开"道"的分析，根本无法把握道书和道人的实质关系。海德格尔的《艺术作品的本源》最重要的思想就是强调在艺术品（"书"）和艺术家（"人"）的关系中，"艺术"才是决定性的角色。同样，离开"道"，将既无法把握"道书"，也无从研究"道人"，"道书"和"道人"乃凭借着"道"而存在。和海德格尔《艺术

作品的本源》同年问世的浦江清先生的《八仙考》，其根本问题也就是：离开"道"而去谈论钟吕八仙（"道人"）和有关文献（"道书"）。不管是当年的《八仙考》完全撇开"道"而论述"道人"和"道书"，还是马晓宏先生无视古代传播条件而探讨"道人"和"道书"，钟吕八仙问题都被极大地简单化了，也相应地遮蔽化了；即便是探讨钟吕道书的托名问题，也"路"走偏了，且不谈"道"的扭曲！对比看吧。当代社会，一些名家权威往往署名自己没有真正"工作"的研究成果。这种现象，源于实际"工作者"对名家权威的功利需求。而那些托名吕洞宾的作者们，根本没有这种实际功利的依赖和需求。道人们的托名是自愿自觉的，没有功利的依赖和需求；学者们的托名不是自愿自觉的，有着功利的依赖和需求。这就是两种托名的基本伦理区别，是两种有基本伦理区别的托名，也是"有道"和"无德"的两种伦理逻辑。"道人"们托名吕洞宾，如果说有什么依赖和需求，那就是对"道"的依赖和需求，而吕祖又是"道"的化身和象征，且不说他们之间的神交和灵通。

　　黑格尔的《逻辑学》讲，理念是存在着的依据和尺度。亚里士多德的《诗学》讲，诗歌之所以高于历史，是因为后者只是叙述事实，前者既叙述事实，也表达希望。当道人们托名吕洞宾的时候，意味着他们是在把"道"的理念作为自己的生命尺度，意味着他们是在把"吕洞宾"的名号作为自己的精神高度。话说回来，托名吕洞宾的道人们，如果水平太差，如果距离"道"太远，就"人"而言是失败，就"书"而言是淘汰。道门再衰败，也不是蒙人的传销窝；道教再无能，也有起码的智慧眼。哪里需要世间法中挣扎的专家学者，千年之后，给道门和吕祖去抓获欺世盗名的托名者！当代还在讥讽吕祖八仙的学者们，的确无法聆听海德格尔当年的演讲，但《艺术作品的本源》已摆在了图书馆，在奢谈"道书"和"道人"的时候，再不能忘却"道"！我们无法指望每个人去领会"域中的四大"，最少得想想学问的"本源"："人"和"书"之外的东西吧。

# 第四章　道教五宗法钟吕

## 第一节　重阳紫阳南北派

道教不仅有南北宗，还有五派之说。道教五派指张伯端开创的道教南派、王重阳开创的道教北派、陆西星开创的道教东派、李西月开创的道教西派和李道纯开创的道教中派。道教内丹学研究家、今人王沐先生著有《道教五派丹法精选》一书。霍克功专著《内丹解码》在"导论·第三节，内丹学主要派别"，也专门介绍了道教五派。道教五派的概念和说法，尽管现在已为大家接受，其实它们无法"相提并论"：其一，从时间上看，道教南北宗的概念和说法，大致出现于宋金时期；而五派之说大致出现于清朝。其二，从内丹学来看，道教南北宗以清修为主。尤其是道教北宗全真道，更是严格纯粹的"清修"。而道教东西派却以突出"男女双修"为特色和帅旗。并且道教的陆西星东派，其实是有名无实，更多源于道教李西月西派的道统"创牌"需要。而所谓的李道纯道教中派，其特色乃援儒入道，突出丹道的社会道德意蕴。

的确，道教五派皆以吕祖为宗师，并都能够在吕洞宾的著述中寻找到各自的修炼灵感和丹道资源。下面我们仅围绕道教的南宗北派，来领悟钟吕八仙的巨大影响和魅力。道教南宗以张伯端为祖。张伯端（987—1082年），字平叔，号紫阳，浙江天台人。"少业进士"不第，后为胥吏，因触犯"火焚文书律""坐累谪岭南兵籍"。张伯端在四川成都遇真人刘海蟾授真诀，于是作《悟真篇》，传法于石泰，再依次传于薛道光、陈楠、白玉蟾。张伯端—石泰—薛道光—陈楠—白玉蟾，是为道教南宗五祖传系。其中，石泰和薛道光有男女双修传承，被称为南宗双修派。与相应，陈楠和白玉蟾被称之为南宗清修派。

　　作为道教南宗张伯端的师傅，刘海蟾曾为八仙之一，其由钟吕传道。《吕祖全书》有两篇"古风"——《赠刘方处士》和《寄白龙洞刘道人》。"刘方"很可能就是刘海蟾。《吕祖全书》"仙派源流"写道："海蟾帝君，姓刘，名操，燕山人。仕辽为宰相，遁迹于终南太华之间。有《还丹破迷歌》。"刘海蟾从"刘宰相"到刘道人，不仅需要"遁迹"，还需要隐名吧。事实上，陕西关中许多地方现在就把刘海蟾以"刘海"相称，西安市户县有纪念刘海蟾的玉蟾宫，传统秦腔有《刘海打柴》剧本。从"刘方处士"到"白龙洞刘道人"，可以看出刘海蟾在终南山修道的深入轨迹。刘海蟾贵为宰相，谁有资格给他讲"大道理"呢，只有吕洞宾合适。一些书将《寄白龙洞刘道人》划入张伯端的《悟真篇》，显然不对，其一，张伯端是刘海蟾的弟子，不可能给老师讲"大道理"。其二，白龙洞在"终南太华之间"，吕洞宾既是"华岳山人"（苏轼），又以吕岩相称。在终南山白龙洞给"刘道人"讲道者，非他的师傅吕洞宾莫属。由于刘海蟾的关系，钟吕就是道教南派名副其实的祖师。南宗道派的自觉总结者是白玉蟾。白玉蟾（1194—1229年），字如晦、紫清，号海琼子、武夷散人，为道教南五祖之一。白玉蟾的《平江鹤会升堂记》，开道教吕洞宾传记之先河。白玉蟾之所以写吕洞宾传记，一是感情，他祖籍福建闽清，生于琼州琼山，而吕洞宾的父亲吕让，唐代出任海州刺史；二是景仰，吕洞宾是白玉蟾最服膺的英雄神仙。确定吕洞宾为道教南派祖师，是白玉蟾工作的重要职志。因张伯端等人皆不曾出度为道士，自白玉蟾始为道士传法，且白玉蟾著述最丰，弘扬法门最力，故俞琰《席上腐谈》甚至认为道教南宗乃形成于白氏。

　　实际上，白玉蟾所传丹法乃是《悟真篇》中清修思想的发挥，此一宗脉下传夏宗禹、俞琰等，史称南宗"清修派"。除此以外，南宗还有发挥《悟真篇》阴阳思想的"阴阳派"。阴阳派始于张伯端之徒刘永年（《三乘秘要》称张伯端有两个嫡传弟子，一是石泰，二是刘永年），刘传翁葆光，翁传若一子，再传陆墅、戴起宗、陈致虚，以至于明清时期的陆潜虚、彭好古、甄淑、仇兆鳌等。其实石泰、薛道光亦习阴阳丹法。主张男女双修的道教东西派与此有密切关系。王重阳开创的道教北派全真道，至少从神性地理角度看，和钟吕的关系更为紧密。全真教的创始人是陕西人王重阳（1112—1170年），原名中孚，字允卿，又名世雄，字德威，入道后改名王嚞，字知明，号重阳子。比较一下王重阳和吕洞宾的众多名号，会发现两大共同点：其一，首先是有众多的名号。其二，早期的名号是儒家化的意义色彩，晚期是道家化的意义色彩。吕洞宾早期的名号有：吕煜，和南唐后主李煜同名，难怪后主请人给吕洞宾绘像；吕绍先，"天行健，君子自强不息"么。吕洞宾晚期的名号有：吕岩，回道人，纯阳子，一派道韵气息。王重阳早期的名号是：中孚，字允卿，又名世雄，字德威，也是儒家化的意义色彩；晚期的名号有：王嚞，重阳子，还有王害风与"活死人"，也是一派道韵气息。学者们每抱怨吕洞宾的众多名号，其实王重阳的名号更多。众多的名号，其实正透露出历史的重要消息和个人的际遇心情。仅就众多名号的相同逻辑意义看，吕洞宾显然就是王重阳全真教的师祖啊。

　　作为全真教的创始人，王重阳成道创教有着非凡的经历。王重阳曾经三次遇仙。所遇之仙是何人？史料的说法不尽一致，但其事件本身基本可以断定。传统上有三种说法：不知名的终南"异人"、刘海蟾真人、八仙中的钟离权和吕洞宾。确认王重阳"甘河遇仙"之仙乃是当时人人皆知的钟、吕神仙，即八仙中的人物。这种说法，既有全真教有意识地借重八仙之说，为了扩大其影响，也并非全无历史凭据，更是世界圣徒化叙事的一般原理，不足为怪，也无可厚非。比如，王重阳甘河遇仙的地点，和刘海蟾宫都在户县之西部，道教楼观之东邻。孙谦序《四仙碑》记载："昔重阳王先生尝两遇

纯阳殿

吕真人,邃然入道,而隐于终南山六年。于一日东游海岛,于宁海境上而居焉。"秦志安所编《金莲正宗记》记载,王重阳第一次所遇之仙不知何人,第二次所遇之仙是"蒲板永乐人",当是吕洞宾,但亦称"春秋二十有二",与吕之年龄不符。第三次所遇之仙乃是"海蟾公也",即八仙人物刘海蟾。《金莲正宗仙源像传》则把王重阳第一次所遇之仙推测为吕纯阳:"金正隆四月己卯六月望日,于终南县甘河镇酒肆中遇二人。其所遇者,盖吕纯阳也。"第二次,"明年,庚辰中秋日,于醴泉道中再遇前次二仙"。据此,则仍为吕纯阳,但叩问二仙籍贯名姓,答曰:"濮人也,年二十二。"却又与吕纯阳年貌不符。第三次,"甲申秋,复遇刘海蟾,于基河镇饮以仙酎。"且王重阳有词为证:"正阳的祖,又纯阳师父。修持深奥,更有真尊。唯是叔海蟾,同居三岛。"显然,在这两部道教典籍中,钟、吕、刘都成了王重阳的师父。全真北宗以东华帝君王玄甫为第一祖,加之钟、吕、刘、王重阳,这即是全真北五祖之由来。王重阳《仲正宅二首》写道:"昨宵夜请八神仙。"可见,钟吕八仙为道教南宗北派的共同宗师。

相对于张伯端的道教南宗,王重阳的全真教派在道教内部被称做北宗。一般地看,在修法上,南宗是先命后性,北宗是先性后命,两者的目标仍是炼丹修道的内在目标:性命双修,形神俱妙。张伯端《悟真篇》指出:"虚心实腹义俱深,只有虚心要识心,不若炼铅先实腹,且教守取满屋金。"另外指出:"饶君了悟真如性,未免抛身却入身,何似更能修大药,顿超无漏作真人。"从这两节诗句,南宗先命后性的倾向与特征,呈露分明。为了明了起见,我们不妨对应地也举出王重阳的两节诗句,以印证北宗的先性后命。《如梦令》写道:"大道长生门户,几个惺惺觉悟。"《论离凡世》写道:"离凡世者,非身离也,言心地也。"《马宗师道行碑》载语:"凡人入道,必戒酒色财气,攀缘爱念,忧愁思虑。此外更无良药矣!"

从以上可见,所谓先性后命,实际上是指戒行的严格纯正,以及对心性的开示与领受。心法,无论在佛道,都被尊为上乘大法。与之对峙的身法与气功修炼,都被置于二流下法了,甚至被贬为"浮尘虚影"的钝拙俗谛。就时代性来看,张伯端在先,相较而言,世态清平,人们对幸福、健康、长寿的需求显得现实而自然,从"身"起修乃合理选择。兼之张伯端身为官吏,炼丹修道对他只是补充性的业余兴趣,是圆满性的"锦上添花"。无论时代还是身份,心法突显的"灵魂深处闹革命",在张伯端不易提得出来。张伯端的得道甚晚(60岁左右),身法的缓渐性既是其因又是其果。兼之,张伯端的受授传道,都是在高层精英分子的圈子里进行,"心法"的后置,不易出现问题与危险。尽管这样,还是出了问题:由于所传非人和不当,张伯端曾被流放郴州。王重阳的时代与性情,均与张伯端形成鲜明对照。与张伯端更呈世间性的作为健身、长生、圆满化的"天仙"修道理念相比,王重阳的修道理念更多是对解脱、出离于世间痛苦的精神执著。如果说南宗张伯端体现更多的是"理""才气"与"炼丹成仙",北派王重阳表达更多的则是"情""志气"与"磨性修道"。如果说南宗吸引人,北派则是感动人;前者多科学性的学理品质,后者多神学性的心志气质。(段留锁主编《创新论坛》95页,人民日报出版社,2008年)

相对于修道仙学的理法风格之别,道教南宗和北派的划分,其实更多出于地理因素。北派创教于金人统治的中国北方,极盛于元朝初年，其骨干人员基本上也是北方人；南宗创教于汉人治理的中国南方，光大于宋庭渡河之后，其骨干人员基本上也是南方人。北派面对着金人异族的统治，其心情之黯然沉重，其精神之压力负担，不言而喻。其严格近于苦行的修道形象，与这种家国苦难有极大干系。南宗活动于南宋统治的中国南方，国破家亡的痛苦既有自然地理的遥隔空间，也有"人生不乐复如何"的心理排遣需求。于是整整150年的时间，南宋王朝考虑的重点就不再是江山完整的精神努力，而是各种祝寿婚宴的现实快乐。八仙钟吕的仙团形成，和南宋朝野的精神氛围有绝大关系。白玉蟾有《咏曹国舅》诗。曹国舅的皇亲神仙双重形象，是快乐扩张的仙人合作结果。八仙钟吕的集体故事也就两个：八仙祝寿和八仙过海，欢庆热闹啊！著名的《题临安邸》写道："山外青山楼外楼，西湖歌舞几时休。暖风熏得游人醉，直把杭州作汴州。"张伯端南宗处于这种追逐人间欢乐和幸福的南宋社会，其"先命后性"的仙道学说便不难理解了。待到元人铁蹄先北后南统一中国，道教南北宗也开始汇合。这种重新统一的历史姿态，就是南宗白玉蟾的努力形象。吕洞宾就是这种南北派汇合的共同语言和道教大宗师。在元朝的统一天下，北派既占地理之便，又雪山觐见成吉思汗，先于南宗而成气候。南宗不甘心落后，由白玉蟾率先撰著吕洞宾传记《平江鹤会升堂记》；又在元朝蒙古人喜爱藏密双修的历史环境下，由刘永年一系祭出道教双修旗帜，并开道教东西派双修之先声。

## 第二节　西星西月花酒梦

作为道教西派的提出者和创立者，清代李西月在《吕祖年谱·海山奇遇》中写道：

纯阳有三大弟子，为群真冠：海蟾开南派，重阳开北派，陆潜虚汇东派。吾愿入西方，化一隐沦，亲拜吕翁之门，身为西祖。一日上黄鹤楼，忽遇吕祖从空而下，谓之曰：汝欲临凡耶？今乃万历丙午(1606年)，再候二百年丙寅之岁，手握金书，降于锦水之湄，精修至道，阐发玄风，为吾导西派可也。（转引自霍克功《内丹解码》426页，人民出版社）

　　这是道教四派说法的首出文献。再加上元代初期李道纯的所谓中派，就有了道教五派之说。这是道教史的后设叙事，是一个方便说法，是源自西派李西月的说法。首先，东西派和南北宗无法相提并论：东西派者，东派陆西星乃明代人，西派李西月是清朝人。"海蟾开南派"并不正确，刘海蟾先在北京一带做官，后在终南山修道（《吕祖全书》）。刘海蟾既和南宗有关系（张伯端），也和北派有师承（王重阳）。南派张伯端是北宋人，北派王重阳是南宋（金代北方）人。西派李西月和南北派之间，遥隔金元和南宋两朝。实质的关系是：东西派皆主张男女双修，皆源出于道教南派，源于南宗双修派。至于元代初期的李道纯中派，也是道教南宗法裔，李道纯本人是白玉蟾的再传弟子。李道纯是湖南武冈人，既地处扬州（陆西星）和乐山（李西月）的中间，也以儒家"中和"入道。因之，有价值的观察角度还是南北派，或曰是双修和清修的分野：在南北派之间，北派是彻底的清修道派，修道主张出家；南派有清修和双修两种选择，居家修行者多。在道教南派内部，主张清修者，后来多浑入全真北派；主张双修者，后来多归于东西双修派。因之，所谓道教东西派者，即以男女双修为趋归的仙道派别。它的确和吕洞宾仙丹学有关，特别是和元代公开露面的《敲爻歌》中的双修思想有关。

　　李西月与陆西星皆认同吕洞宾为自己丹道之仙祖。李在西乐山，陆在东扬州，从地域上看，一东一西；从时间上看，则一前一后。既然李西月自赋开宗立派之志，故奉陆西星为汇"东派"之祖，李西月自己则为导"西派"之师。从谱系上李西月不仅与陆西星是同门，更追溯刘海蟾、王重阳共坐平起，都是吕祖门人。"海蟾开南派，重阳开北派"，那么"陆潜虚汇东派"，李涵虚则自导"西派"，从而吕祖法派，不仅"南北两宗，皆吕祖法嗣也"，更有"东派""西派"共同羽翼，如是则吕祖门下"猗欤盛哉"，更隆矣！

后世尚有"中派"之称谓，元代李道纯在当时丹道南北二派之外，又创新说，强调以"中"为"玄关"，强调"中"在修炼中的核心作用，并且在传承上调和南北两派于一炉，因此被后世推崇为"中派"。如是，堪称南、北、东、西、中"五派"皆备。台湾萧天石先生（1908—1986年）在《道家养生学概要》中说："据明末朴真道人著之《玄寥子》中云：'东派之开关展窍诀，提携追摄诀，过关服食诀，较印度瑜伽术与密宗双修法中所用者，尤为上乘而简妙。'特志之。"同书卷四《简列修真必参书目》将傅金铨《证道秘书十七种》等列为《东派必参书目》，认定傅金铨是东派，其著作是东派内丹理论经典。傅金铨，字鼎云，号济一子，又号醉花道人。傅金铨和道教东西派，其特色即男女双修。傅金铨，取号醉花道人，直接来自吕祖的《敲爻歌》。台湾萧天石先生，将道教东西派男女双修和"印度瑜伽术与密宗双修法"相比较，既异常敏锐，也间接把吕祖《敲爻歌》的仙道双修和佛教密宗的对话问题提到人们面前。

爱情是文学艺术的永恒主题，情爱则是通俗文艺的热门话题。文艺中有唐伯虎点秋香，道剧中有吕洞宾三戏白牡丹。从道教修炼看，吕洞宾三戏白牡丹的故事，涉及的是男女双修这一专业问题。如果说，性命双修属于道教修炼的高深奥理，是正宗的修炼仙学；那么，男女双修则属于雅俗共赏的普通伦理，是浅显的做人哲学。男女双修和性命双修的融合，直接指向道教修炼的奥理和玄境。男女双修落实于吕洞宾三戏白牡丹，既有宏观历史背景，也有微观个体因缘。就宏观历史背景看，盛世唐朝的高度文明，其中就包括了人性的自由解放。人性自由解放的一个重要方面，即男女爱情和情爱的自由化。从帝王大臣到文宗国士，盛唐给我们贡献了绚烂丰富的爱情，也呈现了斑驳烂漫的情爱。它为男女双修提供了基础性的社会空间。佛教著名的开元三大士——善无畏、金刚智和不空，也就在唐玄宗时代登上了中国的历史舞台。开元三大士提供的《大日经》等，就是佛教密宗的代表文本。密宗之"密"，首先就体现在男女双修问题上，首先就意味着对正统伦理的动摇破坏，首先就表达着超越家庭的男女关系诉求。就道教自身的历史渊源看，"一阴一阳之为道"本来就是朴素哲理。"七损八益"的男女房术，一直也是道家的实用技艺，大量的汉代画像砖对此都有直观表现。道教自东汉诞生，也并没有"独身清修"的清规戒律，恰恰相反，正一道的宗教领袖们——天师，一直是不离开家庭的道人。这一切，都为男女双修提供了理论和实践的现实境域。

太极八卦图

　　与男女双修的传统历史相比，唐代出现了三个明显变化：（1）社会空间的公开化。（2）生活世界的扩大化。（3）情爱伦理的合法化。著名诗人李白、杜甫、白居易皆参与道教修炼，并有歌女的交欢歌吟。白居易之弟，诗人白行简写下了有名的《天地阴阳交欢大乐赋》。其中写道：

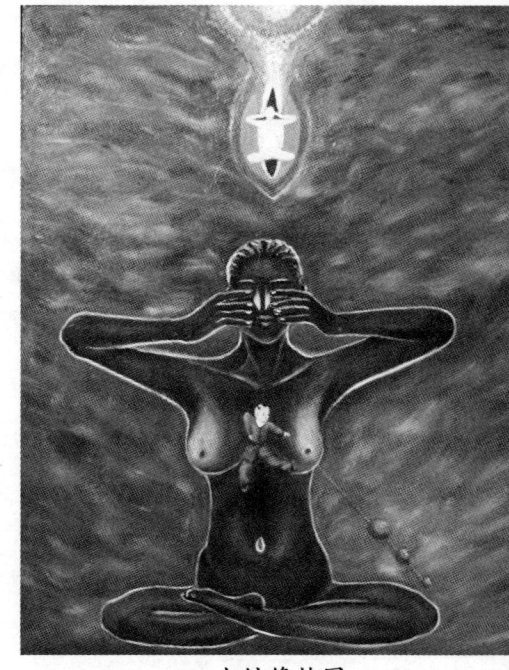

女性修炼图

夫性命者，人之本；嗜欲者，人之利。本存利资，莫甚乎衣食。衣创既足，莫远乎欢娱。（欢娱）至精，极乎夫妇之道，合乎男女之情。情所知，莫甚交接（原注：交接者，夫妇行阴阳之道）。其余官爵功名，实人情之衰也。夫造构已为群伦之肇，造化之端，天地交接而覆载均，男女交接而阴阳顺。故仲尼称婚姻之大，诗人著《□螽斯》之篇，考本寻根，不离此也。

……

于是，青春之夜，红炜之下，冠缨之际，花须将御。思心静默，有殊鹦鹉之言；柔情暗通，是念凤凰之卦。乃出朱雀，揽红裈，抬素足，抚玉臀。女握男茎，而女心忒忒；男含女舌，而男意昏昏。方以精液涂抹，上下揩擦。含情仰受，缝微绽而不知；用力前冲，茎突入而如割。现其童开点点，精漏汪汪，六带用拭，承筐是将。然乃成乎夫妇，所谓合乎阴阳。

……

纵婴婴之声，每闻气促；举摇摇之足，时觉香风。然更纵湛上之淫，用房中之术，行九浅一深，待十候而方毕。既恣情而乍疾乍徐，亦下顾而看出看入。女乃色变声颤，钗垂髻乱。慢眼而横波入鬓；梳低而半月临肩。男亦弥茫两目，摊垂四肢，精透子宫之内，津流丹穴之池。于是玉茎以退，金沟未盖，气力分张，形神散溃。遗精尚湿，傍粘昼袋之间；满汁由多，流下尻门之外。待女乃进罗帛，具香汤，洗拭阴畔，整顿裤裆。开花箱而换服，揽宝镜而重妆。

……

这是唐代社会的男女欢爱写照。唐代社会的自由开放空间，为男女双修提供了黄金季节。就吕洞宾的个体因缘看，总结道教男女双修理论的有利条件完全具备。其一，他较晚入道，有丰富的家庭生活。据说，吕洞宾之"吕"就是"两口子"的意思。其二，吕洞宾和白居易、白行简兄弟属于同一个生活时代，国家层面固然逊色于开元盛唐，而家庭生活层面的绚烂也许超越前朝。其三，吕洞宾出身于高官殷实之家。祖父吕渭做过礼部侍郎，父亲吕让做过海州刺史。"欲得天上宝，必有世间财。"唐末世乱，将一个正统儒士变成了"洞宾"道人。吕洞宾自称"回道人"，可能也与男女双修相关。道教双修派宗师李西月奉吕洞宾为祖，有客观依据。吕洞宾《敲爻歌》写道：

色是药，酒是禄，酒色之中无拘束。只因花酒误长生，饮酒带花神鬼哭。折花戴饮长生酒，景里无为道是昌。一任群迷多笑怪，仙花仙酒是仙乡。

这的确和男女双修的仙道学术有关。吕洞宾《敲爻歌》还是较抽象的诗意吟唱，东西派陆西星、李西月的著述，特别是到了醉花道人傅金铨的《证道秘书十七种》就直接明确起来。吕洞宾是照耀道教各派的九天高阳，陆西星、李西月仅仅是突出其双修命题而斜阳沉没的西天星月。如同盛唐是华夏汉人之梦，吕洞宾也是道教东西派的花醉之梦。西天之星月，多么意味深长啊。不过，东西派陆西星、李西月的丹道著作，的确开始对男女双修乃至性命双修详加指画、津津乐道，既有义理的高谈阔论，更多术法的明确交代。例如男女结交双修的具体方式，就有"神交""气交"和"体交"的多种选择。"神交""气交"在文本层面有公开叙述。"体交"因涉及人道伦理和生命危险，一般不在文本层面公开讨论，有兴趣者可参阅宗喀巴的《密宗道次第广论》和霍克功的《内丹解码》。《内丹解码》是论述道教西派男女双修的专著。我们旨在理解和评估钟吕仙道学的历史效果和学术高度——如果说白行简《天地阴阳交欢大乐赋》的出土，提供了理解《敲爻歌》的盛唐欲乐开放空气；如果说明清道教东西派的男女双修著述，提供了钟吕双修思想的历史镜像，那么佛教密宗尤其藏密欲乐定修持，就是钟吕仙道学术在未来最重要的对话语境。就道教内部来看，如果说《钟吕传道集》《灵宝毕法》揭示了道教清修玄境，为王重阳道教北宗提供了修炼法宝；那么，《敲爻歌》《指玄篇》无疑揭示了道教双修玄境，为李西月、陆西星道教东西派提供了修炼宝藏。无论个人清修还是男女双修，钟吕都为后世道教提供了无限丰富的修炼法宝。正由于此，钟吕也成为后世道教五派共尊的道祖。

## 第三节 佛道公案斩黄龙

不仅道教各派争夺钟吕八仙，佛教禅宗也争夺过吕洞宾。此即历史上吕洞宾与黄龙的交手公案。佛教禅宗的黄龙故事是一个地道的宗教叙事文本。它选择参话头的方式把道教真人吕洞宾改造成了佛教禅宗的法嗣，其"接受美学"的立场风格是非常明显的。这一公案首先出现于禅宗灯录系统（吴光正），具体说，它首先出现在南宋嘉泰年间（1201—1204年）的禅宗著述——《嘉泰普灯录》。禅宗灯录系统的首创著作是北宋景德时期（1004—1008年）的《景德传灯录》。《景德传灯录》没有这一公案内容，《天圣广灯录（1023—1032年）、《联灯会要》（1183年）和《建中靖国续灯录》（1101年）也都没有这一公案内容。从《嘉泰普灯录》开始，这一影响深远的佛道公案进入中国的历史文化视野。它意味着什么？它有何意义？

首先，中国历史已经出现了由北宋到南宋的重大转折，已经出现了由盛而衰的显著变化，已经出现了"靖康耻"的民族悲剧。中国的首都，作为国家的政治、经济和文化中心，已经不再是从陕西长安到河南洛阳（东周和东汉）的东西"两京赋"，而成了从黄河岸边的开封汴京（北宋）到西湖岸边的杭州临安（南宋）的南北"河山泪"。中国文化开始成了一种"逸民文化"和"殖民文化"。南宋秦观的"商女不知亡国恨，隔江犹唱后庭花"，即是对此的时代敏感和文化定性。南宋出现的《嘉泰普灯录》和《五灯会元》也是一种"逸民文化"和"殖民文化",是"逸民文化"和"殖民文化"在禅宗灯录系统的话语体现。用《五灯会元》岩头禅师的一句话总结,就是"古今事如何?任烂!"让"古今事"任烂的超脱无奈,即典型的"逸民文化"和"殖民文化"。

其次,岩头禅师是黄龙的上师。如果说岩头禅师尚关心"如来禅",黄龙上师尚萦心"祖师禅",那么《五灯会元》倾心的就只是"文字禅"了。从《景德传灯录》到《嘉泰普灯录》,已经是人历两宋,灯录五转,体例一致,内容重复。《五灯会元》由前五灯"删削汇编而成",体例内容皆袭前作。《五灯会元》完成(1252年)不久,作者普济禅师就谢世(1253年)了,南宋也一步一步由杭州被逼向海边,并于祥兴二年(1278年),彻底葬身东海。《景德传灯录》初创于北宋初期,《五灯会元》完稿于南宋末期。禅宗灯录和宋朝命运有一种平行深刻的存在关联。禅宗灯录意在"一灯照黑夜",禅意却彻底陷入黑暗。禅宗的使命是"发现创造",灯录的"五传"却是重复雷同;既没有唐玄奘的跨国学术气派,也没有唐慧能的顿超如来佛界。仅有的创造,多源出"虚构":如著名的"灵山拈花"公案,在三藏经教其实并无依据(贾题韬);如当下的"吕斩黄龙"公案,其实也并无历史根据。

(1)《景德传灯录》的写作年代距离吕洞宾生活年代的下限(1000年,景安宁)非常接近,几乎重叠。吕洞宾当时的影响已经声闻朝野,如雷贯耳。"吕斩黄龙"若有依据,《景德传灯录》没有理由拒绝这种经典故事。(2)从《景德传灯录》,中经《天圣广灯录》到《建中靖国续灯录》,已经登录四传,时隔百年,都没有出现"吕斩黄龙"的经典叙事。(3)南宋撰写的《联灯会要》还没有"吕斩黄龙"。到了《嘉泰普灯录》才首次出现了"吕斩黄龙"的后设叙事。一方面南宋对峙辽金,民族的政权丧失了,华夏的道教却顽强崛起，它的代表即全真教，吕洞宾正是全真教的圣祖。吕洞宾的影响，和《景德传灯录》的写作年代北宋初期比，在南宋末年显然是更大了。另一方面，南宋也掀起了持久的缅怀吕洞宾热潮。禅宗著述屡屡引用吕诗就是例证。吕洞宾的巨大影响对于禅宗，长久以来都是主导性和支配性的，全真教更空前强化了这种形势。生活于南宋的道教南宗白玉蟾写道："大笑归从投子山，片言勘破黄龙老。"巨大的时空距离，为《嘉泰普灯录》"创作""虚构""吕斩黄龙"提供了契机。(4)《五灯会元》作为由前五灯"删削汇编而成"的著述，面对"吕斩黄龙"，它只有五分之一的概率。《五灯会元》偏偏放弃了五分之四的概率，从而成为记载"吕斩黄龙"的经典文本。(5)《五灯会元》之后，主要的禅宗著述如《佛祖统记》(1258年)、《指月录》(1595年)，几乎全部记录了这一经典叙事。"吕斩黄龙"不是历史叙事，却是经典的文本叙事。它的经典性，又使其文本叙事获取了某种历史叙事的名声。现在，让我们回到这一经典的叙事文本，它位于《五灯会元》第八卷：

吕岩真人，字洞宾，京川人也。唐末，三举不第。偶于长安酒肆遇钟离权，授以延命术，自尔人莫之究。尝游庐山归宗，书钟楼壁曰："一日清闲自在身，六神和合报平安。丹田有宝休寻道，对镜无心莫问禅。"未几，道经黄龙山，睹紫云成盖，疑有异人，乃入谒。值龙击鼓升堂。龙见，意必吕公也，欲诱而进，厉声曰："座傍有窃法者。"吕毅然出问："一粒粟中藏世界，半升铛内煮山川。"且道："此意如何？"龙指曰："这守尸鬼。"吕曰："争奈囊有长生不死药。"龙曰："饶经八百劫，终是落空茫。"吕薄讶，飞剑胁之，剑不能入，遂再拜求指归。龙诘曰："'半升铛内煮山川'即不问，如何是'一粒粟中藏世界'？"吕于言下顿契，作偈曰："弃却瓢囊摵碎琴，如今不恋汞中金。自从一见黄龙后，始觉从前错用心。"

吕洞宾和僧人的历史来往，应该没有疑问。他曾获得僧人的某

崆峒山三教洞

种启示,也极有可能。正由于此,"吕斩黄龙"恰恰才疑问重重,才没有可能!其一,由于向僧道的广泛学习,吕洞宾出现了前人没有的修为境界。《五灯会元》中的吕洞宾写道:"一日清闲自在身,六神和合报平安。丹田有宝休寻道,对镜无心莫问禅。"诗句表明,他已经无需"寻道",也无需"问禅"了!"睹紫云成盖",他会知道是什么,不会"疑有异人"。其二,"一粒粟中藏世界"是禅宗的经常考卷,也是普通考题。吕洞宾平素就应该知晓。现在,以他"丹田有宝休寻道,对镜无心莫问禅"的修为境界,而不能知道"一粒粟中藏世界",那是笑话。可能的情况是,黄龙禅师恰恰并不真正懂得"半升铛内煮山川"。如果懂得,其修为境界肯定要在吕洞宾之上。吕洞宾呢,道教南北宗共奉为圣祖,佛教聘请为护法。黄龙晦机禅师呢,《景德传灯录》列为青原七世,《天圣广灯录》和《五灯会元》列为青原八世。所谓"青原七世"或"八世",意即青原禅师的第七代徒弟或第八代徒弟。如果修为境界在吕洞宾之上,而在禅宗内部灯录尚弄不清身世和辈分,那也是笑话。

民国时期，陈撄宁先生围绕黄龙公案写了三篇文章。南怀瑾先生《如何修证佛法》第 22 讲就有"吕纯阳与黄龙南"专节。吴光正《八仙故事系统考论》第三章即《吕洞宾飞剑斩黄龙考论》。吴著资料颇丰，有许多正确见解，是研究的良好平台。但无论"考"和"论"，仍然有许多问题乃至错谬。比如"吕洞宾飞剑斩黄龙"的出典，吴著写的是"《五灯会元》22 卷"，《五灯会元》只有 20 卷。这是粗心闹出的笑话。还有，作者写道：

在宋代，道教徒对这一故事采取了听之任之的态度。比如，宋太宗时林太古所著《龙虎还丹诀颂》中有一首诗："常究《阴符》《道德经》，此来堪重吕先生（注云：吕先生名洞宾，盖近代得道也）。养药未论三载火，炼丹直指半升铛（注云：吕先生诗云：一粒粟中藏世界，半升铛内煮山川）。"后一注释中的那两句诗被用作吕洞宾向黄龙参问的机锋，甚至被《仙苑遗事》记录下来，成了南宋释志磐《佛祖统纪》的资料来源。换句话说，道教徒一开始并不把属于佛教的黄龙公案当回事。当内丹派南宗传人白玉蟾（1134—1229）试图创建南宗谱系而大量汇辑吕洞宾故事时，他在《平江鹤会升堂》中对黄龙故事开始进行回应："或云白□或纸袄，一剑横空几番到。大笑归从投子山，片言勘破黄龙老。"从这首诗的最后一句可以知道，吕洞宾已经战胜了黄龙禅师。（吴光正《八仙故事系统考论》77 页，中华书局，2006 年。以下引文只注明页码）

作者这里的叙述，由于"考"之不精，造成"论"之有误。《八仙故事系统考论》引用的黄龙公案，最早的源头是《五灯会元》。《五灯会元》撰写的时间已是南宋末年。不要说宋太宗时林太古所著《龙虎还丹诀颂》比之早 200 多年，就是白玉蟾写作《平江鹤会升堂》也比《五灯会元》早近百年。《五灯会元》之前，最早出现黄龙公案的是《嘉泰普灯录》。宋太宗时林太古所著《龙虎还丹诀颂》比它也早 200 多年，何来"听之任之"？除非时间倒流！白玉蟾写作

《平江鹤会升堂》的具体时间,若在"嘉泰"之前,也无可能面对《嘉泰普灯录》;若在"嘉泰"之后,最多也比《嘉泰普灯录》晚不了几年。这看起来是文本出现年代的追究,实际牵涉叙事主体的本位。吴著的叙事显然以佛教禅宗为主体本位,也显然是历史的文化惯性。吕洞宾的了不起,恰在于打破了这种"历史的文化惯性"。作者也看到了"吕洞宾拜访黄龙时佛教处于劣势"(85页)。在叙述黄龙公案时,不仅不顾自己所引材料的时间顺序,且让吕洞宾和道教将自己的优势让给对方。还有,作者已经写道:"我们还无法确知黄龙故事是真实的还是虚构的"(85页),却又写道:"这只能理解为全真道士之伪造"(82页)。这就怪了!尚"无法确知黄龙故事"的"真实",如何判一方"伪造"?

《吕真人神碑记》的失国沉痛和曲笔寄托,《八仙故事系统考论》的作者完全不理解:"这两个地区当时已是由元蒙控制了四十余年,焉有元代僧人立石却用南宋年号之理?"(82页)好问题!"这两个地区"指陕西终南山与河北沧州。先说陕西终南山:不惟《吕真人神碑记》,华山今天仍然可见"金国统治而用南宋年号"的石刻,华山《拱极观碑》也是"金代僧人却用南宋年号"。(樊光春《西北道教史》444—445页,商务印书馆,2010年)陈垣《南宋初河北新道教考》讲"遗民情怀",葛兆光《征服史及其他》讲"奉正朔"。《八仙故事系统考论》发出的"焉有元代僧人立石却用南宋年号之理"的质问,这是谁的问题呢?哦,"这两个地区":陕西终南山是南宋和金国的界限,河北沧州是北宋和辽国的界限。请记住"这两个地区"!

我们"再谈第二个问题。黄龙山黄龙寺是佛教著名禅刹,在今江西西部,而碑记却将之移至终南山黄龙寺。这只能理解为全真道士的伪造"(《八仙故事系统考论》82页)。首先,就作者提供的引文看,《佛祖统记》写的是"鄂州黄龙山",范围并不"在今江西西部"。作者说，江西有黄龙山。其实，湖北（"鄂州"）有黄龙山，四川（"眉州"）有黄龙山，陕西也有黄龙山。佛教本学上师《古今显密舍利记》和孟乃昌《张果老考》皆有陕西黄龙山和黄龙寺的记载。因之，《八仙故事系统考论》作者以江西黄龙山为本位，把全真教的终南山黄龙寺叙事指责为"伪造"，显然褊狭和荒谬。除了感情因素外，还在于《八仙故事系统考论》不暗道教地理学。比如，碑记中的"这两个地区"——陕西终南山与河北沧州：前者是南宋和金国的界限，后者是北宋和辽国的界限。除了叙事性，主要还在于隐喻寄托：国家界限表述修道的生死跨越，从陕西终南山移到河北沧州表达两宋命运的民族哀痛。两宋金元，并无"沧州"的政区命名，"元蒙控制了四十余年"的地区不会包含"沧州"，盛唐才有"沧州"！

作为地理实体，盛唐的"沧州"位于北京市东南，即今日河北沧州市一带。"沧州"作为沧海之州，为梦想和梦乡之意。南宋陆游的名句"心在天山，身老沧州"就是例证。全真教碑记将吕祖的叙事从陕西终南山移到河北沧州，表达的正是寓意寄托。他们还强调说，碑在"沧州玉虚宫"。作者不知"沧州玉虚宫"在何处，还问道："焉有元代僧人立石却用南宋年号之理？"借用葛兆光的回答，即是"奉正朔"的问题，是感情和信仰的现象，或者说，也是一种"逸民文化"和"殖民文化"，一种不同于禅宗灯录的"逸民文化"和"殖民文化"。70年前，陈垣先生的《南宋初河北新道教考》已经强调了全真教的"逸民文化精神"。葛兆光将之总结为"奉正朔"问题，并将道教历史概括为"屈服史"。从我们对吕斩黄龙公案的考察来看，至少吕祖和他的全真弟子就未"屈服"，既未屈服于皇权历史，也未屈服于异族统治。他们将吕祖碑记从陕西终南山移到毗邻北京的沧州，既表达了两宋历史下的民族哀痛和抵抗，也是中国中心从长安转移到北京的先知预见。

## 第四节 黄粱梦与梦观成就

元杂剧有马致远等人创作的《黄粱梦》,全剧共四折一楔子,剧情是:吕岩(洞宾)进京赶考途中,在邯郸道一客店里休息,店家为他煮黄粱饭。钟离权奉命前来度化他,他却迷恋尘世功名,坚决不肯修道。倦睡之后,吕岩在梦中过了18年,与高太尉之女翠娥结为夫妻,有一双儿女。他奉命征讨外出一年间,妻翠娥与魏尚书之子魏舍有私情。此时恰巧吕岩因卖阵受钱私自回家,撞破私情,欲杀翠娥,为院公劝阻。朝廷因其卖阵受钱,本欲将他斩首,后改为发配穷远之地,途中解差将他及其一双儿女释放。三人风雪之中迷路,得一樵夫搭救,指点他们去一草庵之中讨些吃食。不幸一双儿女被一壮士摔死,吕岩自己也被壮士持剑追杀。正在此时,吕岩从梦中惊醒,而客店为他做的黄粱饭还没有熟,吕岩这时才知梦中高太尉、院公、樵夫和壮士都是钟离权所化,省悟到"人生如梦,万事皆空",于是断绝了酒色财气和人我是非之念而得道成仙。

《黄粱梦》全名为《开坛阐教黄粱梦》,现存多种版本。《黄粱梦》的作者,除了为马致远外,还有李时中、艺人花李郎、红字李二,四人各作一折。戏剧是大众艺术,《黄粱梦》的演出,可见吕洞宾故事于元代的流传之广、影响之远、魅力之巨。《黄粱梦》取材于唐代沈济的传奇小说《枕中记》,以《太平广记》对其的记载影响最大。《太平广记·卷八十二·吕翁》写道:

开成七年,有卢生名英,字萃之。于邯郸逆旅,遇道者吕翁,生言下甚自叹困穷,翁乃取囊中枕授之。曰:"子枕吾此枕,当令子荣显适意!"时主人方蒸黍,生俯首就之,梦入枕中,遂至其家,数月,娶清河崔氏女为妻,女容甚丽,生资愈厚,生大悦!于是旋

黄粱梦醒

举进士，累官舍人，迁节度使，大破戎虏，为相十余年，子五人皆仕宦，孙十余人，其姻媾皆天下望族，年逾八十而卒。及醒，蒸黍尚未熟。怪曰："岂其梦耶？"翁笑曰："人生之适，亦如是耳！"生抚然良久，稽首拜谢而去。

经此黄粱一梦，卢生大彻大悟，不思上京赴考，反入山修道去也。从唐《枕中记》开始，中经宋《太平广记》到元《黄粱梦》，故事情节大致保持着连续性，而精神思想已然发生变革：（1）《枕中记》是人生如梦，真中有假，直指官场主流价值；《黄粱梦》是梦如人生，假中有真，揭示仙道超越意义。（2）《枕中记》梦的主角是卢生，《黄粱梦》梦的主角是吕洞宾。《枕中记》卢生的黄粱一梦，是官场仕途的幻灭感；《黄粱梦》吕洞宾的黄粱一梦，是仙道人生的希望性。梦的觉醒和觉悟，是修道的重要契机。国学有《周公解梦》，有《论语》的"梦见周公"，有《庄子》的蝴蝶之梦。《黄帝灵枢经》有《淫邪发梦第四十三》的专章论述。藏密有"梦观成就法"。《圣经》中有著名的若瑟七梦。文学中有达芙妮的《蝴蝶梦》，有诗人北岛的《白日梦》。从学科看，有哲学对梦的思辨（如《论语》《庄子》），有神学对梦的信仰（《圣经》），有文学对梦的描述，有医学对梦的观察。从梦的内容层次看，可分日常伦理梦，一般意味着"假"；思维哲理梦，"真假"莫辨；修道真相梦，一般意味着"真"。钟吕仙道中的梦学，极为独特丰富：它既有日常伦理梦之"假"，如卢生的黄粱一梦；也有思维哲理梦之"真假"莫辨，如《庄子》梦蝶，"如梦非梦，若在虚无之境"（《钟吕传道集论朝元》）；更有修道真相之梦观。《钟吕传道集》共18章，《论内观第十六》《论魔难第十七》和《论证验第十八》是最后3章。《论内观》基本就是修道人的"白日梦"；《论魔难》，三大魔难之一即梦；《论证验》是《钟吕传道集》的最后一章，其中关于梦作为修道的证验，钟吕写道：

次阴阳击搏，时时腹中闻风雷之声。次魂魄不定，梦寐多有恐悸之境。次居暗室而目有神光自现。次梦中雄勇，物不能害，而人不能欺，或如抱得婴儿归。次金关玉锁封固，以绝梦泄遗漏。次鸣雷一声，关节通连而惊汗四溢。次魂魄不游，以绝梦寐。次生死不能相干，而坐忘内观以游华胥。

这不啻为钟吕仙道的"梦观成就法"。它既有和藏密交相辉映，可以媲美的丰富内容，也以其详细具体的修证步骤，让人们多少理解了《庄子大宗师》的那句谜语——"真人无梦"。《钟吕传道集》告知我们，"真人无梦"是"次魂魄不游，以绝梦寐"的结果，是梦观的一种证验与成就。"真人"嘛，是从黄粱一梦的觉醒和觉悟，中经"魂魄不定，梦寐多有恐悸之境""次梦中雄勇，物不能害，而人不能欺""次金关玉锁封固，以绝梦泄遗漏"，最后到"次魂魄不游，以绝梦寐"一步一步修炼的结果与成就。《庄子》早云："真人无梦。"通过《钟吕传道集》和《灵宝毕法》，我们才终于知道："真人"是一项"无梦"成就，是一步步修习梦观法的仙道成就。

## 第五节　吕祖十试证道心

当下中国社会，各种考试极多。围绕各种考试，相关机构建起了多种试题库。历史上的中国道教，也有它自己的试题库。其中最著名的试题，就是钟离权十试吕洞宾。《吕祖本传》对此有详细记载。

第一试。吕洞宾在榻上静坐，恍惚中就回到了长安的老家，看见自己的妻儿全死了。吕祖不悲不伤，心中保持平静，只是准备棺木，欲安葬之。后来恍惚之间，他的妻儿竟然又活了起来。他们告诉吕祖，他们在市集买了很多东西，而且已经给过了钱，要吕祖去取货。吕祖到了市集，那生意人只愿给一半货，吕祖也不愿同生意人争执，就带着那一半的货回家。唉，家庭是我们的在世方式，是社会的构成细胞，是生活的幸福家园。仙道僧侣历史上叫做"出家人"。出世和出家是互为因果的整体伦理姿势。如果说"出世"挑战的是社会整体的价值秩序，更多依赖一个人的理性智慧；那么，"出家"挑战的则是个体家庭的亲情伦理，更多考验一个人的道心意志。作为"出家"的铺垫和前奏，对家人情感的淡化乃是不可避免的；作为"出世"的准备和装备，对家人关怀的减化也是不可避免的代价吧。

第二试。吕洞宾在榻上继续静坐，恍惚之间，见到一名乞丐。乞丐向他求助，吕祖很慷慨地将身上所有的金钱给他。乞丐非但不感谢，反而嫌钱太少，并怒骂他："假道人，骗人精，假善心，老乌龟。"乞丐和道有缘：《射雕英雄传》有丐帮；吕洞宾一首很有名的诗写道："先生去后身须老，乞与贫儒换骨丹。"修道又叫"求道"。"求"者，非乞丐而何？将心比，同一理。第二试讲的就是两个乞丐之间人际伦理的颠倒故事。

第三试。吕洞宾继续在榻上静坐，恍惚之间，自己竟变成了牧羊人了。突然来了一只老虎，老虎舍了群羊不吃，对着吕祖走来。吕祖心中想，这是前生的业障啊！老虎不吃羊，却要来吃我，一定是前生的债啊。念及此，他由怕变得平静起来。

第四试。吕洞宾继续在榻上静坐，恍惚之间，自觉有人敲门，是一位年轻女子。这女子年纪约20岁，光艳照人，秋水如眸，风情万千。女子告诉吕祖，自己迷了路，希望能借吕祖之处，度过一宵。夜里，女子露出百般媚态，而吕祖正襟危坐，目视经书，不为所动。女子色诱吕祖，无果，无功而去。

第五试。吕洞宾继续静坐，恍惚之间，回到自己的家中，发觉家里多年的财物全部被盗去。吕祖一下子变成一无所有，于是打算在屋后的土地种一点米，种一点菜，自给自足。吕祖耕地的时候，突然看见土底下有黄金百条，比自己失去的财物更多。吕祖想，这是房子的前主人埋下来的吧。于是用土把黄金百条又掩埋起来，自己赶紧离开，他认为这是"是非之地"。

第六试。吕洞宾静坐，恍惚之间，来到一条街坊。吕祖边走边看，突然看到有人卖一个"古铜砚"。这古铜砚雕刻非常精细。吕祖看了非常欢喜，就想买回家。吕祖买回古铜砚，就用墨磨之，想不到这一磨，铜粉一去，竟然是金子精打而成的砚台，这下子发财了。吕祖不为所动，随即要还其人。买铜砚变金砚，这是天赐横财。吕祖却等待主人出现，把金砚退回。

第七试。吕洞宾在榻上静坐，恍惚之间，走到一个城市里，看见一位疯狂的道长正在卖药。道长云:"此药服的人,马上就会死。但很快便会转世,转世是很有道的人,也即是早成道也。"围观的人,皆大骇,无人敢买。道长又说:"此药今日始卖之,过了今日,明天不卖了。"吕祖挺身而出,将药买下。道长大笑。

第八试。吕洞宾静坐,恍惚之间,来到一条大河边。大河之水滔滔不绝,吕祖坐上一条渡船,渡船划到河的中心,浪涛汹涌,把渡船摇来摇去。此时,人人恐惧惊叫,只有吕祖毫无惊吓之色。吕祖自知,生死有命也,生死置之度外,不必惧也。

第九试。吕洞宾榻上静坐,恍惚之间,见奇形怪状的鬼物很多。这些鬼物怒目瞪着吕祖,有的欲打吕祖,有的要杀吕祖。吕祖端坐之,一点也不恐惧。又看见数十夜叉,这些夜叉人人痛哭,血肉淋漓,指着吕祖道:"你宿世杀了我们,纳命来。"吕祖对夜叉言:"杀人偿命,这是天理,我并不护自己。"

第十试。钟离权问吕洞宾:"我将传授你黄白秘术,此黄白秘

钟吕遇仙亭

术可以济世，可以利物，可以行善，望能早日功满。"吕洞宾问："这点石成金之事，是永远不变的吗？"钟离权回曰："点石成金的黄白秘术，三千年之后，黄金又要变回石头。"吕洞宾答："这样子一来，害了三千年后的人，不愿为也。"钟离权笑曰："就因你存此心，故三千功行，便全圆满了。"这正是："黄金人人羡，唯独祖不愿，只因心术正，便是神仙见。"

以上十试，是来自《吕祖本传》的修道故事，即有名的钟离权十试吕洞宾的传道故事。第一试和第二试，我们已有简要分析。第三试、第八试和第九试都是围绕死亡的试题和试验。其中第八试，让人想起斯多葛派哲人之猪的故事。第七试和第十试是仙道圈内经常会遇到的"技术"难题和"道术"话题。第六试和第五试是钱财方面的试题和试验。第四试是美色方面的试题和试验。"美色"下连家庭伦理，上连修道奥秘。第一试家庭伦理，其实已经涉及"女色"问题，基本的区别是：家庭内的夫妻关系不仅是男女双边关系，还是儿女和父母参与的多边关系；家庭外的男女更多是男女性的双边关系。对家庭外"女色"的拒绝来自双重理由：对家庭内"女色"的记忆和欠负，出家的出世职志召唤。至于仙道中的双修，那是出家和出世的男女超越伦理，更多是天人关系，而非男女关系。第七试和第十试作为仙道圈内的"技术"难题和"道术"话题，前者让人想到诺贝尔的火药实验故事，后者让人想到玛尔巴的黄金故事。请注意仙道圈内黄金的实指和隐喻之间的复调关系——黄金的实指含义至少包括：富贵的黄金、尊贵的炼金、高贵的金身；黄金的隐喻含义也至少包括：宝贵的心、宝贝的术、宝藏的法以及心通灵宝的道境。就黄金的钱财寓意而言，第六试和第五试其实包含在第十试；就黄金的道法寓意而言，第七试、第八试和第九试也包含在第十试。这便是第十试作为吕洞宾"三千功行全部圆满"的理由，这便是第十试作为吕洞宾道心通过考试的原因。

## 第六节　牡丹动心显道情

就一个时代的精神气质和审美趣味而言，美人的标准，春秋是"硕人其颀"，北朝是"瘦骨清像"，唐朝则是"富丽丰腴"。如果与赏花联系一下，那么，春秋、北朝和唐朝可能分别以葵花、梅花和牡丹为"天香国花"吧。考诸历史，唐朝的"天香国花"正是牡丹！唐朝的时候，不仅仅皇宫的御花园里、大官显宦的府第里栽植着牡丹，就是一般文人学士的住宅、和尚道士的寺院道观也都栽满了牡丹。因为唐朝人是以富态丰满为美的，牡丹的端庄艳丽和雍容华贵正符合唐人审美的标准。唐代便推尊牡丹为"花王""国色"。唐玄宗李隆基更是一个牡丹帝王。牡丹是"花中之王"，杨贵妃是美人之冠。有一次，在唐玄宗的大朝国宴上，他邀请诗人李白给"花王"杨贵妃谱写赞美之歌。李白立即写下了《清平调》三首：

其一

云想衣裳花想容，春风拂槛露华浓。
若非群玉山头见，会向瑶台月下逢。

其二

一株红艳露凝香，云雨巫山枉断肠。
借问汉官谁得似，可怜飞燕倚新妆。

其三

名花倾国两相欢，常得君王带笑看。
解释春风无限恨，沉香亭北倚栏杆。

《其一》首句，"花"即出现，李白、唐玄宗和大家皆知晓，此花即牡丹，比喻杨贵妃。《其二》中的"一株红艳露凝香"告诉人们，此牡丹乃是红牡丹。《其三》中的"名花倾国两相欢"表现了此红牡丹的魅力和分量。"可怜飞燕倚新妆"，是说汉武帝宫中的美人代表赵飞燕，也没法和杨贵妃相比。此句，唐玄宗最欢喜吧。可是，"解释春风无限恨，沉香亭北倚栏杆"，该怎么解释呢？当年权臣高力士等人就当场以此句指责说，在《清平调》，李白讥讽杨贵妃哩。"春风无限恨"，总不能解释成50多年之后白居易撰写的《长恨歌》吧。春风"恨"什么呢？更绝的还是"沉香亭北倚栏杆"，"沉香亭"喻美人，的确不太吉祥啊。白居易的《长恨歌》距离李白的《清平调》有50多年，但李白词中却出现了"巫山""瑶台"，莫非诗仙成了先知？为了给实现开罪，我们以为，"春风无限恨"应该有三个层面的"解释"：(1) 从"群玉山头"到"瑶台月下"，从"云雨巫山"到"沉香亭北"，是爱和美的无限性意象；(2) "巫山断肠""可怜飞燕"的无限怜惜；(3) "春风无限恨"，反衬贵妃的无限美和玄宗的无限爱。令人惊诧的，是"会向瑶台月下逢"。"瑶台月下"既是神话道境也辨别不出什么颜色，最容易辨别的只能是"白色"。"会向瑶台月下逢"的，不是红牡丹而是白牡丹。当年高力士说，李白讥讽杨贵妃，固然居心不良。然而"瑶台月下""可怜飞燕"和红牡丹《清平调》的不协调属于事实，与之相协调的是白牡丹。且看白居易的《白牡丹》：

城中看花客，旦暮走营营。素华人不顾，亦占牡丹名。
闭在深寺中，车马无来声。唯有钱学士，尽日绕丛行。
怜此皓然质，无人自芳馨。众嫌我独赏，移植在中庭。
留景夜不暝，迎光曙先明。对之心亦静，虚白相向生。
唐昌玉蕊花，攀玩众所争。折来比颜色，一种如瑶琼。
彼因稀见贵，此以多为轻。始知无正色，爱恶随人情。
岂惟花独尔，理与人事并。君看入时者，紫艳与红英。

白居易注意到了白牡丹，他的《白牡丹》却过于理性清冷了。唐玄宗和"红牡丹"过于缠绵热烈，尤其马嵬坡悲剧，给白居易留下了在《长恨歌》讥讽红牡丹的历史口实。可是，白居易在他的

《白牡丹》中，面对"怜此皓然质，一种如瑶琼"的白牡丹，既一派"始知无正色，爱恶随人情"的怀疑腔调，也一脸"对之心亦静，虚白相向生"的格物道腔。唉，真正能够和白牡丹"会向瑶台月下逢"的，是剑仙吕洞宾；真正让"闭在深寺中"的白牡丹走向"国际名模"并且"倾国两相欢"的，是吕洞宾的三戏白牡丹。《东游记》写道：

洞宾既辞辛氏之酒，又慕洛阳之花。一日游至洛阳，见一女子游玩而至，年方二八，轻盈秀雅，窈窕妖娆，眼含秋波，眉如新月，过处人人注意，行来个个皆思。洞宾思曰："广寒仙子，水月观音，吾曾见过，未有如此妖态动人者。倾国倾城，沉鱼落雁，宜颂矣。"不觉心动，前近问之。曰："乃歌舞名妓山牡丹也。"吕曰："良家女子则不可妄议，彼花柳中人，吾可得而试之。况此妇飘飘出尘，已有三分仙气，观其颜色艳丽，独钟天地之秀气，而取之大有理益。"于是自化为绝样才子，以剑作随行童子，丹点白金一锭，竟往牡丹之家，纳其物而拜之。那女子露朱唇以答礼，启皓齿以陈词，更兼洞宾少年美貌，天称其心，注意频观，妖态毕露；含情凝笑，百媚俱生。比乍遇之时，又增十倍矣。请问洞宾姓名，洞宾以回道人答之。洞宾更通赂艳，牡丹深加眷恋。俄尔酒至，对饮剧欢。酒至半酣，牡丹持酒醉劝，呈婉转之喉，歌新艳之曲。此时洞宾以为掌上之舞，般般出众，种种动人。洞宾忘却仙凡，不觉大醉。醉而就寝，牡丹媚态百端，洞宾温存万状，鱼水相投，不为过也。云雨之际，各呈风流，女欲罢而男不休，男欲止而女不愿。且洞宾本是纯阳，岂肯为此一泄；牡丹正当阴盛，终无求免之心。自夜达旦，两相采战，皆至倦而始息。自此洞宾连宿数晚，云雨多端，并不走泄。牡丹深怪，以为有此异人，吾今尽其技之所长以迎之，不怕彼不降也。是夜呈飞鸾之势，效舞凤之形，尽春意之作为，竟不能得其一泄。牡丹自觉困倦，乃谓之曰："君异人也。吾今骨软神疲矣。"洞宾以久恋风尘，恐道友知觉，乃托言欲归。牡丹极留之，至涕泣不忍舍。洞宾乃为之约而去。

《东游记》的全名是《八仙出处东游记》。《东游记》之前，八仙的人员组成并不固定。《东游记》一出，钟吕八仙倒真是最后固定了下来。《东游记》是明朝吴元泰写作的长篇小说，八仙过海出典于它，《八仙全传》取材于它。明代出现了《吕洞宾三戏白牡丹》的多种剧目。清代出现了《吕洞宾三戏白牡丹》的长篇小说。《唐伯虎三戏秋香》与它有关，流行歌曲《梅花三弄》与它有关。《东游记》中的吕洞宾戏白牡丹，是它们的文化原型。种种效果表明，《东游记》的作者吴元泰是道中人。它写的是道教男女双修。作为丹道修炼法门，首先不能破坏社会的伦理环境。吕曰："良家女子则不可妄议"，就是这个道理。"彼花柳中人，吾可得而试之"，指山牡丹的艺妓身份。前几年，日本有电影《艺妓回忆录》，获了几种奖项。"艺妓"者，首先是社会伦理的自由特区，是性事实践的自由市场，其前提是货币，"丹点白金一锭，竟往牡丹之家"，没有黄金白银，徒唤"艺妓"。货币之外，"艺妓"毕竟还有"艺"的内涵："乃歌舞名妓山牡丹也"，会"歌舞"且有"轻盈秀雅，窈窕妖娆"的艺术气质呢。"纳其物而拜"，表现出吕洞宾良好的虔诚心态。必须有"拜"的虔诚心态，三戏便可以正式开始了！第一戏，是美

毛女与古丈夫

貌交情："倾国倾城，沉鱼落雁，宜颂矣"。第二戏，是心意交换："天称其心，含情凝笑"。由于心意契合，于是牡丹的美貌"比乍遇之时，又增十倍矣"。第三戏，是云雨交通："云雨多端，并不走泄"。"云雨多端"的两性事务，天子庶民甚至飞禽走兽皆"能"，自然本能啊。"并不走泄"呢，却仅仅仙道成功者有此能耐。白牡丹的结论出来了："君异人也。"

《东游记》笔下的"请问洞宾姓名，洞宾以回道人答之"，源于《吕祖全书》中的"更名显化"：吕洞宾有"回道人""回处士""回道士""回心回心"等多种名号。"回"者，即道书"口中口，窍中窍"之意。道教的男女双修分很多种。《吕洞宾三戏白牡丹》属于"气交""神交"和"体交"的三重身心整体圆满，此即"三戏"。"气交""神交"和"体交"的"三交"，是吕洞宾和白牡丹的"三戏"内涵。"三戏"出于"三交"，"三交"出于"三元"：指精、气和神三元，道教有《三元经》。或曰："三交"中怎么未出现"精"呢？这也就是"牡丹深怪，以为有此异人"的原因。道教的解释是："精化气，气化神"啦！或曰：《东游记》的笔下，写的是"乃歌舞名妓山牡丹也"，何言是"白牡丹"呢？《东游记》笔下，的确未直言牡丹是"红"是"白"，从其"广寒仙子，水月观音""轻盈秀雅，眼含秋波"的审美描写，极为接近白居易《白牡丹》的诗意看，"山牡丹"应该也是白牡丹。"山牡丹"者，性事的自由特区之意，即社会伦理的特殊区域之意。《东游记》笔下，"洞宾既辞辛氏之酒，又慕洛阳之花"的开始之语，显然来自吕洞宾《敲爻歌》"也饮酒，也食肉，守定胭花断淫欲"的开篇之语。总之，广泛流传的吕洞宾三戏白牡丹文化叙事，其实质乃是一个修炼故事，当然也是情爱叙事。吕洞宾《敲爻歌》既是情歌，也是道情之歌。它可以和藏密欲乐定相提并论，属于道教的特殊和高级境界。道教双修的主要派别是陆西星的东派和李西月的西派。他们皆尊吕洞宾为祖,并不偶然。它既有白牡丹的"冷冽",也有红牡丹的"热烈";既有"瑶台月下逢"的清逸,也有"红艳露凝香"的艳丽。自由丰富正是盛唐的时代精神吧,也正是吕洞宾三戏白牡丹的故事韵律吧。

## 第七节  道教的转折点与拱心石

盛唐是中国古典社会文明的转折点与拱心石。作为这种转折点与拱心石的两个关键标志是:(1)盛唐时期,中国是世界文明的领先国家和东方中心。国力强大,万国来朝;气象雄健,声名远播;华夏大运,于兹最盛。(2)三教交融,道风为先;老子获帝号,玄风播千古。如此两端,居前的秦汉不曾出现,尾后的宋明更望尘莫及。盛唐气象,堪称华夏文明的伟大奇观!唐高祖和唐太宗两朝,皆明文规定"道教老子第一,儒家孔子为二,佛教释迦列三"。李隆基径直以"玄"为"宗",以"玄宗"为帝号。在此国策形势影响下,诗仙李白的"天子呼来不上船,自称臣是酒中仙"既已广为人知,兹不赘言。即便忠厚恭谨,儒风醇正的杜甫,也常常谈玄论道,讥讽正统。在《奉赠韦左丞丈二十二韵》,杜甫开篇写道:"纨绔不饿死,儒冠多误身。丈人试静听,贱子请具陈。"在《醉时歌》末尾,杜甫写道:"儒术于我何有哉?孔丘盗跖俱尘埃!不须闻此意惨怆,生前相遇且衔杯。"在《咏怀二首》,杜甫写道:"万古一死生,胡为足名数。多忧污桃源,拙计泥铜柱。未辞炎瘴毒,摆落跋涉惧。虎狼窥中原,焉得所历住。葛洪及许靖,避世常此路。"杜甫对"儒术""儒冠"和"名数"的质疑超越,既有赖于盛唐的自由开放精神,也源于其个人的生存觉悟。尤其《咏怀二首》,杜甫表达了完整的超越逻辑:首先是面对死亡境遇,对"名数"的怀疑("万古一死生,胡为足名数"),接着是对尘世功名妄心的批判("多忧污桃源，拙计泥铜柱"），最后是艰难时势下对道家生存能力的礼赞（"葛洪及许靖，避世常此路"）。

杜甫诗句，生动不过地表明了"三教交融，道风为先"的时代精神，生动不过地表达了前与汉代"独尊儒术"，后和宋明儒学完全不同的盛唐理念。就盛唐文明而言，道家内部的探索创新，就无疑担负着它的时代水准和高度。唐玄宗为盛唐创制了空前绝后的太清宫礼仪（丁煌），王侯大臣热烈地参与了外丹黄白活动，唐朝多位公主奉身女道，药王孙思邈写下了黄金般的《千金方》，王知远等道士表现出了杰出的政治才华，他们共同建构了道教盛唐的黄金时代。然而，真正能够与盛唐作为华夏文明的转折点与拱心石地位相侔的，还是钟吕八仙——特别是钟离权和吕洞宾。钟吕仙道学的转折点与拱心石地位，其因缘很多，大致上可分为外部表现和内部创新两大方面。

就外部表现看：（1）面对"三教交融，道风为先"的时代精神，钟吕仙道学因其空前绝后的人格表现和文本内容，可谓应运而出，不辱使命，形象崇高。钟吕仙道从儒、佛两家拿来的思想资源，比起儒、佛从道教拿回的思想资源要多得多。不仅"拿来"，并且彻底消化，成为钟吕仙道的有机组成部分。（2）就华夏文明看，钟吕仙道学不仅复兴了民族悠远的历史意识（相对于佛），而且深耕了民族深厚的未来土壤（相对于儒）。《钟吕传道集》和《灵宝毕法》是钟吕仙道学的两大主要典籍。道教典籍中，《灵宝经》是最有华夏历史意识的经籍。《灵宝毕法》即从《灵宝经》整理而来。"天时、地利、人和"，是中国人根深蒂固的系统思维和"三才之道"，《钟吕传道集》极为突出地表现了这一点。《灵宝毕法》的"小乘、中乘、大乘"体例结构，固然有借鉴佛教"大乘"和"小乘"的拿来主义，但更多还是源自《周易》中的"三才之道"。从《周易》的"三才之道"，走到《灵宝毕法》"小乘、中乘、大乘"体例结构下的"三乘之道",也就一步之遥。(3)《史记》作为"史家之绝唱,无韵之离骚",对儒家孔子的叙述是道家老子的五倍之多。由于钟吕仙道学,这一比例被反转了过来。(4)中国的历史和文明起源,总结成"三皇五帝"。《史记·天官书》指出:"为国者必贵三五。"《钟吕传道集》的"五仙"和《灵宝毕法》的"三乘",恰是"三五"的经典文本建构,恰是真正的"三五之道"。

从道教内部创新看,其一,道家和道教的关系,尽管葛洪《抱朴子》已经有了对老庄的超越意识,但真正做到这一点的正是钟吕仙道学。具体说,钟吕仙道学中救世的"天仙"概念的突出,既与儒家入世取得协调,也是老庄"治人事天莫若啬"的反转,还是葛洪《抱朴子》传统"神仙观"的突破。其二,钟吕内丹学取代传统外丹术,使得道教的修炼重心,既与秦皇汉武时期的方仙道相区别,也和盛唐官方道教的黄白术相区别,还与道教各色各样"三千六百"多门的方术区别开来。其三,性命双修,内外兼融,道术结合,使得道教的修炼特色,既不同于佛教的重性轻命,重心轻身;也不同于儒家的重德轻道,重理轻术。其四,男女双修而清修为主,性命双修而性七命三的修炼结构系统,既让钟吕仙道学成为道教各派的共同本源,也可与佛教各派比较阐释,包括与宋明儒学交融对话。

综上,外部表现和内部创新两大方面的八点内容,就是我们对钟吕仙道学作为转折点与拱心石的基本概括。如果说宗教历史上的"转折点"课题是佛教、基督教和儒教都有的现象,那么,钟吕仙道学作为"拱心石"的形象意义却是道教独有的!《福音》说道:"没有徒弟高过师傅。"基督教、佛教和儒教的起点即它们的高点。中国道教的起点,却不构成它的高点。一般认为,中国道教起源于东汉张道陵的五斗米道时期。《太平经》是道教的早期经典和集大成者。无论是道徒实践还是道书理论,道教起源时期的高度都无法与钟吕仙道学术相比。历史上出现了把道教吕洞宾和佛教观世音相提并论的现象，自有根据。历史学家蒙文通先生则将吕洞宾和禅宗六祖相提并论，更为贴切。这都启发我们，道教的高点不在它的历史起源时期，而在唐末五代的钟吕仙道学。因之，钟吕仙道学就不仅仅是它之前道教史的重大"转折点"，也是后世道教历史从未抵达的"下行点"。中国道教的历史形象，既不是与时俱进的进化论上升曲线，也不是世界宗教中的起点即高点的末世论者的下行曲线，倒像是古道拱桥性的中间高两端低的正弦曲线。它的拱桥性中点，即钟吕仙道学。这与中国整个宏观历史相当吻合：钟吕隶属的李家盛唐，也是中国古代历史的拱桥性中点。李家盛唐之前，有周、秦、汉、隋几大王朝；李家盛唐之后，有宋、元、明、清几大王朝。如果就某一种单项成就而论，盛唐在军事方面也许弱于秦朝，在地域方面也许小于元代，在文化方面据说也许逊于两宋（如陈寅恪言）。可是，如果就一个王朝国家的各种综合实力来看，则李家盛唐无疑最高。钟吕仙道学术也是如此。就一部经典文本的凝练隽永，没有谁可以和《德道经》相比；就修道行为的惊世骇俗，也没有谁可以和王重阳的"活死人墓"相比。可是，如果就仙道文本、修行历练和历史影响的全面性看，钟吕仙道学术无疑是制高点。盛唐和钟吕显然是母子性的异质同构关系。古代历史的高点在它的中点——李唐王朝；道教的"高点"也在它的"中点"——钟吕仙道学！这是道教历史的独特现象，也是一个奇特事实。钟吕仙道学，它比前面的道家和道教要高，它比后面的道家和道教更高。它既是整个道教的转折点，也是道教整体的拱心石。

# 第五章 悟道修真八仙风

## 第一节 八仙的道情戏剧

《老子》有"天地不仁,以万物为刍狗"的冷峻之言,《庄子》有"妻死,鼓盆而歌"的傲世之举。"大道"和"人情"一开始就处于相互悖异的紧张状态,"道"和"情"的严重紧张是两者的基本关系。尽管如此,汉语文化仍然发展出了道情戏剧,仍然谱写出了道情之歌。八仙的道情戏剧,堪称华夏道情经典。唐代韦庄的《江上村居》写道:"本无踪迹恋柴扃,世乱须教识道情。"唐代杨巨源的《送李舍人归兰陵里》写道:"家贫境胜心无累,名重官闲口不论。惟有道情常自足,启期天地易知恩。"

汉语中的"道情"一词基本上包含两层含义:(1)戏曲种类,(2)修道感情。作为戏曲种类,可以溯源到唐代。赵景深《〈中国古典讲唱文学丛书〉序》写道:"唐代已有'九真''承天'等道曲(《唐会要》卷三三)及募化的道情;宋代又创制了渔鼓,为道情的主要的打拍乐器。"道情,源于唐代,出于道教,孕于道观所唱的经韵。宋元之后,又称道歌。唐代吴筠的《虚白其志章》写道:"不悲不乐、恬淡无为者,谓之元和。非元和,无以致其道也。"郑板桥《道情十首》写道:"风流世家元和老,旧曲翻新调;扯碎状元袍,脱却乌纱帽,俺唱这道情儿归山去了。""元和老"有虚实两义:"实"义指唐代元和年间,"虚"的含义指精神道统。令人深思的是,郑板桥《道情十首》的"元和老",无论虚实含义,都将人引向八仙生活的唐代。

关于"道"和"情"的严重紧张,唐代道士吴筠在《宗玄先生玄纲论》中写道:

故生我者道，灭我者情。苟忘其情，则全乎性，性全则形全，形全则气全，气全则神全，神全则道全，道全则神王，神王则气灵，气灵则形超，形超则性彻，性彻则返覆流通，与道为一。

"故生我者道，灭我者情"是道教的根本认识，也是普遍共识。《钟吕传道集》指出：

及夫宿缘孽重，流于今世填还。忙里偷闲，犹为尊长约束。制于尊亲而不忍逃离，一向清闲而难得为暇。奉道之士，所患者，尊长邀拦，二难也。及夫爱者妻儿，惜者父母，恩枷情纽，每日增添。火院愁车，无时休歇。纵有清静之心，难敌愁烦之境。奉道之士所患者，恩爱牵缠，三难也。（《全真秘要》46—47页，中国人民大学出版社，1993年）

阻碍修道的九大困难中，"恩爱牵缠"和"尊长邀拦"的"恩枷情纽"被列为第二和第三大挑战。《灵宝毕法》也写道："益修真之人，弃绝外事，甘受寂寞，或潜迹江湖之地，或遁身隐僻之隅，绝念忘情，举动有戒，久受劬劳，而历潇洒，一旦功成法立，遍见如此繁华；又不谓是明魔，格谓实到天宫。""绝念忘情"既是"修真之人，弃绝外事"的基本特征，也是"功成法立，实到天宫"的根本保障。问题在于，人非木石，孰能无情？修道中的感情世界究竟怎样？修道中的感情世界可分为三个阶段：修道之前，修道之中和修道完成。修道之前的感情世界，其特征就是危机意识和怀疑主义。郑板桥的《道情》写道："吊龙逢，哭比干，羡庄周，拜老聃。未央宫里王孙惨。孔明枉作那英雄汉，早知道茅庐高卧，省多少六出祁山。""扯碎状元袍，脱却乌纱帽，俺唱这道情儿归山去了。""归山去了"，即修道开始了。修道之中的感情世界，其特征就是坚韧意识和无情主义。《灵宝毕法》写道："益修真之人，弃绝外事，甘受寂寞，绝念忘情。"修道完成的感情世界，其特征就是大道意识和普世主义。《老子》曰："大道无亲，常与善人。"《钟吕传道集》云:"地仙厌居三岛而传道人间,道上有功,而人间有行,功行满足,受天书以返洞天,是曰天仙。于天地有大功,于今古有大行",皆是明证。仙人的道情戏剧——道前、道中和道成的感情历程,可以称作"人情、无情和道情"的三段论,或者是一种"有情、无情和道情"的辩证法。如果说道前的感情世界更多取决于外部的家国境况,修道者基本上是被动的;则道成的感情世界,更多取决于个人的精神情怀,修道者基本上是

吕祖赐药图

主动的;那么道中的感情世界,就是一个家国境况和个人情怀的二重奏,是被动性和主动性的此消彼长的拓扑方程。

　　道中的感情世界有两大特色:还原性和双向性。关于道中感情世界的还原性,《周易》有"复"卦,《老子》有"吾以观其复"。《钟吕传道集》和《灵宝毕法》有"七还九返"的道法。"七还九返"的道法分别叫做"玉液炼形"和"金液炼形"。"金液炼形"来自于《周易参同契》第40章:"名者以定情,字者缘性言。金来归性初,乃得称还丹。""来去游,不出门,渐成大,情性纯。却归一,还本源。""金来归性初"作为情感向先天性灵的敞开还原,元代李道纯《中和集》有详尽叙述,道教南派石泰的著述即《还原篇》。关于道中感情世界的双向性,道教概括为"生者死之门,死者生之户",有"生门死户"的灵智辩证法。感情世界之于"道"的负

面影响，吕洞宾《指玄篇》有名句：

> 叹世凡夫不悟空，迷花恋酒送英雄。
> 春宵漏永欢娱促，岁月长时死限攻。

凡夫的"不悟空"，一如《西游记》里的猪八戒，是可爱与滑稽的，他们也许"守八关戒"就够了。"迷花恋酒"的英雄倒是应该"悟空"，应该思考审美的"春宵欢娱"结束之后，死亡邀请的玄学问题。《指玄篇》下篇之十五唱曰：

> 不死金丹种土砂。诸人会得早离家。
> 一心只望长生路。切莫如蜂苦恋花。

"早离家"乃是"离情"的必由之路，修道的长生路乃以"惩忿窒欲"（"切莫如蜂苦恋花"）为前行路标。《指玄篇》下篇之九：

> 二八佳人体似酥，腰间伏剑斩愚夫。
> 分明不见人头落。暗里教君骨髓枯。

《庄子》指出："嗜欲者，天机浅。""天机浅"，凡间人类还可以接受。如今，"嗜欲者"和"人头落""骨髓枯"的因果关系，却是普通人也必须考虑的。这是对人间爱情的最严峻棒喝吧，也是爱情为道障的千古警句吧。感情世界之于"道"的正面效应，道教论述较少，钟吕是最重要的揭示者。《指玄篇》上篇之八写道：

> 修仙善士莫痴迷，于此宜当早见机。花发拈花须仔细，月圆赏月莫延迟。得来合口勤烹炼，既济休工默守持。从此不须心懊恼，管教平步上瑶池。（《吕洞宾全集》162页，华夏出版社，2010年）

沧海老人注曰："花发拈花须仔细"者，此乃言得药之妙义。何以故？花发者，系精气神融化之质，透露四肢也。拈花者，抽添之工也。花本结果之兆，一个周天一回。但花发之时必须好好调理，果方成也。

感情世界之于"道"的负面影响，那是立足于清修，是个体阴阳唤醒的必要环节。《钟吕传道集》指出："收真一，察二仪，列三才，分四象，别五运，定六气，聚七宝，序八卦，行九洲。五行颠倒，气传于母而液行夫妇也。"这是个体清修中的"液行夫妇"，自家交合。对于白玉蟾"因何末后又拈花"，吕洞宾更有阴阳双修丹学。著名的《敲爻歌》唱道：

纵横逆顺没拦栏，静是无为动是色。边饮酒，也食肉，守定烟花断淫欲。行歌畅咏脂粉词，持戒酒肉常充服。色是药，酒是禄，酒色之中无拘束。只因花酒误长生，饮酒带花神鬼哭。不破戒，不犯淫，破戒真如性即沉。犯淫坏失长生宝，得者须由道力人。道力人，真散汉，酒是良朋花是伴。花街柳巷觅真人，真人只在花街玩。

这是阴阳双修中的道歌。《敲爻歌》中的阴阳双修思想，既开道教南宗双修派之先河，又是道教东西两家的中心话题。后世道教阴阳双修，分为"神交""气交"和"体交"多种途径，其核心仍然是人的情感把握。

唐代道士吴筠的《宗玄先生玄纲论》写道：

故死生于人，最大者也。谁能无情？情动性亏，柢以速死。令其当生不悦，将死不惧，偷然自适，忧乐两忘，则情灭而性在，形殁而神存，犹愈于形性都亡，故有齐死生之说，斯为至矣。

这是唐代以前道教情感论的基本共识。情感于道基本是消极的。基于情感于道的消极性，唐代以前道教的修炼基本是清修。唐代以前，中国有房中术、御女术和养生术，但没有成熟系统的道教双修术。道教双修术是唐末五代钟吕仙道学的产物。道教双修术的出现有三个条件：（1）充分自由的社会环境；（2）情感于道的积极性认知；（3）天仙的普世关怀情感。这三个条件，也只有钟吕仙道具备。正由于此，钟吕八仙的道情戏剧也最为丰富。钟吕八仙之后，对道教的道情戏剧有贡献者，寥若晨星，元代李道纯是其中之一。李道纯《中和集》写道：《礼记》云："喜怒哀乐未发谓之中，发而皆中节谓之和。"未发，谓静定中谨其所存也，故曰中；存而无体，故谓"天下之大本"。发而中节，谓动时谨其所发也，故曰和；发无不中，故谓"天下之达道"。这里已经不是传统上对情感的排斥，而成为情感表现的是否"中节"问题。情感的"中节"，不仅有审美的情感自由活动，也有人类情感的尊严问题，也包括"发无不中"的道情境界（"天下之达道"）。这是李道纯对道情的宝贵贡献，也是重大贡献。这一宝贵贡献和重大贡献，从修炼方式看，源于钟吕双修实践活动；从修炼境界看，源于钟吕的天仙概念和道情呼唤。吕洞宾不仅是妓女的保护神，并且是美女的钟爱者。它们无不突出了一种崭新的天仙道情故事。"二八佳人体似酥"，这是钟吕仙道对"带电肉体"的发现歌吟。"仙花仙酒是仙乡"，"带电肉体"也是仙乡的风景和美景。美女向上一步即天女，藏密叫做空行母。天仙出现，天女和天乡也就呈现。吕洞宾的《沁园春》写道："道要玄微，天机深远，下手忙修犹太迟。蓬莱路，待三千行满，独步云归。""独步云归"的潇洒并无什么丝毫"吹牛"，那是"三千行满"的自然境界。"三千行满"和"八百德圆"，集中体现了天仙的道德境界，集中展现了救世的道情力量。

　　现代心理学大师皮亚杰指出，高级的情感不仅不会与理性价值排斥，并且与想象甚至和信仰相关。"道情"作为一种高级情感，就既与理性价值相容，也和"道"的想象和信仰相关。就历史看，钟吕集中展现了天仙的道德境界和道情戏剧。当代实验心理学进一步研究了感情的诸多现象。对人除了进行表情、姿势等肌肉反应的观察外，还要测定呼吸、脉搏、血压、脑电波以及皮肤所产生的电阻等情况，最后一项特别灵敏，对激动现象的精密分析非常有效。这种现象被认为是因植物神经中枢和交感神经的兴奋，引起皮肤的分泌腺细胞（汗腺、粘液腺）的离子透性增大，以及由分泌物本身的电传导所致，所谓"测谎器"就是依据此理。实验表明，说谎者的皮肤电阻明显变小，修炼者的皮肤电阻又明显趋大（李约瑟《中国科学技术史》第五卷第五分册《炼丹术的发明和发现：内丹》162页，科学出版社，2011年）。这帮助人们理解修炼即修真的道理。关于激动的现代学说有内观的洪德（W.Wundt）、迪奇纳（E.B.Titchener）、力动的弗洛伊德（S.Freud）、行为主义的沃森（J.B.Watson）以及生理学的坎农（W.B.Cannon）等诸学说。坎农认为，激动反应是由皮层下中枢的丘脑下部所支配的。派匹兹（J.W.Papez）还提倡所谓激动回路，认为这是环绕海马、脑弓、乳头体、丘脑前核、带状回的神经回路，在这激动回路中形成了激动体验。吕洞宾的诗歌，特别是《剑仙集》，关于激动的诗篇特别多，那是他的"内观""力动"实现了"道情"的缘故吧。

不消说，当代实验心理学已经能够寻找到"二八佳人体似酥"的许多科学依据。"丘脑前核、带状回的神经回路"也为道教内观提供了前沿科学证据。这让我们觉得，八仙的道情戏剧，看来不仅具有审美真实，不仅具有仙道魅力，并且也具备现代的科研价值。

## 第二节　八仙的意志力量

先秦的《商君书》写道："夫微妙意志之言，上知之所难也。"晋代葛洪《抱朴子·自叙》云："既性暗善忘，又少文，意志不专，所识者甚薄，亦不免惑。"意志是个体自觉地确定目的，并根据目的支配行动的心意状态和奋战过程。欧美思想界第一个突出意志问题的哲人是奥古斯丁。公元354年，奥古斯丁出生于北非。他的母亲是基督教徒，父亲是摩尼教徒。摩尼教由摩尼创立于公元3世纪，它强调的是光明（善）与黑暗（恶）的对立。奥古斯丁的早期著作就叫《论意志的自由选择》。在名著《忏悔录》中，奥古斯丁第一次从他的个人体验中暗示了意志的存在：

现在我就像意识到生命一样,意识到我有一个意志。当我愿意做或不做某事时,我十分确定正是我自己,而不是别人在愿意;正是我,认识到我的罪的原因就在那儿。

奥古斯丁之后,尼采和叔本华的哲学被称为唯意志论。尼采和叔本华的唯意志论着重于批驳黑格尔集大成的欧洲唯理论,仍然是囿于文本的"概念的彩虹"。真正联系人的实际和处境的著作是罗洛梅的《爱与意志》。《爱与意志》更多是病理的消极意志考察,而不是意志的精神世界展示。美国阿伦特的《精神生活·意志》是西方探讨意志的集大成作品。《精神生活·意志》写完的第五天,阿伦特突然离世。《精神生活·意志》一书,就成了阿伦特的遗作,"意志"一词也就成了她的遗言。在《精神生活·意志》一书中,除了第二章中《奥古斯丁:最早的意志哲学家》的专门论述外,书的开始和结尾也多次出现了奥古斯丁的名字,《精神生活·意志》笼罩着奥古斯丁的问题和语境。

奥古斯丁意志论的问题语境有三个主要点:其一,意志论属于实践性的生命问题,尤其存在于生命的精神变化成长。奥古斯丁经历了世俗化—摩尼教—基督教三大精神变化成长,并且都是迫切的当下挑战,而非书斋式的轻松思维。这就是从尼采到海德格尔都无法突破奥古斯丁意志论的基本原因。其二,意志的巨大和信仰的深

华山通仙观

刻成正比，表现为一种大尺度的生命时空，终极指向信仰对象。在《权力意志》中，尼采认为"德国哲学……是思乡的最基本形式，是对希腊基础的收复"。维吉尔是"希腊基础"的歌者，《第四牧歌》中的《女神回来了》表明："从活人的观点看，返回之路是一个真正的开端"（阿伦特《精神生活·意志》235页，江苏教育出版社，2006年）。用基督教的眼光看，即"复乐园"，进入天堂的永恒境域。这种思想，道教不

铁杵磨针

陌生。"道"首先就是一种大尺度的生命时空，乃至是超时空的大尺度生命。进入的方式，《老子》指出的也是"复归"。进入的主体境域被概括为"德"（道家）与"仙"（道教），不消说，"有德者"与"仙家"都是有意志的人，都是意志强大的人。八仙吕洞宾将之比喻为锐利的"道器之剑"。其三，信仰者的意志有"人心"和"天意"两个层面。在比较意义上，"道"就是"天意"呈现，"志"就是为"天意"服膺。具体的中介环节是对师傅的服侍，对纪律的服从，对世界的服务。作为报偿，即修道从意志坚定到无意志，表现为自然状态。这种自然状态，是一种最高的自由境界，是一种精神潇洒。吕洞宾有"酒仙""诗仙"和"剑仙"三种美称。"酒仙"者，和仙境的意志融通；"诗仙"者，和道境的意志栖居；"剑仙"者，和尘界的意志中断。吕洞宾的潇洒形象，就是来自于这种自然状态和自由境界。吕洞宾的《沁园春》写道："蓬莱路，待三千行满，独步云归"，是其潇洒境界；其《百字铭》写道："养气忘言守，降心为不为"，是其自然状态；其"自悠悠，直至今，桃源路。不妨东往，同与登临"，是其自由境界。这种自然状态和自由境

界，有意志的巨大磨砺背景。就《钟吕传道集》看，有《炼形第十四》和《论魔难第十七》。后世道教将之概括为九层炼心：

初层炼心者，是炼未纯之心也。未纯之心，多妄想，多游思。妄想生于贪欲，游思起于不觉。二层炼心者，是炼入定之心也。三层炼心，是炼"来复"之心也。此炼心进气之功也。四层炼心者，是炼退藏之心也。五层炼心者，是炼筑基之心也。此炼心累气之功也。六层炼心者，是炼了性之心也。前此河车转动，聚精会神，则灵根充实矣。此炼心明性之功也。七层炼心者，是炼已明之性也。前此金水河车，仙师名为内炼。此炼心存神之功也。八层炼心者，是炼已伏之心，而使之通神也此炼心成神之功也。九层炼心者，是炼已灵之心而使之归空也。炼虚者，心胸浩荡，众有皆无。清空一气，盘旋天地间。（参阅《天元丹法》119—120页，中国人民大学出版社，1993年）

上述九层炼心，佛教总结为达摩的九年面壁故事。"九层炼心"也罢，"九年面壁"也罢，需要何等坚强的意志力量啊！需要何等坚定的价值信仰啊！必须经过上述的"九层炼心"过程，才有望接近吕洞宾《沁园春》中的"铛煮山川，栗藏世界。有明日清风如此心"的自由境界，才能理解何谓自由意志。而在实践的中途，也就是具体的炼心过程中，意志总是和行动紧密相连，通常称之为意志行动。意志的行动品质，可以归纳为自觉性、果断性、自制性和坚持性四个方面。

先看修道意志的自觉性。修道意志的自觉性是《钟吕传道集》论述最多的。修道不是国家安排的工作，倒是放弃世界中的"到场"。修道也不是家庭支持的事情，倒是影响着家庭的"幸福"。修道是最个人的，是最自我的，也是最需要自觉性的存在方式。修道，对意志的自觉性要求极高。意志的自觉性和认知的水平有关，即和修道的知识有关。《钟吕传道集》作为道书，首先能够提高修道的意志自觉性。修道问题的自觉性，包括三点：（1）生存论的发问具备所有知识系统的优先性。生存论的发问也就是人的自觉性，首先属于人的问题。人既是所有知识系统中的信息发出者也是接受者。如果人的生存论疑虑尚未解决或者得到解释，那么他对知识信息的发出或接受，要么是勉强的，要么是欺伪的，要么意味着残酷和极权。反过来说，生存论的发问往往意味着生命自觉和挑战极权。《钟吕传道集》的叙述形态，即吕洞宾的生存论发问。（2）《钟吕传道集》共18章，由吕洞宾的18个问题和钟离权的回答构成。如果说吕洞宾的18个问题集中体现了修道意志的自觉性，那么钟离权的回答无疑显示了修道知识的严整性。（3）《钟吕传道集》中，在18章——18个大问题之外，吕洞宾还提出了许多"小"问题。《钟吕传道集》可以说问题成堆，其行文风格盖由问题的分析解答推动，它的叙述节奏有内在韵律和问题逻辑，这表征了《钟吕传道集》作为金丹学典籍的原初性和权威性。这种原初性和权威性，即由生存论的发问（吕洞宾）和知识学的解答（钟离权）为根柢支撑。无独有偶，《黄帝内经》和《柏拉图对话》，与《钟吕传道集》完全一致，皆由对话构成，皆是各自领域的原初性和权威性典籍。

修道意志的果断性。《福音》说："犁地而回头的人，不配做我的徒弟。"成语也讲："义无反顾。"吕洞宾的《沁园春》写道："道要玄微，天机深远，下手忙修犹太迟。蓬莱路，待三千行满，独步云归。""下手忙修犹太迟"明确表达了修道意志的果断性要求。修道意志的果断性源于认知的明确性、目标的远大性和价值情感的崇高性。吕洞宾的剑仙美称，与其意志力量的锐利果敢极其相关。

修道意志的自控性也是特别重要的。修道是一个高度自律的个体事业。良好的自控性依赖于：（1）生活的团体。（2）团体的戒律。（3）目标的激励。（4）长期的磨炼。钟吕八仙就是一个修行团体的代名词。钟吕则是它的核心。作为修行团体的核心，钟吕首先的行为特征，即严于律己。严于律己就是修道意志的自控性体现。宗教团体的戒律是众所周知的，叫清规戒律。佛教有"三学"，其"一学"就是"戒律"。道教也同样，吃喝拉撒都有要求。钟吕仙道学的戒律，不是形式教条，而来自修炼的规律。钟吕仙道学的目标很高，是神仙之上的天仙。目标的激励，也是钟吕修炼意志强大的一个根源。

关于修道意志的坚持性，钟吕八仙有着太多的故事经典。比如，钟离权赠吕洞宾："道心不退故传君"，"三千功满"，"九还七返"。铁拐李以瘸子形象在大地上蹒跚独行，就是凭着他的坚定意志。何仙姑以贫女之身拒绝婚姻，挑战父母，从而登仙，就是凭着她的坚强意志。河北的赵州桥以坚实著称，据传其上留下了张果老乘驴路过的足迹。这和达摩影入石壁的道理一样，皆修行的意志力量极其巨大的象征。钟离权十试吕洞宾，主要还是修道意志的坚持性考验。十试吕洞宾，可算是钟吕八仙的"九层炼心"和"九年面壁"吧。它们集中体现了修行意志的坚持力量。基尔凯郭儿说过："归结起来，人类只有骄傲和半途而废两种毛病。如果合并的话，也就剩下半途而废一种毛病。"西西弗斯神话，丘处机磨性山，达摩九年面壁，吕洞宾40年的华山修行，皆修道意志的坚持性典范。禅宗言："达摩西来无一字，全凭心意下功夫。"这里的"心意"，就是"意志"吧。成语说："有志者，事竟成！"这里的"志"，指的就是"意志"吧。

## 第三节　八仙的思想世界

法国雕塑家罗丹有名作《思想者》。相对于罗丹的《思想者》，现代中国的"思想者"既太学院气了，也太纤弱化了。受史官道统和欧美哲学影响的各种《中国思想史》，更是只见"文籍"不见"文本";只有"官腔",罕闻"人声"。而从"文本"向"道本"的跨越,从"官腔"文籍朝人道世界的追求,迄今难见学者们的自由洞见和实践努力。"思想"甚至成为学问中的"黄金",只能国库储存,伟人独享。还是瞧瞧罗丹的《思想者》吧!那健硕的体魄,显然来自大地上艰苦的生命劳作;那幽深的眼神,显然思索着文本之外的人本和道本;那微曲的身影,显然不是国库"黄金"的负荷所致。中国的思想者,你在哪里?钟吕八仙不就是"思想者"吗?对呀。现行各种《中国思想史》有他们的影子吗?为什么没有他们的影子呢?

其一,现行的各种《中国思想史》囿于文籍概述和文献叙述,连文本的系统分析都少见。文籍和文献的来源又太单一化,即史官和官史。钟吕八仙在史官和官史的文籍和文献中,几乎没有影子。其二,钟吕八仙不是以官史的文籍和文献记载建立自己的人本位置,而是以《钟吕传道集》诸文本矗立了他们的道本权威。其三,《钟吕传道集》诸文本,作为道本记录,首先包蕴着"道"的本事和逻辑。"道"对文字的拒绝天性,《老子》叫做"道隐无名";"道"和"名"之间的两重性和辩证法,使《钟吕传道集》和《中国思想史》处于严重的冷战境况。近年卿希泰主编的《中国道教思想史》,已经开始有了对钟吕丹学的专门叙述。尽管有限,它毕竟是报春的燕子。钟吕八仙,既然已经走进了《中国道教思想史》,走进《中国思想史》的日子应该不远了。毕竟,按照鲁迅先生的思想,道教是中国的根柢啊。

钟吕八仙能否走进《中国思想史》,一个重要问题便是对"思想"的理解。黑格尔《哲学史讲演录》第二卷写道:"当主体反思到神、反思到绝对的时候,便产生出思想,有了这种内容在眼前。"就中国思想而言,"神"更多的时候是用"天"表达,"天"取代"神",是思想取代信仰的重要标志。在中国思想世界,"天"即

"神和绝对"的概括和象征;"主体反思到神、反思到绝对",即"天人关系"的思考。因之,我们的思想翅膀既不能让史官传统的国库天花板挡住,也无法让罗丹《思想者》般的江湖高人拦住,尽管毛泽东主席曾经慷慨地邀请过农民朋友。我们希望回到传统,回到《史记》,回到史官和官史之祖。我们选择《史记》作者司马迁的主题思想标尺:"究天人之际、通古今之变、立一家之言。"此三者,是思想的重要标尺,是思想者的重要使命。按此三者,钟吕八仙无疑是中国的重要思想者,有一个丰富的思想世界。

先说"立一家之言"。《钟吕传道集》和《灵宝毕法》是钟吕的代表作。清代刘体恕编的《吕祖全书》有50万字,今人陈全林编的《新编》有100万字。我们这里暂时不涉及那些无聊而貌似高深的"托名""辨伪"学问,《吕祖全书》归之于钟吕学派总可以吧。《吕祖全书》的真正研究,将是未来几代人的任务和事业。仅以"立一家之言"的思想标准而言,钟吕八仙走进《中国思想史》不仅具备条件,而且条件充分。钟吕并称,已经是学界的共识习惯。钟吕并称的原因,在于钟吕共同创造了自己的仙道学术,一般称为钟吕金丹学。这意味着,钟吕不仅"立一家之言",并且立了一个思想学术世界。

再看"通古今之变"。道教《灵宝经》是道教经籍中最具有历史意识的文献。钟吕的《灵宝毕法》即由道教《灵宝经》转化创新而来。这种关系,使得钟吕丹道对"古今之变"的历史有三大贡献:其一,黄老之学,由于钟吕丹道,既获得了古史的溯源内涵,也获得了道史的精神境界。其二,钟吕修道之前,一个是将军,一个是儒士。此种人生履历,既恢复了儒道互补的原初历史,也让他们自身成为儒道互补的人格代表和最高象征,并决定了他们身后思想文化的历史声音。其三,钟吕丹道,道法术兼备,理论和实践共存。道法术的交替更迭,即道教"古今之变"的历史概貌,也是中国历史的重要侧面。唐宋之后,钟吕丹道不仅成为道教的主流法派,而且是中国思想文化的深沉支撑。

现在我们看思想家应该具备的最重要标尺——"究天人之际"吧。钟吕唐朝之前,"究天人之际"的重要著述有三部:《周易》《老子》和《史记》。《周易》提出的"天地人""三才之道",极大地塑制了中国人的思想战略和战略思想。从诸葛亮的"上知天文,下晓地理,中通人情",到唱遍神州的"东方红,太阳升,中国出了个毛泽东",皆是"天地人""三才之道"的文化踪迹。《老子》云:"天大,地大,道大,王亦大。域中有四大,而王处其一焉",是《周易》之后再一次突出"天地人",尤其突出"道大"的卓越思想。《史记》作为史书,既以"究天人之际、通古今之变、立一家之言"明确了中国人

清宇世界

的历史主题，也以《封禅书》《天官书》等专门论述了"天人之际"。与前人相比，钟吕仙道学中的"天人之际"问题，最大的推进便是系统化与具体化。系统化与具体化的一个特征是层次性。《钟吕传道集》的开篇两章分别是《论真仙第一》和《论大道第二》，如是，将钟吕学术以仙道学名之，可谓宜哉。从第三章开始，《钟吕传道集》以"天地""日月""四时"和"五行"四个层面，详细论述了"天人之际"的丰富关系。《钟吕传道集》不仅让我们相信"天人之际"有关系，并且让我们知道了"天人之际"有着怎样的具体关系。其中《论四时第五》以现代相对论的时间观念让人们知道了"天人之际"，还存在着一种极为特别的时间度规关系，如今已有学者将之称为"时间攒簇理论"（张广保）。

概括起来，《钟吕传道集》中的"天人之际"，存在着五种基本关系：（1）统一关系。"天人之际"的这种统一性关系即来自于"道"。钟吕概括为："上、中、下列为三才；天、地、人共得一道。"（2）由"道"而来的同构关系。《论天地第三》指出："大道无名，因彼之所有而为名。天地得之，而曰乾坤之道。日月得之，而曰阴道阳道。人若得之，朝廷则曰君臣之道，闺门则曰夫妇之道，乡党则曰长幼之道；庠序则曰朋友之道，家室则曰父子之道。"（3）由"道"而来的阴阳关系。《论日月第四》指出："天地之机，在于阴阳之升降。一升一降，太极相生。相生相成，周而复始。不失于道，而得长久。若比日月之躔度，往来交合，止于月受日魂，以阳变阴。阴尽阳纯。月华莹净。当此时，如人之修炼，以气成神，脱质升仙，炼就纯阳之作也。"（4）由"道"而来的位格关系。《论四时第五》指出："道生二气，气生三才，三才生五行，五行生万物。万物之中，最灵、最贵者，人也。惟人也穷万物之理，尽一己之性。穷理、尽性以至于命，全命、保生以合于道，当与天地齐其坚固，而同得长久。"由于"人之一日如日月之一月，如天地之一年。"在钟吕看来,"大道长养万物,万物之中,最灵最贵者,人也"。在"大道长养的万物"中,人处于最高的存在论位格。这种认识,和《哈姆雷特》中"宇宙之精华,万物之灵长"的人性定义是高度一致的,并早了500多年。尤其注意者,钟吕既把人的存在置于"万物之中,最灵最贵者"的位格地位,却毫无英格兰王子的贵族气息,并因此被欧美学者誉为"妓女的保护神"。(5)由"道"而来的天人关系,或自由选择关系。"大道长养的万物",处于变动不居的化境,人也处于变动不居的化境。就五仙而言,人可以成为天仙,也可能变成鬼物。在《钟吕传道集》《论真仙第一》,"人"本身兼备着最高位格,天人位格和自由选择位格。由于"大道长养万物,万物之中,最灵最贵者"的特殊位格,人就不是"大道长养万物"中的"一物",而是"最灵最贵者",是"道"的敞示者和切近者。作为"道"的敞示者和切近者,"天"和"人"的关系,不仅是统一的,而且是同一的;"天"和"人"既是互敬的对方,更是相爱的对象。由"道"而来的这种天人关系,本质是自由选择关系,也是美好幸福关系。正是由于这种天人关系,也才有"天人"概念和"天仙"出现。钟吕作为历史中的"天人"和"天仙",也让历史进入了"天人"和"天仙"的道境。用洛维特《世界历史和救赎历史》一书的眼光来看,如果说"天人"中的"人"更多属于"世界历史",那么"天人"中的"天"就更多属于"救赎历史"——前提当然是,人自己必须认识到:中国文化传统里的"天",既是天文学也是上帝论,绝不仅仅是一个物理或物质性的东西啊!如果我们大家都成了"唯物论者",也就不必看《钟吕传道集》和《灵宝毕法》了。这并不表示,我们选择了"唯心论者"的立场。"唯物论"和"唯心论",在"仙道"的思想面前,完全是小儿科。阅读《钟吕传道集》和《灵宝毕法》,是中国思想者的至福!它是"仙"的著述,它是"道"的文本,它有钟吕仙道学完整的思想世界。

## 第四节 "三宝"与道的科学基础

《高上玉皇心印妙经》写道：

上药三品，神与气精，恍恍惚惚，杳杳冥冥。人各有精，精合其神。神合其气，气合其真，不得其真，皆是强名。神依形生，精依气盈，不凋不残，松柏青青。三品一理，妙不可听，其聚则有，其散则零。

《高上玉皇心印妙经》有许多注解者。从注解者有文昌帝，吕祖等署名看，它属于道教早期经籍。从内容看，其中的"恍恍惚惚，杳杳冥冥"，"出玄入牝，若亡若存。绵绵不绝，固蒂深根"和"不得其真，皆是强名"，显然与《老子》有关；而开篇的"上药三品，神与气精"和"三品一理，妙不可听"，似乎与汉武帝时期的"三一神""太一崇拜"有关。它的《高上玉皇心印妙经》命名，既与佛教《心经》的翻译有关，也和道教产生后的玉皇信仰有关。综上所述，《高上玉皇心印妙经》应该是魏晋南北朝期间的道教经典。它的开篇"上药三品，神与气精"和"三品一理，妙不可听"，在道教历史上首次旗帜鲜明地将"神与气精"钦定为道教修炼学的"上药三品"。"神与气精"，作为道教炼丹术崇高形象的"三宝"概念，即由此而来。如果说"高上玉皇"是道教的神学信仰，是"心印"的灵宝本源，那么"神与气精"的"三宝"就是仙道的生理学基础，是生命的科学来源。

从历史渊源看，道教内丹学的精、气、神概念乃发端于先秦哲学与医学。《周易·系辞上》说："精气为物，游魂为变，是故知鬼神之情状。"意思是说，精致的气凝聚而成物形，气魂游散而造成变化，考察物形的变化，就能够知晓"鬼神"的真实状态。在先秦哲学中，不仅有"精气"的概念，而且有"精神"的概念。《庄子·列御寇》用"精神"描述"至人"的生命状态。战国时期的《黄帝内经》既使用"精气"概念，也使用"精神"概念。先秦哲学与医学的"精神"和"精气"概念，被道教所吸收，进而重组而成"精、气、神"的三位一体性概念，支撑着整个仙道学术的思想大厦。鉴于它们的关键性和根基性，道教内丹学非常恰切地称"精、气、神"为人体生命的"三宝"，其实它也是整个仙道学的"三宝"！

"精"指的是构成人体生命组织的精华，这是仙道和医道都有的共同知识。仙道告别医道之处，就在于：仙道学的"精"，有先天和后天之区分，有"元精"和"浊精"之区别。"先天之精"，既是生命的根源，也是宇宙的根源。这就远远超出了医学生理性的范围。"先天之精"是与生俱来的，所以又叫做"元精"。它是本原性的精华。"后天之精"，指的是人在性交前后所牵连的精液，也称为"浊精"。"浊精"有些微的道德倾向，主要还是一种客观表述："浊"者，精液里有"虫"、细菌和微小生命了。与"精"对应，"气"也有先天与后天的区分。"先天之气"是人体原发性的"气"，故有"元气"之称。它体现了先天原火灵力的推动，所以一些仙道著作也写作"炁"。"炁"底下四点，表示火在下燃烧。这种带"火"之"炁"，是生命的原动力，藏密叫做"拙火"与"灵热"，文学则有爱情之火的表达。西班牙的十字若望有本神学名著，即《爱情的烈焰》。至于"后天之气"则好理解：中药学有"卫气""营气"，我们整天的呼吸气、心情不好的生气，都是"后天之气"。我们生命的"后天之气"，直接和宇宙空间的空气和外气相连，那么，珍惜环境吧，守护宇宙吧。呼吸气、"卫气"和"营气"作为"后天之气，是须臾不可少的，它必须通过"神火"的温养才能成为内丹修炼的"元气"，即"先天之气"。在仙丹学中，"神"也有先天与后天之别。"后天之神"指的是"识神"。我们的思维、念头就是"后天之神""识神"。它的作用是认知与分别。老子《道德经》中的"为学日益"讲的就是"识神",相当于佛教的"六识"概念。就内丹修炼来讲,依靠"先天之神"对"后天识神"的观照,就是观道。道教的修炼场所就叫道观,也是源于这种观道活动。"先天之神"又叫"元神"。它就是人本来的自我灵性和慧光。元神之观照,是一个减损识神的过程,老子《道德经》称作"为道日损",就是努力排除识神的干扰,从而进入无为的灵性直觉状态。

钟吕对道教精、气、神"三宝"思想的创新和贡献有三点:其一,是"精、气、神"的先后天区分。其二,是"精、气、神"修炼学模式的提出。其三,是"精、气、神"修炼的实验学贡献。先看"精、气、神"的先后天区分。众所周知,易学研究中有先天一派,先天派的旗帜人物是陈抟。据学者们考辨,陈抟先天图得之于钟吕丹道学。钟吕丹道学的先天概念,归结起来有五个来源。首先,《老子》明确指出:"道"是"有物混同,先天地生"。其次,唐朝崔希范《入药镜》写道:"先天炁,后天气,得之者,常似醉。"吕洞宾《指玄篇》说:"因看崔公《入药镜》,致使心头转分明。"其三,"三一神"和"太一崇拜"是道教源远流长的重要信仰。"三一神""太一崇拜"和"三五一"数术,只有在先后天的理论视野,才能够讲清楚:在先天,它们是"一"和"太一";在后天,它们才有"三"或"五"的区分。《灵宝毕法》在《朝元炼气第八》写道:

> 金诰曰:自一气生真,一真一因土出,故万物生成在土,五行生成在一。真元之道,皆一气而生也。玉书曰:一三五七九,道之分而有数;金木水火土,道之变而有象;东西南北中,道之列而有位;青白赤黄黑,道之散而有质。数归于无数,象反于无象,位至于无位,质还于无质。欲道之无数,不分之则无数矣;欲道之无象,不变之则无象矣;欲道之无位,不列之则无位矣;欲道之无质,不散之则无质矣。无数道之源也,无象道之本也,无位道之真也,无质道之妙也。

其四，佛教禅宗的理论对话。佛教禅宗的理论精华，即般若智慧，即18空概念。般若宗即叫做"空宗"。般若的"空宗"直接指向先天。吕洞宾和禅宗的交往是大量的。钟吕仙道学对先天的强调与禅宗有关，当然，也与唐代炼丹实践的惨重教训直接有关。唐代炼丹失败的教训，一言以蔽之，即都是在后天世界转悠。有鉴于此，陈抟拿出了先天图，并不惜直接向周孔挑战。南宋张栻评价陈抟《正易心法》说：

呜呼！此真麻衣道者之书也。其说独本于羲皇之画，推乾坤之自然，考卦脉之流动，论反对变复之际，深矣，其自得者欤。希夷隐君实传其学。二公高视尘外，皆有长往不来之愿，仰列御寇、庄周之徒欤。……希夷述其说曰：学者当于羲皇心地上驰骋，无干周、孔脚迹下盘旋。

陈抟的先天易学，已经明白无误地挑战了周孔等儒家官方圣人。陈抟高隐华山，明智而深沉。陈抟的先天易学，和钟吕的先天道学，关系极为密切。钟吕的隐世，同样明智而深沉矣！

其五，"先天"的强调来自于钟吕自身一生的修炼实践总结。它的集中体现，就是炼精化气，练气化神，炼神还虚，炼虚归道这一修炼模式的概括总结。《钟吕传道集》中《论四时第五》写道：

身中用年，年中用月，月中用日，日中用时。盖以五脏之气，月

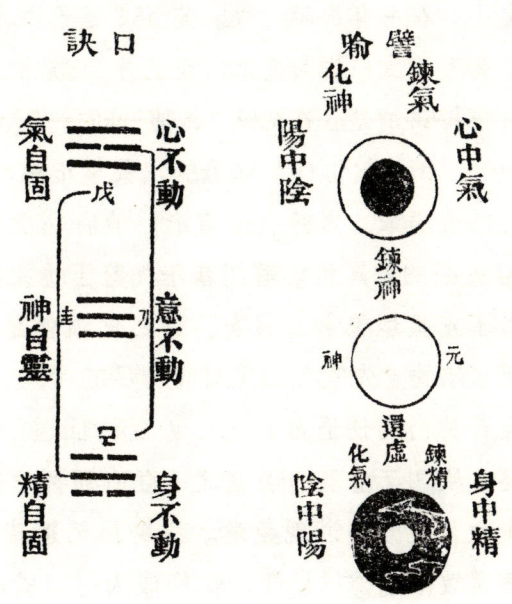

"三宝"炼丹图

上有盛衰，日上有进退，时上有交合。运行五度而气传六候。金、木、水、火、土，分列无差。东、西、南、北、中，生成有数。炼精生真气，炼气合阳神，炼神合大道。

《论铅汞第十》写道：

气变为精，精变为汞，汞变为砂，砂变为金丹。金丹既就，真气自生，炼气成神而得超脱。化火龙而出昏衢，骖玄鹤而入蓬岛。

《论还丹第十三》写道：

吕曰："炼形成气，炼气成神，炼神合道，未敢闻命。所谓还丹者，何也？"钟曰："丹乃丹田也。丹田有三：上田神会、中田气府、下田精区。精中生气，气在中丹。气中生神，神在上丹。真水真气合而成精，精在下丹。奉道之士莫不有三丹。"吕曰："玄中有玄，一切之人莫不有命。命中无精，非我之气也，乃父母之元阳。无精则无气，非我之神也，乃父母之元神。所谓精、气、神乃三田之宝，如何可得而常在于上、中、下三宫也？"钟曰："肾中生气，气中有真一之水。使水复还于下丹。则精养灵根，气自生矣。心中生液，液中有正阳之气。使气复还于中丹，则气养灵源，神自生矣。集灵为神，合神入道，以还上丹，而后脱。"

其中，"元阳"和"元神"即指先天的"气"和先天的"神"。

"精、气、神"修炼的实验学贡献，集中体现在《钟吕传道集》的最后两章。《钟吕传道集》最后一章，题目即《论证验第十八》。20 世纪的德国哲学家胡塞尔，鉴于传统形上学的尴尬窘境，被迫提出了先验现象学。其实，钟吕仙道就是一种灵智论的先验现象学。胡塞尔的"先验"思想对应钟吕的"先天"，胡塞尔的现象学概念对应着钟吕的仙道证验论。钟吕将仙道的证验现象，归结成 18 种小类，从"炼精"的现象学一直追溯到"还虚"的先天性，构成一种极为经典的仙道现象学。《钟吕传道集》和《灵宝毕法》的出现，使道教修炼学从思辨的信仰成为可证验的道术，从高深的神学成为朴素的科学。什么是科学？"科技"并称，科学首先和技术相连。"道术"的概念，是道教区别其他宗教信仰的鲜明特点，也是道教对信仰伟大的实验学贡献。这是钟吕的历史功绩。除了"技术"支撑外，"科学"的理论特征有两个：公理化与构造性。道教思想的公理化与构造性特征也是其他宗教无法相比的。从修炼学看，炼精化气，炼气化神，炼神还虚，炼虚归道的修炼模式，首尾衔接，循序渐进，由低到高，具备系统的严整性和形式美。"道"为"一"，"精、气、神"三宝；三一崇拜，三五一理论；六合八圆，七转九返，使得道教的思想理论，具有高度的构造性和公理化特征，并且创造出绝无仅有的数术风格和数理模式。从历史渊源看，如果说和《易经》阴阳五行的融合，使得道教著述获得了数术风格和数理模式；那么，和《黄帝内经》祖国医学的融合，又使得道教学术获得了实验特征和法术风格。如果说魏伯阳的《周易参同契》是道教著述数术风格和数理模式的首创者和代表；那么，《钟吕传道集》的最后两章，尤其最后的《论证验第十八》就是道教学术的实验特征和法术风格的首创者和代表。道法术结合的实验特征和操作风格，思想的公理化与构造性特征，使道教最有希望与现代科学相结合，使道教的信仰最有可能成为"科学"。像日、月、星照耀大地一样，"精、气、神"三宝，也是道教成为科学的重要基础。

## 第五节　"三元"与道的神学信仰

20多年前，徐兆仁主编的《东方修道文库》有《天元丹法》一书。此书收录的两篇丹法是《中和集》与《性命圭旨》。《中和集》归类于"天元丹法"，准确与否可以讨论。按照钟吕丹道学，《中和集》可以归于"地元丹法"，或者归于"人元丹法"，而恰恰不属于"天元丹法"。道教著述中，"三元"有时指天、地、人的三元之气，有时指上、中、下的三元丹田，有时也指人类的元精、元气、元神，或者天文的日、月、星。

道家著作原无"三元"之说，但是古代历法家以农历正月初一为年、月、日之始，称三元日。此日为"岁之元，时之元，月之元"，此"元"当系开始之意。我们今天把公历的新年第一天，叫做"元旦"。古术数家以60年为一甲子，第一甲子为上元，第二甲子为中元，第三甲子为下元。180年为"天地一变"之周始，合称"三元"。大约在北周末年成书的道教类书《无上秘要》中，"三元"一词已见著录。该书卷二十七《上清神符品》引《洞真三元玉检布经》称，受佩"三元玄坛玉检紫文"之人，佩身九年，就有可能"乘三元之轺，上升三元之官"。该经收入《道藏》洞玄部本文类，全称《上清三元玉检三元布经》。该经所称"三元"，指的就是天、仙、地，即《上元玉检检天大录》《中元玉检检仙真书》《下元玉检检地玉文》。附有《三元内存招真降灵上法》，其内存之神为"太素元君"以及她的三个女儿紫素元君、黄素元君、白素元君，三女神又合称为"三素元君"。故上清派的"三元"并非指天地水三官。《无上秘要》卷五十二有《三元斋品》。据此，南北朝时期已开始将"三官"和"三元"联系在一起。

宋曾慥编撰的《道枢》卷三十有《三元篇》，其

三家相见图

"三元"所指"上元者首以上属焉；中元者，首之下脐之上属焉；下元者，脐之下腰之上属焉"。"人有三元，三元塞则六气乱矣"；"三元之中，中元其最尊者也"；"上气入既足，若动而不动于恍惚之间，自然结成寄于气海，故中元注于下元之珠，元气斯定矣。中元者，阳也，雄也；下元者，阴也，雌也"；"中元守乎下元，左白右黑，合而为一"；"外气不入，内气不出，与天地同和，其寿无涯焉"。宋代张君房编撰的《云笈七签》卷五十六《元气论》称："混沌分后，有天地水三元之气，生成人伦，长养万物。人亦法之，号为三焦、三丹田，以养身形，以生神气。"将人体的三丹田称为"三元"是道教内丹术的说法。《云笈七签》卷三《道教三洞宗元》中，"三元"又有宇宙和道教经籍起源的意思，称"原夫道家由肇，起自无先，垂迹应感，生乎妙一，从乎妙一，分为三元，又从三元变成三气，又从三气变生三才。三才既滋，万物斯备。其三元者，第一混洞太无元，第二赤混太无元，第三冥寂玄通元"。从三元中又分别化生出天宝君、灵宝君、神宝君。三君分别居于玉清境清微天，上清境禹余天，太清境大赤天。此三君各为道教教主，即三洞之尊神。《云笈七签》卷五十六《元气论》中的"混沌分后，有天地水三元之气"，显然是南北朝时期道教上清派"三官"和"三元"学说的混合。其与三丹田和三清的连接配合也存在明显混乱。上中下三丹田只能对应天地人，而无法和天地水对应；玉清境清微天，上清境禹余天，太清境大赤天的"三清"既然是以"天"的范畴划分，无论如何扯不到"地"。《钟吕传道集》写道：

奉道之士，当以深究之而勿执在外丹与丹灶之术。且夫人之铅也，乃天地之始，因太始而有太质，为万物之母。因太质而有太素。其体也，为水中之金；其用也，为火中之水。五行之祖而大道之本也。既以采药为添汞，添汞须抽铅，所以抽添非在外也。自下田入上田，名曰肘后飞金晶，又曰起河车而走龙虎，又曰还精补脑而长生不死。铅既后抽，汞自中降，以中田还下田。始以龙虎交媾而变黄芽，是五行颠倒，此以抽铅添汞而养胎仙，是三田返复。真气既生，炼气成神。功满忘形而胎仙自化，乃曰神仙。（《论抽添第十一》）

"三田返复""自下田入上田""以中田还下田"，指上中下三丹田。"三田不返复"，只能是人仙；"五行不颠倒"，只能是地仙；如果"三田返复""五行颠倒"，便是神仙；如果神仙传道人间，即为天仙。神仙和天仙乃是地仙的两种不同选择："地仙厌居尘世，用功不已，而得超脱，乃曰神仙。地仙厌居三岛而传道人间，道上有功，而人间有行，功行满足，受天书以返洞天，是曰天仙。既为天仙，若以厌居洞天，效职以为仙官：下曰水官，中曰地官，上曰天官。""水官，地官，天官"乃是三种不同的仙官，《云笈七签》卷五十六《元气论》中的"混沌分后，有天地水三元之气"，即源于此。"天地水"三种仙官的名称，不是"三元之气"。道教"天地水"三官学说，与佛教水陆法会有关。"三元之气"对应的是上中下三丹田和天地人三才之道；从仙道学角度，"三元"即人仙、地仙和神仙（天仙）。修炼人仙、地仙和神仙（天仙）的方法，就叫人元丹法、地元丹法和天元丹法。

《钟吕传道集》写道："人仙不出小成法，地仙不出中成法，神仙不出大成法。是此三成之数，其实一也。用法求道，道固不难。以道求仙，仙亦甚易。"吕曰："法有三成而仙有三等者，何也？"钟曰："法有三成者，小成、中成、大成之不同也。仙有五等者，鬼仙、人仙、地仙、神仙、天仙之不等，皆是仙也。鬼仙不离于鬼，人仙不离于人，地仙不离于地，神仙不离于神，天仙不离于天。"

"法有三成"就是《灵宝毕法》的主题，和传统道教的三元思想有明显关联。《灵宝毕法》分上中下三卷。上卷将讲《小乘安乐延年法》，中卷讲《中乘长生不死法》，下卷讲《大乘超凡入圣法》。合在一起，即构成天、地、人的三元丹法，其与三丹田的修炼关系有详论。从本质看,"仙"不离"道",而"道先天地生"。敢称人仙,必须讲出人类的起源和本体;敢称地仙,必须讲出地球的起源和本体;敢称天仙,必须讲出天体的起源和本体。三元丹法,岂容易言哉?就我们的认识水平而言,它更多是一种与先天之道紧密相关的神学信仰,更多是一种关乎信仰的先天派的仙道学。

## 第六节 "天仙"与古典灵宝学

钟吕有两大基本著作,其一就是《灵宝毕法》。作为当代道教龙门派传人,20世纪80年代,王立平先生的主要气功法本仍然命名为《灵宝通智能内功术》。钟吕的《灵宝毕法》系古《灵宝经》整理创新而来,《灵宝经》属于道教早期经典。从汉魏以降的古《灵宝经》到唐末五代的《灵宝毕法》,再到20世纪的《灵宝通智能内功术》,似乎隐约而坚韧地浮动着华夏民族的灵宝救恩史,似乎存在着一部中国人的《达·芬奇密码》——古典灵宝学。

《灵宝经》有古今之别。古之《灵宝经》即《灵宝五符经》,又叫《五符经》;今之《灵宝经》即《灵宝无量度人上品妙经》,也叫《度人经》。《云笈七签》收录的《灵宝略纪》写道:

过去有劫,名曰龙汉……有大圣出世,号曰元始天尊。以《灵宝》教化。其法兴显,具如上说。赤明经二劫,天地又坏,无复光明。具更五劫,天地乃开。太上大道君……坐于枯桑之下,精思百日,而元始天尊下降,授道君《灵宝》大乘之法十部妙经。元始时仍住其国长乐舍中,普为时俗人天开畅大法。……在昔帝喾时,太上遣三天真皇馈《灵宝五篇》真文以授帝喾,奉受供养,弥其年稔,法箓传乎世。帝喾将仙,乃封之于钟山。钟山在西北弱水之外,山高万五千里。至夏禹登位,乃登名山巡狩,度弱水,登钟山,遂得帝喾所封灵宝真文。故智者美其迹,真人知其灵。禹未仙之前,乃复封之，镇乎北岳及包山洞庭之室。……自尔相承，世世录传。至三国时，吴主孙权赤乌之年，有瑯琊葛玄，字孝先……玄多灵应，年十三，好慕道德，纯粹忠信。举孝廉，不就。弃荣辞禄，志尚山水。入天台山学道。精思遐彻，未周一年，感通太上，遣三圣真人下降，以《灵宝经》授之。（参阅《云笈七笺》第13—14页，华夏出版社，1996年）

围绕《灵宝经》的历史研究，学界一般认为，葛洪的《遐览》篇所录之书出自其师郑隐所藏，证明在郑隐、葛洪之前，确有《灵宝经》问世。现《正统道藏》所存《太上灵宝五符序》卷上，亦载有上述授经故事，所述《灵宝经》渊源大致与《越绝书》《抱朴子·辨问》之说合，只是略有增益，其书名亦同于《越绝书》之《灵宝五符》。据刘师培《读道藏记》考证，此序及文与北周甄鸾《笑道论》及《御览》所引《五符经》文合，证明它确是古《五符经》。此《太上灵宝五符序》共三卷，只上卷之首段方为序文，其余为经，现将三卷皆标作序，"乃标题之讹也"。刘师培又据《太上灵宝五符序》卷上之《五帝官将号》章，详析五方帝名及五色。《太清五始法》章以"五藏、五常配五行，并及孤虚王相之法"认为"均汉人遗说，即出自汉季，亦未可知"。由上可见，在东汉末，至迟到汉、魏之际，已有"灵宝经"如《灵宝五符经》的出现，只是道士们为了神秘其书，将其托为夏禹或帝喾所授或所传。敦煌古灵宝经的发现，给道教带来新的研究活力。王承文的《敦煌古灵宝经与晋唐道教》是这方面的突出成果。

第一，学术界长期以来重视的是六朝至隋唐道教宗派之间的差异和分野，而本书第一次揭示了古灵宝经教义思想鲜明的整合特征及其对隋唐道教统一的经教体系形成的重大意义，在一定程度上突破了现有中古道教史按道派来划分的格局。第二，以往的研究强调东晋南北朝灵宝派与汉魏道教特别是传统天师道之间的区别和分野，本书则通过一系列专题研究，证实了古灵宝经对汉晋天师道传统的具体继承和创造性发展。第三，灵宝经以其浓厚的佛教色彩而著称，国际学术界长期以来重视印度佛教对灵宝经的影响。而本书则尤为重视揭示和证明古灵宝经的"文化本位意识"，并由此进一步阐发陈寅恪关于"道教之真精神"的著名论断。

作为道教早期经籍，《灵宝经》所体现的"道教之真精神"，可归结成五个方面：其一，天地起源意识。"经一亿劫，天地乃开，劫名赤明。"其二，远古的华夏历史意识。这是《灵宝经》的最突出特征，也是最有意义的特点。它既是天地起源意识的人类延伸，也是华夏本位文明的自觉描述，还是与道家著述如《老子》的重要区别点。其三，深厚的道统意识。"后其子夫差嗣位，乃登劳山，复得之。奉崇供养。自尔相承，世世录传。"其四，自觉的天命意识。"入天台山学道。精思遐彻，未周一年，感通太上，遣三圣真人下降，以《灵宝经》授之。"其五，普世宗教的救赎意识。众所周知，《尚书》记载的中国历史，以中古三代的尧帝开始。并且，宋明儒家继承孔子"郁郁乎文哉，吾从周"，仍将夏商周三代作为理想社会。受道家影响，司马迁《史记》的开篇为《黄帝本纪》，比《尚书》记载的中国历史要长。司马迁《史记·黄帝本纪》记载的历史，直到明清，一般当做神话传说；直到民国时期的"古史辨"，对古史的解构到了最高潮。而今，众多现代考古成果，比如西安半坡遗址的发掘，已经完全证实了《黄帝本纪》历史的真实性。《史记》之后，对黄帝文明的记载传播主要是道家和《道藏》。可以说，《道藏》有一部完整的"黄帝本纪"。在灵宝意义上，《道藏》就是一部"黄帝本纪"。道家学说被称为黄老之学，并不偶然。

研究者们注意到《老子》的两个特征：(1) 不谈历史的具体事件。(2) 甚少涉及神鬼概念。不谈历史的具体事件，对于一个周朝史官，委实令人惊诧。甚少涉及神鬼概念，对于一个道教祖师，同

元神出壳化身图

样令人惊诧。作为一个周朝史官,不谈历史的具体事件,我们推测,理由可能有两个:其一,西周开始了历史歌颂和歌颂历史。孔子《诗经》三学之一即"颂"。老子是周朝史官,知晓具体的历史,因而不谈。其二,《老子》的写作带有明显的勉强性和境域性,根本不具备谈论历史事件的语境。作为道教祖师,《老子》甚少涉及神鬼概念,理由可能也是两个:其一,历史的真实情况是,统治阶层口谈神鬼,实际却是残酷和野蛮的社会统治逻辑。老子同时的印度如此,希腊如此,中国同样如此。其二,"神鬼之事,吾也难明。"《老子》写作的勉强性和境域性使之根本不存在谈神鬼事件的语境。老子之后,《庄子》就充分谈论历史的具体事件。《庄子》对具体历史的批判态度，让人们理解了《老子》对一般历史的沉默立场。《老子》之后，道教就充分谈论神鬼的具体事件。道教对神鬼具体事件"怪、力、乱"的庞杂叙述让人们理解了《老子》对神鬼具体事件"不言而言"的辩证智慧。《庄子》中有"黄帝遗珠"的记述。"黄帝遗"的"珠"是什么？即"灵宝"。在道教视野，黄帝不仅问道于广成子，并且问兵于九天玄女，还学法于西王母和东王父。在官方正史视野，"黄帝遗珠"在《史记》是以"国鼎"传承体现的。《灵宝经》有"精思遐彻，未周一年，感通太上，遣三圣真人下降"，是以《封禅书》表达的。道教《灵宝经》表现的，就是华夏历史中的救恩事件，就是救恩视野下的华夏历史。道教《灵宝经》区别于《史记封禅书》的，便是将"灵宝"从政治解放，还给生命；从帝王救出，还给个人。而它的救恩普世意义更被发扬光大，《灵宝经》也叫《度人经》，就是这个道理。

　　道教《灵宝经》的主题，是华夏历史中的救恩踪迹。《灵宝毕法》的出现，又是道教《灵宝经》历史中的解救事件。《灵宝经》中的历史救恩事件，一来遥远，二来神秘，三来离奇，很难取信于广大民众。《灵宝毕法》尽管继承了古《灵宝经》的叙述格局，却将灵宝信仰完全诉诸个人的内在觉悟和验证。蒙培元先生将钟吕比作佛教的禅宗慧能，可谓卓见！可以说，由于钟吕的《灵宝毕法》，华夏古典灵宝学最终宣告完成。

　　其一，《灵宝毕法》是《钟吕传道集》的姊妹篇和下篇，"道"首先是华夏古典灵宝学的信仰和主题。其二，华夏古典灵宝学的信仰和历史，作为普世救恩史，有其一贯的超越性和神秘性，对它的悟入有赖于人的境界。这种境界，即"仙"。"仙"也就是华夏古典灵宝学的主体认信境域。其三，仙道学即古典灵宝学的中心内容，灵宝学却是古典仙道学的特殊内涵。在古典灵宝学中，无论它的

"灵宝"概念，还是它的"度人"意向，皆与基督教最为接近相似。华夏古典灵宝学的现代意义，即和基督教的对话互动。就《灵宝毕法》而言，"天仙"概念的提出，具有关键意义。

《钟吕传道集》写道：

地仙厌居尘世，用功不已，而得超脱，乃曰神仙。地仙厌居三岛而传道人间，道上有功，而人间有行，功行满足，受天书以返洞天，是曰天仙。

《灵宝毕法》写道：

或如登七级宝塔，或如上三层琼楼，其始也，一级而复一级，七级上尽以至顶中，辄不得下视，恐神惊而恋躯不出。既至七级之上，则闭目便跳，如寐如寤，身外有身。形似婴儿，肌肤鲜洁，神采莹然。

或行满而受天书，骖鸾乘凤，跨虎乘龙，自东自西，以入紫府。先见太微真君，次居下岛。欲升洞天，当传道积行于人间，受天书而升洞天，以为天仙。

"天仙"的功行，比如《吕祖全书》中的"瞎子复明""以水变酒""死鱼复活"，在20世纪初，已有国外学者联系起唐代的景教。吕洞宾和众多艺妓有交往活动，被欧美学者誉为"妓女的保护神"。许多欧美学者已经注意到了吕洞宾和西方历史文化中的英雄形象（希腊）和圣徒（基督教）的可比性。的确，"天仙"吕洞宾的身上，有许多中国传统儒、释、道都没有过的东西：比如他对女性甚至是妓女的关怀，是中国儒家不可想象的；比如他对家国的深情关心，也是佛教包括禅宗所不可思议的；比如他的深邃华夏本位使命，又是《老子》和《庄子》完全生疏的。这不是说，吕洞宾的行迹距离西方就近，只是想说，他的行迹的确存在着超出传统儒、释、道的东西。这就是《灵宝经》中的普世关怀和《灵宝毕法》中的救恩意识。还有《灵宝毕法》中的"万物中，人是最灵最贵"，让人想到《哈姆雷特》；《灵宝毕法》中的"七级调神法"，可与基督教

《七宝楼台》相互释义。在钟吕《灵宝毕法》和《钟吕传道集》中的"天仙"概念提出之前，尽管道家已经提出了"道"，道教已经提出了"仙"，但基本上都是个人解脱或超脱，因之与入世的官方儒家和社会的主流价值长期处于对峙和分异状态。钟吕"天仙"概念的提出，就道教内部而言，使之第一次真正找到了救恩的灵宝世界，使得华夏古典灵宝学最终完成；就道教外部而言，既可以与入世儒家融合，也可以和基督教进行现代对话，还可以同大乘佛教相互对勘。事实上，钟吕八仙早已经是中国普通民众最熟悉最喜爱的英雄人物。"天仙"概念的提出，既是华夏古典灵宝学的终极完成，也是现代灵智学的宝贵资源。

## 第七节 "天心"与现代宇宙学

北宋张载有著名的"横渠四句"："为天地立心，为生民立命，为往圣继绝学，为万世开太平。""为天地立心"据其首，其后跟着的，才是社稷抱负。由"为天地立心"的宇宙自然观，引申出"为生民立命，为往圣继绝学，为万世开太平"的崇高人生观。"横渠四句"的这种思想逻辑，源于《周易》"天地人"的三才之道，这也是道教著述的经典模式。"为天地立心"，源出《周易复卦》："复，亨，刚反，动而以顺行，是以出入无疾，朋来无咎。反复其道，七日来复，天行也。利有攸往，刚长也。复，其见天地之心乎！"

无论张横渠的"为天地立心"，还是《周易复卦》的"其见天地之心乎"都至为艰难！从历史看，和《周易复卦》"彖辞"同时代的屈原已有疑情浓重的《天问》；张载之后，元代关汉卿的《窦娥冤》也道："天也，你不分贤愚枉作天。"至少从屈原《天问》的浓重疑情看，《周易复卦》中的"其见天地之心乎"，回答显然是否定的。从关汉卿《窦娥冤》的正义愤怒看，张横渠的"为天地立心"也同样失败了。也许有鉴于此：有鉴于天地茫茫，"天心难立"，宋明之后，儒学已经罕言"天心"的宇宙学问题。而恰恰是在宋明理学高谈道德文章而不谈"天心"的宇宙学问题之后，不仅当年张载"为万世开太平"的宏愿落空；宋代之后，汉人为蒙元征服；明朝之后，华族被满清统治。直到 20 世纪 60 年代，思想青年遇罗克在《送友人》中写道："千里雪原泛夜光，天心人愿两茫茫。""天心茫茫"，宋明之后，也只有少数道教人士还在议论"天心"，还敢于以《金丹心法》著书立说。"天心"既然难寻，我们且先看"人心"。

"人心"分有形之心和无形之心两个含义。有形之心即心脏，处在胸部左侧，是人体五藏中最重要的器官。心脏分四腔：左心房，左心室，右心房，右心室。"其形圆而下尖，如未开的莲花。"《周易》研究中，四象最晦蔽，心脏分四腔应该给我们一些启发。除了心脏四腔之外，有形之心给我们的最大启发即它的形状："形圆而下尖，如未开的莲花。"佛教的著名经典即叫做《妙法莲华经》。西藏密宗要求把心观想成八瓣莲花。德文《金花的秘密》是对钟吕《太乙金华宗旨》的释义。民国浦江清的《八仙考》以来，中国学者仍在玩自己"托名"的研究、"伪作"的考证，而外国人已将《太乙金华宗旨》翻译成外文，视之为"中国生命之书"，已看到了其中包含着的"金花的秘密"。"金花的秘密"，即人心的秘密，即天心的秘密。人心的秘密即无形之心的秘密。无形之心，也叫灵魂，也称"心灵"。钱穆老先生有《灵魂与心》一书。钱老先生儒、释、耶、回都谈了，就是未涉及道教，就是不接触钟吕"金花的秘密"。离开道教，不可能找到"中国的根柢"（鲁迅），也找不到"心"——至少是找不到"中国之心"。无形之心（灵魂，"心灵"）属于神主生成的非物质活体。身心健康的人就是指生命构造健全而灵魂也同样拥有完全神志的健康人。亦指一个人的精神世界与情感表达。心脏神又称主神明或主神志,是指心统帅全身脏腑、经络、形体、官窍的生理活动,并且主司精神、意识、思维、情志等心理功能。故《素问·灵兰秘典论》说:"心者,君主之官也,神明出焉。"

人体之神,有广义与狭义之分。广义之神,是整个人体生命活动的主宰和总体现;狭义之神,是指人的精神、意识、思维、情感,包括性格倾向。心所藏之"神明",既是主宰人体生命活动的广义之神,又包括精神意识思维情志等狭义之神。简明说,《黄帝内经》中的"心者"有两义:"神经"和"精神"。它和心脏有关,也和大脑有关。和心脏有关之"心"有两个功能:主血脉与藏神明。这里的"神明",如果和大脑思维(识神)比较,就主要是"元神"和"集体无意识"。这就是"集体无意识"大师荣格极为重视钟吕《太乙金华宗旨》的缘由:这本书有"元神"的古典论述。再回到心脏泵出的血吧。心脏泵出的血,通过血管抵达全身,也特别优先抵达人类的大脑。血是神志活动的物质基础之一,所以《素问·灵兰秘典论》才说:"心者,君主之官也,神明出焉。"所以《灵枢·营卫生会》才说:"血者,神气也。""心"的"神

天之路

天心图

明"和"神气",不仅是大脑活动的生命基源,而且提供大脑活动有效性的价值体认,并且"心动"直接驱使"精气"产生新的生命。"精气神"的上药三品,熔铸一炉,即中国的"心"字,即道教的炼丹。道教炼丹,首先使人的感觉敏感化。美国好莱坞有影片《梵高之眼》。梵高以一个艺术家的眼睛,就看到了"天心",其《星夜》中的"太极图"即"天心"的艺术表达。古希腊的柏拉图也把"天心"描述成太极模样。《钟吕传道集》则从"真仙""大道""天地""日月""四时"和"五行"六大方面描述"天心"。

《论真仙第一》:"地仙厌居尘世,用功不已,而得超脱,乃曰神仙。地仙厌居三岛而传道人间,道上有功,而人间有行,功行满足,受天书以返洞天,是曰天仙。"(《全真秘要》第4页,中国人民大学出版社,1993年)天书以返的洞天与"三岛",也就是"天仙"的国度,即"天心"。

《论大道第二》:"大道无形、无名、无问、无应,其大无外,其小无内。莫可得而知也,莫可得而行也!"吕曰:"古今达士,始也学道,次以有道,次以得道,次以成道,而于尘世入蓬岛,升于洞天,升于阳天,而升三清,是皆道成之士。"(上书5页)"蓬岛"和"洞天"即道境,"道境"即天心。

《论天地第三》:"天地之机,运行于道而得长久,乃天地作用之功也。惟人也,虽有聪明之性,留心于清净。欲以奉行大道,小则安乐延年,中则长生不死,大则脱质升仙。如何作用,运行大道,法动天机,而亦得长久坚固,浩劫常存。"(上书7页)"天地之机"即天心;"法动天机",即见天心。

《论日月第四》:"天地之机,在于阴阳之升降。一升一降,太极相生。相生相成,周而复始。不失于道,而得长久。修持之士,若以取法于天地,自可长生而不死。若比日月之躔度,往来交合,止于月受日魂,以阳变阴。阴尽阳纯。月华莹净。消除暗魄,如日之光辉,照耀于上下。当此时,如人之修炼,以气成神,脱质升仙,炼就纯阳之作也。"(上书10页)日月之行,即天心;炼就纯阳,即见天心。

《论四时第五》:"人之一日如日月之一月,如天地之一年。大道生育天地,天地分位,上下相去八万四千里。冬至之后,地中阳升。凡一气十五日,上进七千里,计一百八十日。阳升到天,太极生阴。夏至之后,天中阴降。凡一气十五日,下进七千里,计一百八十日。阴降到地太极复生阳。周而复始,运行不已,而不失于道,所以长久。"(上书13页)时间之理,即天心;不失于道,即见天心。

《论五行第六》:"五行归原,一气接引。元阳升举而升真水,真水造化而生真气,真气造化而生阳神。五行逆行,气传于母。自子至午,乃曰阳时生阳,五行颠倒,液行夫妇。自午至子,乃曰阴中炼阳。阳不得阴不成,到底无阴而不死。阴不得阳不生,到底绝阴而寿长。"(上书16页)"五行归原,一气接引",即天心。"五行归原"即"气","气"的归元处即"天心"。观钟吕的先天气,即见天心。看陈抟的《先天图》,即见天心。"五行归原"的"元",即现代宇宙学的起点;"一气接引"的气,即大爆炸的能量场。

现代宇宙学是天文学和物理学的前沿学科。它从整体的角度研究宇宙的结构、运动和演化。爱因斯坦证明,空间和时间(时空)皆与物质不可分离,很类似钟吕的"三元归一"。宇宙作为演化着的整体已经被确认。现代宇宙学的任务是探索比星系更高的宇宙层次，研究目前观测所及的大尺度宇宙的时空特性和运动规律。目前，在众多的宇宙模型中，影响最大的是大爆炸宇宙学。

大爆炸宇宙学认为，大约在 150 亿年前，在一个致密炽热的奇点发生了惊人的热大爆炸。大爆炸宇宙学的建立经历过三度辉煌：第一次是在 20 世纪 20—40 年代，哈勃发现了宇宙中遥远天体的整体退行，也就是正在离我们而去，伽莫夫由此建立了热大爆炸宇宙学的基本框架。"遥远天体的整体退行"，让人想起海德格尔的哲理诗句："我们距离诸神太晚，距离存在太远。"诸神隐匿，包括神仙正在随着"遥远天体的整体退行"，现在明白人的紧迫吗？第二次是 1964 年，两位美国工程师意外地发现了宇宙大爆炸遗留下来的原始火球即微波背景辐射。它的冷却温度（3K）符合伽莫夫的理论预言，这一划时代的发现荣获 1978 年诺贝尔物理学奖。宇宙遗留下的微波背景辐射，让我们理解钟吕仙道学中的"元气"概念方便多了。第三次便是 1998 年，人们第一次确定了宇宙的组成——40%的物质和 60%的"黑色"能量。而在这 40%的物质中，仅有 5%是人们熟知的"普通"物质，其余 35%则为不可视的"暗物质"。不可视的"暗物质"，《老子》《庄子》《列子》讲得够多了。

在人类轴心时代，希腊的思想家除了赫拉克利特之外，主流是稳恒态宇宙学。

在稳恒态宇宙学中，宇宙没有开始，也不会结束。印度则是无限轮回的宇宙观。在这种无限轮回的宇宙观中，起点即终点，时间没有创造的意义。希伯来《圣经》的第一篇即《创世纪》。《圣经·创世纪》中的宇宙观和中国道教宇宙学最为接近：（1）天地有开始。天地开始的缘起，中国用"道"，《圣经》用"上帝"来表达。（2）天地会结束。（3）宇宙天地之外，无论从时间还是空间看，都存在着另外的"天地"：从时间看，是死亡和末世神学；从空间看，是"新天新地"和"三清洞天"。

　　道教更多是实践神学,因而与现代宇宙学有最多的融汇可能性。其一,《老子》"先天地生"和大爆炸宇宙学"密炽热的奇点"相契。其二,微波背景辐射与道教元气理论相契。其三,大爆炸宇宙学的第一个辉煌发现:"宇宙中遥远天体的整体退行,也就是正在离我们而去",让人理解了道教的脱体原由。带着肉身,人无法走到宇宙之边缘。其四,宇宙的组成——40%的物质和60%的"黑色"能量。而在这40%的物质中,仅有5%是人们熟知的"普通"物质,其余35%则为不可视的"暗物质",这既给道教阴阳哲理以深刻注解,也让人明白,可见的世界是表面的,不可见的世界才更根本与广阔。这"不可见的世界",即道的世界,即道教描述的世界。其五,海森堡测不准原理已告诉人们科学的观测界限。仙即人的观测界限的突破而已。仙不是眼看,而是心观和观心。道教的心观和观心,既找到了人心,也找到了天心。霍金就曾说,当我们找见宇宙心灵的时候,也就知道了上帝之心。就天心的道教研究而言,我们必须继续求索"道"的物理解答,包括它的宇宙学解答。

# 第六章 凝视八仙的道光

## 第一节 为什么是盛唐:救恩史

"盛唐"作为唐朝的礼赞指谓,包括三个含义:其一,和中国其他王朝——比如和前代隋朝和后代宋朝相比,唐朝以其经济之繁荣、政治之开明、社会之稳定、文化之发达、军事之强大,达到了华夏历史的鼎盛期。换句话说,就综合国力而言,唐朝是华夏历史之最,因之被赞美怀念为"盛唐"。这是全唐或李唐含义下的盛唐概念。我们称其为"盛唐1"。其二,从唐太宗开元到唐玄宗天宝的唐代历史。这一时期,是唐朝的黄金季节。如果将唐朝分为初期(618—718年开元五年)、中期(728年开元十五年—828年太和二年)和晚期(836年开成元年—904年唐亡)三个阶段,"盛唐"即指初唐历史。这是初唐或高唐(唐高祖,唐高宗)含义下的盛唐概念。我们称其为"盛唐2"。其三,特指唐玄宗在位(712年先天元年—755年天宝末年)的45年唐代历史。唐玄宗既以"玄"立宗,不妨称其为"玄唐"意义下的盛唐概念。我们以此为"盛唐3"。"盛唐2",也即初唐的初期,唐高祖李渊和唐太宗李世民时期,已经屡屡发布国家"中央文件",明诏大号"道祖第

千里荔枝来

一,儒为二,佛为三",道教信仰第一次成为官方的国家意识形态。尽管如此,道教的实际经营仍然远不及佛教,任继愈老先生的估计是:道教势力仅仅为佛教的二十分之一。这种估计,自然不会太准确,但道教相比于佛教的落后却毫无疑问。整个李家盛唐,亦即全唐含义下的盛唐概念——"盛唐1",唐皇室尊老子李耳为宗族,封其为"太上玄元皇帝",崇道尊祖,玄风弥漫,贯彻终始。它的巅峰和高潮,落实在唐玄宗一朝。

李唐到了唐玄宗时期,"道祖第一""老子天下第一",不

张果老与何仙姑

再仅仅是"国策",而是实际的"国貌"。"老子天下第一"的实际"国貌",首先是有了硬邦邦的国家实力——"整体国力"。专家们相关的研究和估计是:人数7000万,这是唐玄宗天宝(742—755年)年间的全国人口数量。世界上其他的国家呢?8世纪的时候,东法兰克福王国的人口是200万—300万。在农业时代,人口就是生产力。唐玄宗时期人口的繁盛,反映了经济实力在世界的遥遥领先。耕地6.6亿亩,这是唐玄宗时期的全国耕地面积。史称:"开元、天宝之际,耕者益力,高山绝壑,耒耜亦满。"当时人均占有9亩多。开元时期,70余国来使,这是《唐六典》列举的朝贡蕃国数。这些蕃国,从东亚的日本、朝鲜到东南亚地区的诸国,从今日中国边疆民族政权到中亚、西亚乃至地中海国家。唐玄宗就曾亲自为《孝经》《老

子》《金刚经》作注。当时的三夷教,即祆教、景教、摩尼教,也在华得到传播。在这样一个开放的社会,使唐朝的社会风气兼收并蓄,旷达开放,雍容大度。李白"天生我材必有用,千金散尽还复来",就是那个时代的精神写照。杜甫《忆昔》写道:"忆昔开元全盛日,小邑犹藏万家室。稻米流脂粟米白,公私仓廪具丰实。九州道路无豺狼,远行不劳吉日出。齐纨鲁缟车班班,男耕女桑不相失。"唐玄宗非常崇拜老子,封老子为"玄元皇帝"。唐玄宗"以玄为宗",是名副其实的"道君"。"道君"者一,在全国建立太清宫。全国有几百处,以京兆长安和东都洛阳为最。洛阳太清宫有700间房舍,长安的规模更大,护卫长安太清宫的兵士多达500多人。长安太清宫内部,正中是老子像,两边分别是唐玄宗像和唐肃宗像(丁煌《唐代道教太清宫制定考》)。"道君"者二,李隆基下诏,《道德经》遍颁全国,每户一册。中国皇帝批阅《道德经》者四位,唐玄宗是第一位。唐玄宗时期,国家编修道书5000多卷,全国推广,影响巨大。"道君"者三,唐玄宗的女儿——楚国公主,为出家女冠道士。唐代共有16位公主是出家女冠。著名者玉真公主,李白、王维与其多有交往,关系亲近。李白、王维与白居易都有诗作记此一代之盛事。"道君"者四,唐玄宗一朝,皇室大官热衷修道,黄白外丹烧炼之盛况,规模巨大,空前绝后。1970年,西安何家村出土了300多件金壶玉碟,有相当多的炼丹容器,为这一历史的宝贵物证。"道君"者五,唐朝首都长安城,分三重布局:最南处于外围的郭城,为市民百姓居住区;郭城北面是皇城,为大臣国士居住区;皇城北面是宫城,为帝王贵妃居住区。宫城叫太极宫,源自《周易》和道教。含元殿前有太液池,修有蓬莱三山。兴庆宫有兴庆池,有洞庭鲫鱼游弋。"道君"者六,从骊山"长生殿"到马嵬《长恨歌》,唐玄宗和杨贵妃演绎了一场空前绝后、天上人间、家国悲欢之浪漫道歌。相比于儒家的道德规范和佛教的清规戒律,"道教为先"的盛唐国策从一开始就为两性的欢爱自由提供了信仰的精神空间。武则天的故事是证明，杨贵妃的故事也是证明。

中国有所谓的四大美人（西施、貂蝉、王昭君和杨贵妃），其中和唐玄宗"骊宫高处入青云，仙乐风飘处处闻"的杨贵妃，是历史中的最后出场者，是美女历史的终结者。这倒不是说后来就没有美女，而是说中国美女的精神想象空间已经被填充完毕，特别是已经被杨贵妃和唐玄宗的《长恨歌》填满完结。历史细节可以无限咀嚼，白居易《长恨歌》赋予李杨情爱完美的崇高性和悲剧性，后人已无超越可能。马克思讲，一种历史事件，第一次出现是悲剧，第二次就是喜剧。杨贵妃和唐玄宗的欢爱，其高度的不可企及性，使得后来者的演出基本上是世俗欢娱的男女喜剧。盛唐艺妓之发达是一个注解，李白、韩愈、白居易诸文豪的"私置家妓"是一个注解，众多唐代诗歌中的妓乐诗篇也是注解。传出《钟吕传道集》的施肩吾，也写有多首妓乐诗篇（李丰楙《仙、妓与洞窟》）。作为"道君"，唐玄宗和杨贵妃的历史和情爱悲剧结束之后，白居易的《长恨歌》用"仙乐风"概括自己时代的盛唐精神是正确的；准确说，是"乐"大于"仙"了，是"仙"中也"乐风飘飘处处闻"了。如果与初唐或高唐（唐高祖，唐高宗）时期"盛唐2"的健朗进取精神相比较，如果和"玄唐"意义下"盛唐3"的奔放厚博胸襟相比较，"安史之乱"之后，国力和元气皆伤，李唐含义下"盛唐1"的思想面貌，的确是每况愈下、逐渐沦亡了。就在盛唐精神将要彻底沦亡的唐末，就在危机四起的晚唐，吕洞宾诞生了，一种救恩史出现了！

宋代众多的文献表明，吕洞宾是唐代人。根据《吕让墓志》，我们推算吕洞宾的出生时间是830年，即唐文宗太和三年。唐文宗之前，是唐敬宗，仅仅当了3年皇帝。唐文宗之后的唐武宗，也只当了6年皇帝。国运之不靖，由此可见一斑。吕洞宾的人生命运，和唐朝国运完全平行。据吕让《荆州刺史厅记》，"八年夏，予罢郡西归，道出于此"，时间是唐文宗太和八年（834年）八月，4岁多的吕洞宾随父母从唐代海州（江苏省连云港一带）回到首都长安。从此，吕洞宾在京城长安一直成长、生活了60多年。祖父吕渭、父亲吕让皆是进士出身，《吕祖全书》多处也记载着吕洞宾的儒士身份。阅览群书、科举应试是吕洞宾青少年时期的主要事务。《岳阳风土记》写道："先生名岩，字洞宾，会昌中，两举进士不第。"《佛祖统纪》写道："吕岩真人，字洞宾，京川人也，唐末三举不第，偶于长安酒肆，遇钟离权，授以延命术。"《吕祖本传》记载："咸通中，举进士第，时年64岁。"

吕洞宾"会昌中，两举进士不第"，大致有两个因素：（1）会昌是唐武宗（841—846年在位）年号。李德裕（787—849年）是吕门的强大政敌，《唐书》和《吕让墓志》都有明确记载。（2）吕洞宾年轻气盛（16岁左右）。"咸通（860—873年）中，举进士第"，35岁（《吕祖本传》记载是"时年64岁"）的吕洞宾已经完全成熟，李德裕也去世了。从初入科场到"举进士第"，吕洞宾耗去了20多年时间。"举进士第"后，文献记载，吕洞宾又未获"调职"！大概就在等待熬煎的背景下，吕洞宾"游长安酒肆，见一羽士"，遇见了钟离权，人生的重大转折开始了。

吕洞宾的祖父吕渭和曾祖吕延之，《唐书》有传。曾祖吕延之，开元二十二年进士，曾任浙江东道节度使；祖父吕渭，734年人，曾任朝廷礼部侍郎；父亲吕让，曾任海州刺史，《唐书》不传。大概主要是和宰相李德裕的政治矛盾，从父亲开始，吕家被挤压，仕途趋于黯淡。"生在儒家遇太平，悬缨垂带布衣轻，谁能世上争名利，臣侍玉皇斗上清。"名利的挫败，除了时局不靖，主要还是权臣宰相李德裕的打压。"悬缨垂带布衣轻"，首都高干弟子，生活相当优越。从"生在儒家遇太平"到"臣侍玉皇斗上清"，转折由此出现。何况，大唐本来就到处弥漫道气。这个转折发生地就在首都长安。

在长安酒肆，吕洞宾遇见了钟离权。钟吕相遇的长安酒肆，即今天的西安八仙宫。长安酒肆的南边二里路，就是唐代最大的皇家太清宫，西南三里是兴庆宫。兴庆宫有兴庆池，池内游弋的鲫鱼，来自于岳阳洞庭湖（骆天骧《类编长安志》84页，三秦出版社，2006年）。长安终南山和岳阳洞庭湖是吕洞宾的两大修行基地。这种神性地理选择，多少都有童年的心灵记忆吧。

在吕洞宾诗文中，具体的地理名词以唐代首都长安为最多。作为礼部侍郎的孙子，吕洞宾就在唐代长安皇城生活。骆天骧《类编长安志》的"曲江池"条（上书85页）写道："唐开元中，倾动皇州，以为盛观。""皇州""皇城"，还有"皇都"，吕洞宾诗中，"皇州"和"皇都"几番出现。其诗之《八十二》写道：

当年诗价满皇都，掉臂西归是丈夫。万顷白云独自有，一枝丹桂阿谁无。闲寻渭曲渔翁引，醉上蓬峰道士扶。他日与君重际会，竹溪茅舍夜相呼。

"渭曲"（渭河）在长安北20里，"蓬峰"（华山）在"皇都"东90里，共处一诗之中，吕洞宾诗中的"皇都"非唐朝长安莫属。"皇都"的太液池有蓬莱仙山，是生动的皇家御园景象。"皇都"长安的曲江池在《吕祖全书》5次出现，还有"终南""鹤池"和"细柳"。长安作为汉唐国都，汉代昆明池有"鹤鹊庄"，唐朝定昆池有"鹤池"，都是皇家御园。皇家御园里，不难想象，水清鱼戏，白鹤起舞。敦煌文献中，吕洞宾即修炼白鹤隐遁法术。"白鹤隐遁"，盛唐飘逝，多么优美和凝重的道法言说！"终南第一峰"，频频仰望，抵抗沉沦的盛唐和仙道英雄出场了！"细柳营深"，文攻武备，报答家国恩情的壮志凌空而起！《类编长安志》"细柳原"条写道："在长安县南33里"。"细柳营深"来自《史记》《绛侯周勃世家》中周亚夫的故事。元代王廷秀曾作过《周亚夫屯细柳营》杂剧。周亚夫在长安细柳原扎营，皇帝驾到，也吃了闭门羹；军纪之严格，英气之将风，护国之师啊。吕洞宾关于"细柳营深"的诗写道：

> 巍巍荡荡下天庭，憔悴风光颇怆情。
> 细柳营深蚊阵密，长江波阔蜃楼横。
> 酒旗番作征旗动，箫鼓更为战鼓声。
> 无限竞名贪利客，几人能得见清平。

在这首器宇轩昂又怆情绵绵的诗中，"巍巍荡荡"是说他身心健旺的修炼状态，"下天庭"即"下山"之意。下得山来，他又会看到什么呢？唐末五代，战乱频仍，生灵涂炭，皇都毁灭，如美女之失容，若霸王之别姬，因之吕洞宾以"憔悴风光颇怆情"来形容。这里有一个巨大的心情涨落：前句还是"巍巍荡荡"，后句就成了"颇怆情"，如此巨大的反差，只能来自山中的安静和山外的战乱。第三句就是"细柳营深"了。面对着山外的战乱，吕洞宾自然会想到如何结束它，他想到的是汉朝平乱的周亚夫。周亚夫的军队在细柳扎营，"天子至，不得入"。吕洞宾用"营深蚊阵密"，既写军纪，又写军威，更在于突出周亚夫性格的耿介悲剧。周亚夫由于性格耿介，后来给他带来饿死的惨剧。显然，吕洞宾在此用"周亚夫"寓意着吕家的不幸遭遇。他自己多次落榜，报国无门，徒唤奈何；心情翻涌，无限空落，因之才写得出"长江波阔蜃楼横"啊。"长江波阔蜃楼横"有六义：一是"心情翻涌，无限空落"，二是"壮志凌云，报国无门"（"蜃楼横"），三是"离开终南，人到江南"，四是"故国远逝，恍然若梦"，五是"遥想细柳，祭奠英雄"，六是"诀别乱世，一心修真"。"酒旗番作征旗动，箫鼓更为战鼓声"，内容上是一种浪进性高潮，形式上有一种重迭性美感。由"遥想细柳英雄"的汉朝，想到盛唐命运，想到家族命运，概括起来就是由盛而衰，由开元盛世到黄巢兵乱：也就是由"酒旗"变成"征旗"，由"箫鼓"更为"战鼓"。开元盛世，酒中八仙之歌；黄巢兵乱，娘哭爹喊之悲。结尾的"无限竞名贪利客，几人能得见清平"，平淡明白却让人愤怒中烧：战乱中，仍有"无限的竞名贪利客"啊！那么只有等待，只有忍受：看谁能穿越战争，看谁能见到新的"清平"王朝。不消说，吕洞宾带着盛唐的记忆，终于熬到了赵宋王朝，并且成为震动朝野的神仙，成为盛唐玉成的英雄。影响深远的历史形象，对吕洞宾个人而言，是传奇性的自我救赎；对崇道的盛唐命运而言，吕洞宾完成了一种罕见的历史救恩。他有一首《雨中花》写道：

吕祖百字铭

三百年间，功标青史，几多俱委尘埃。悟黄粱弃事，厌世藏身。将我一枝丹桂，换他千载青春。岳阳楼上，纶巾羽扇，谁识天人。蓬莱愿应仙举，谁知会和仙宾，遥想望吹笙玉殿，奏舞鸾袻。风驭云骈不散，碧桃紫柰长新。愿逢一粒，九霞光里，相继朝真。

《雨中花》原题于岳阳楼上。湖南岳阳是吕洞宾魂牵梦绕的地方。吕洞宾祖父吕渭死在湖南观察使的任上，是大唐湖南的最高行政长官。祖父死时，吕洞宾的父亲吕让年仅七岁，被托孤于湖南潭州（今长沙市）。伯父吕温以美才著称，教育吕让长大。吕温曾任大唐衡州刺史，政绩卓著，名望极高，可惜英年早亡，柳宗元写有感人至深的《唐故衡州刺史东平吕君诔》。父亲去世，《吕让墓志》上留下了"生人为先，社稷次之"的伟大遗嘱，堪称人道主义的盛唐遗产。父亲吕让，生前写过《衡州合江亭记》，文章意气，情深优美。五代乱世，吕洞宾特别关注江南，留下"三过岳阳人不识"的唐末寂寞。现在，岳阳楼上，睹物思人，人去国亡，吕洞宾悲从心起；洞庭浩渺，雨打江花，凄凉情难禁泪下。在心泪磅礴的无限哀思中，吕洞宾为泪飞飘逝的先祖盛唐，为自己苦难的盛唐孤魂，留下了这首伤悼不已、疼痛难忍的《雨中花》。他要向盛唐诀别，他要向世界诀别！"愿逢一粒，九霞光里，相继朝真"，是《雨中花》的结尾，是再清楚不过的诀别之语。事实上，诀别之念早就有了（"蓬莱愿应仙举"），是朋友留住了他（"谁知会和仙宾"），是盛唐的缅怀之情留住了他（"遥想望吹笙玉殿，奏舞鸾裀"），是无尽的情感和不灭的希望留住了他（"风驭云骈不散，碧桃紫奈长新"）。"岳阳楼上，纶巾羽扇，谁识天人。"留下来的时光中，他在做什么呢？这就是"武昌卖墨""广陵散钱"，实践父亲"生人为先，社稷次之"的人道遗言；这就是出入妓馆、水化美酒，完成志士"三千行满，八百功圆"的仙道诏命；这就是晋谒儒门、皇室显身，实现"唐代进士，今日神仙"的天道使命。"三百年间，功标青史，几多俱委尘埃"，是《雨中花》开篇第一句。这一主题意象所要表达的主体意向就是：盛唐已成了"雨中之花"，是泪雨之花和血雨之花啊！"将我一枝丹桂，换他千载青春"，是吕洞宾为盛唐所完成的历史救恩，是吕洞宾为自己所完成的生命救赎。

布罗茨基讲，真正的诗人都是"文明的孩子"。仅从上面《雨中花》的简要赏析，我们可以判断：吕洞宾也的确是"盛唐文明的孩子"。

其一，中国古代史，没有哪个王朝像盛唐一般的"道教第一，崇道为先"。同样，从古到今，也没有哪个道人像吕洞宾般的"影响深远，形象第一"。其二，中国古代史，没有哪个帝王像盛唐玄宗一般的"以玄立宗，贵妃动帝心"。同样，从古到今，也没有哪个道人像吕洞宾般的"宗风玄奥，花酒见丹心"。对了，还记得唐玄宗的三大帝号吗？一曰"先天"，吕洞宾就创立了仙道学术的"先天派"；二曰"开元"，吕洞宾开辟了仙道学术的新纪元；三曰"天宝"，吕洞宾的道书叫做《灵宝毕法》。其三，唐玄宗在唐代诸帝中，享国最长，整整45年的皇帝岁月。吕洞宾呢，享年究竟多长，仍然是谜。至少《宋史》记载他说："关西逸人吕洞宾，有剑术，年百余岁，步履轻捷，世以为神仙。"其四，宋元《长安志》"凝碧池"条记载，音乐家（"乐工"）雷海清面对着国家的祸首安禄山，不仅不演奏，反倒朝着西方（唐玄宗）而哭。结果，雷海清"被贼肢解"。盛唐人的爱恨都特别巨大！那么吕洞宾的爱恨呢？"常忧白日光阴促，每恨青天道路赊"，是其"恨"。"恨"至青天了，不小吧。"怒拔昆吾歌圣化，喜陪新月过新年"，是其"喜"。"喜"达"新月"了，也算大吧。拿破仑之后，康德想象自己是思想中的拿破仑。吕洞宾不想象自己是仙道学的唐玄宗吗？岁月千年，战争无数，吕洞宾诗文，百不存一，我们很难揣摩他心中的唐玄宗了。那么"怒拔昆吾歌圣化"，是否在表达他对唐玄宗的感情呢？昆吾是宝剑名称，来自于吕洞宾对盛唐的缅怀纪念。杜甫《秋兴》有"昆吾御宿自逶迤"。"昆吾"是盛唐长安的一处"御宿"，旁边就是太清宫。杜甫写给唐玄宗的《朝献太清宫赋》有："烁圣主之储祉，敬云孙而及此"，"列圣有差，夫子闻斯于老氏"。在杜甫看来，唐玄宗的太清宫制度及其活动，既是历史性的"圣化事件"，唐玄宗也是给历史带来福祉的"圣主"。杜甫尚徘徊于正统儒流，已有《朝献太清宫赋》的"圣化赞美了"。事实上，盛唐太清宫就是吕洞宾和道徒的神圣殿堂！因之，"怒拔昆吾歌圣化"应该就是吕洞宾对唐玄宗的缅怀歌颂，就是对安史之乱的愤怒指控。安史之乱中，长安遭到大破坏，皇都太清宫毁于兵乱（丁煌《唐代道教太清宫制定考》）。"怒拔昆吾"既写太清宫的战乱毁坏，也表达吕洞宾的愤怒气概。霸王别姬，项羽唱"力拔山兮气盖世"。吕洞宾的"怒拔昆吾"，盖世怒气既不逊于霸王项羽，并且兼具"歌圣化"的正义价值指向，它无疑指向盛唐、指向开创玄唐的李隆基、指向修建太清宫圣殿的唐玄宗。

吕洞宾无疑是盛唐文明的孩子，特别是李隆基开元盛世文化的孩子。他的先祖吕渭和吕延之们，是盛唐皇都气象的见证者，是盛唐道教文明的参与者。宋朝叶梦得从其祖父的口述中知道了吕洞宾的故事。马尔克斯的《百年孤独》开篇，就是霍桑迪奥回忆50年前，他祖父带着他去看冰块。文艺学的"盛唐之音"，李泽厚《美的历程》有精彩论述。他认为"盛唐之音"的突出代表即唐诗，李白和杜甫又分别是"盛唐之音"的两大男高音。李白和杜甫分别被称为"诗仙"和"诗圣"。吕洞宾的曾祖吕延之，开元进士，也是"盛唐之音"的重要成员。"盛唐之音"的重头戏，其实不是"文化"诗歌，而是"国化"道教。作为高级官员（浙东节度使、礼部侍郎）和高级知识者（进士），吕洞宾家世中的"盛唐之音"，就是"文化"诗歌和"国化"道教的完美融合。钟吕仙道的主调，其实就是这种融合的突出体现，是一种童年记忆背景下的"风追盛唐"。其一，唐玄宗的三个帝号，皆体现于钟吕仙道。其二，钟吕仙道的内丹化转向，乃以盛唐的外丹教训为痛切背景。其三，三教合一，中国及其神学优越论是盛唐之音，也是钟吕丹法的显著信念。其四，盛唐的开创性贡献，是把道教列为优先国策，钟吕学术无非是实践了这一崇高目标。其五，盛唐消逝，而精神永存，其巨大的精神遗产和伟大遗嘱，亟待消化承担。钟吕就是接受了它的精神遗产和伟大遗嘱，是盛唐之音的仙道回响与灿烂回声。在道教典籍中，汉魏《灵宝经》是对华夏救恩历史的朴素呈现，钟吕《灵宝毕法》是对盛唐仙道学已经成熟的救恩总结。精神分析学的大量个案已经雄辩地证明了童年记忆对人的决定性影响。如果吕洞宾写自己的《一个人的圣经》

或《百年孤独》，开始可能就是：在他四岁第一次回到京城长安，父亲带他去看神圣的太清宫和壮丽的长生殿。时代鼎盛是人的崇高梦想和长远憧憬。钟吕之于唐玄宗的盛唐记忆就是如此。盛唐有三大文明标记："诗"，自由精神的抒唱；"酒"，浪漫主义的想象天空；"剑"，建功立业的兵器象征。吕洞宾的三个美誉正是：诗仙、酒仙和剑仙。吕氏家世和盛唐历史的完美平行，把吕洞宾塑造成了盛唐文明的密码灵童，他是盛唐文明哺育的伟大英雄，是盛唐仙道精神的传奇托命。

## 第二节 为什么是他们：钟吕八仙

钟吕八仙——钟离权、吕洞宾、铁拐李、张果老、蓝采和、何仙姑、韩湘子、曹国舅，既是一个民俗事项，也是一个文化（古典文学）现象，更是道教信仰对象。钟吕八仙的现代研究，从20世纪30年代以来，也快100年了。30年代的钟吕八仙研究，代表作即浦江清的《八仙考》和赵景深的《八仙传说》。赵景深的《八仙传说》以元杂剧为基础，提供了四组八仙名录。

赵景深《八仙传说》提供的四组八仙名录，其中三组以吕洞宾为主角。这提示人们，钟吕八仙本身不是平列的，而是以钟吕为中心；进一步说，是以吕洞宾为核心。吕洞宾的研究是钟吕八仙的重中之重。钟离权是吕洞宾的师傅，理所当然地是钟吕八仙研究的第二提琴。韩湘子与蓝采和是吕洞宾的门徒，这已为敦煌文献证实。换句话说，何仙姑、曹国舅和韩湘子、蓝采和一样，是作为钟吕的四种门徒形象出现的：何仙姑是异性代表，曹国舅是政治代表，韩湘子是士族代表，蓝采和是底层代表。张果老的事迹，新旧《唐书》都有记载。他是仙的正史代表，也是八仙中的外丹大师。张果老的"老"和铁拐李的"瘸"，皆是以"异端"姿态、残疾形象、滑稽方式挑战社会，搞笑人生。他们和济公和尚一样，是社会压抑、僵硬人生的挑战者和幽默大师。他们已经不是"王"的臣民，而是"道"的行者。

钟吕适逢自由丰富的盛唐时代。盛唐既是世界文明的领先和中心，又空前绝后地将道教列为国教，这不仅仅是一个历史的高度，也是一个文明的传奇。尤其是唐玄宗，本人既以玄立宗，又创立太清宫制度，将道教的信仰和文化推进到空前绝后的崇高形象。就此而言，钟吕无疑是时代的产物。黑格尔有"正、反、合"的思想逻辑。先秦老庄道教注重精神觉悟和解脱，可以说是"修性"，是道教仙道之"正题"；魏晋道家葛洪注重肉身长存和金丹服食，可以说是"修命"，是道教仙道之"反题"；那么，钟吕仙道注重性命双修，就是道教仙道之真理性的最高"合题"。盛唐时代，佛道大兴。先是玄奘法师从印度学成归国，朝野欢庆。接着是钟吕总结佛道修炼经验，成为亘古明灯。钟吕皆出身官宦世家，先以儒家信念应世立身，命运多蹇，仙道成为英雄之归途。《钟吕传道集》中，天仙概念的划时代提出，既是儒家的应世情怀，也是道教的出世圆满。"儒道互补"，"达则兼济天下，穷则独善其身"，钟吕对此做出了神奇完满的人生实践。盛唐以其罕见的人力物力，对道教外丹术进行了广泛无比的操作实验，留下了大量丰富的修炼记录。钟吕出身官宦富裕家庭，对此相当熟知。钟吕的性命双修，内外丹

钟离权像

皆炼，既是时代馈赠，也有身世缘分。就像诗仙李白，只有盛唐才那么尊重和接受。就像张果老，也只有盛唐才那么欣赏和宽容。钟离权和吕洞宾，也只有沐浴盛唐之风才出现在华夏文明吧。

一、钟离权——道的政治张力

《战争与和平》是托尔斯泰最伟大的文学作品。战争和修道的关系也极为密切。作为华夏文明始祖，黄帝一边打仗一边修道。钟吕八仙中，与战争关系最密切者即钟离权。其一，他是一名将军。其二，他因战争得道。钟离权得道历史的扑朔迷离，源自于"战争与和平"的生存论紧张，就像《第一滴血》中的蓝波。

《历代神仙通鉴》叙述："汉将钟离权道既成""或隐或现，历魏及晋"等。由于这些记载，钟离权也被称为"汉钟离"。其实这是"误解"：其一，钟离权以"汉人""汉将钟离权"自称，是一种幽默和双关语。就语义双关而言，这里的"汉"既可以是"历魏及晋"之前的刘邦汉朝，也可以是隋唐之后五代刘知远的汉朝——史家谓之"后汉"。就历史而言，钟离权可能是刘知远的汉朝大将军，而非刘邦汉朝的钟离氏。至于"汉人"，即"中国人"，我们今天仍然使用。这就是钟离权作为将军的幽默。其二，他自称"天下第一都散汉钟离权"。由于句读方面的因素，出现了"汉钟离"。"天下第一都散汉"的说法，让人想起近年的影视作品《永不消逝的番号》。就钟离权将军而言，不仅部队的番号没了，昔日的部下没了，他自己人生的一切部署也都彻底"烟消云散"！作为一个将军，一个战场上的失败将军，的的确确是"一切都烟消云散"。钟离权以"都散汉"自谓，沉痛而真切，生动又准确。其三，了解宗教常识的人知道，"释家不问性命，道家不问年龄"。这涉及人的隐私安全和叙述分寸。白居易的《长恨歌》开篇写道："汉皇重色思倾国，御宇多年求不得。"白居易将唐玄宗称为"汉皇"，有他的缘由；钟离权以"汉将钟离权"自称，也有他的缘由——至少他比白居易还多了幽默。

钟离权也应该不是八仙云房的本名。钟离权者,"钟"有"总是""总得"之意;"离权",是离开政治权利的意谓。对于一个曾经统领兵马的将军,钟离权不会是他的原名。正像"云房""正阳"是他的道名一样,钟离权也是钟将军的道名,修道以后的名称。钟离权者,作为修道之人,"总得""离权",也必须离开政治权利中心。吕洞宾以剑仙著称,他的剑术部分得之于钟离权。作为一个将军,剑术是钟离权的基本功。修道之后,钟离权从剑将变成剑仙。钟离权剑仙的第一个要求:不许顾念国事!这反映了仙的政治张力和道的超越意识。钟离权在终南山和弟子面前,冉冉升腾,撒手离开,实践了他的仙愿,也完美了他的道号。

## 二、吕洞宾——仙的今古象征

元朝骆天骧的《类编长安志》"凝碧池"条写道:"凝碧池在东内苑。禄山陷长安,引梨园弟子数百人,大会凝碧池。乐工雷海清掷乐器于地,西向哭,被贼支解而死。"(83页,三秦出版社,2006年)

盛唐留下的就是这种大气英烈、唏嘘不已的历史"长恨歌"。白居易的《长恨歌》是盛唐遗产的唐诗消化成果,吕洞宾的《灵宝毕法》则是盛唐遗产的"唐仙"接受结果。吕洞宾对于盛唐有着完整的心灵记忆,始终无比怀念和骄傲。盛唐的高度给了他做人的高度,吕洞宾的《灵宝毕法》讲:"人是万物中最灵最贵者。"从唐太宗贞观到唐玄宗天宝的唐代历史,是盛唐灿烂的黄金季节。祖父吕渭是礼部侍郎,父亲吕让出任海州刺史,又在空间上将吕洞宾的心灵推到天涯海角。辉煌的盛唐文明,被安史之乱的马蹄声无情踏碎;显赫的官宦家世,被李家宰相的小心眼拦腰斩断。鲁迅的《呐喊》"序"写道,从小康家庭的坠落,大抵让他看见了世人的真面目。现在,吕洞宾可是从显赫的官宦家庭坠落的啊!和鲁迅相比,吕洞宾面临的境况更难接受、更难消化。他在长安酒肆喝酒，遇见将军出身的钟离权。吕洞宾从"当年诗价满皇都"的诗人，"掉臂西归"之后，成了"醍醐一盏诗一篇"的诗仙，成了大丈夫；从"陶陶动便经年醉"的酒鬼，"掉臂西归"之后，成了"顿饮长生天上酒"的酒仙，成了伟男子；从"摇撼乾坤金剑吼"的剑客，成了"两卷道经三尺剑"的剑仙。吕洞宾的绝世成就，源于从儒士到剑士再到道士的奋战历程。《宋朝国史》中也这样说："关中逸人吕洞宾，年百余岁，而状貌如婴儿，世传有剑术。"《吕洞宾全集》有剑道诗作，曾有《剑道集》行世。现代科技时代，讨论"剑"可能是谈论"道"的最好途径。"华山论剑"风行一时，就是例证。吕洞宾的《剑诗》写道："欲整锋芒敢惮劳，凌晨开匣玉龙嗥。手中气概冰三尺，石上精神蛇一条。"诗中，吕洞宾凌晨即起，不"敢惮劳"，修炼高超剑术。他气概豪迈，以剑砍石，惊天雷响，蛇一般的剑痕留在石上，留在人的心上。这是吕洞宾作为"剑客"的力量写照。他有言："诗吟席上未移刻，剑舞筵前疾似风。何事行杯当午夜，忽然怒目便腾空。""疾似风""便腾空"集中体现出作为一名剑客的技巧水平。又写道："奸血默随流水尽，凶膏今逐渍痕消。消除浮世不平事，与尔相将上九霄。"翦除邪恶，斩杀凶顽，消除不平，乃剑侠本色。这是吕洞宾作为"剑侠"的忠义流露。其"剑侠"的忠义本色，《赠剑客》中也说道："粗眉卓竖语如雷，闻说不平便放怀。仗剑当客千里去，一更别我一更回。庞眉斗竖恶精神，万里腾空一踊身。背上匣中三尺剑，为天且示不平人。"从剑客的力量和技巧水平，到剑侠的忠义和精神流露，这已经是明显飞跃。"庞眉斗竖""万里腾空"，一般剑侠基本上到此为止了。吕洞宾毕竟是"道人"，"道"的呼唤使他成为"剑仙"。他的《得火龙真人剑法》写道：

  昔年曾遇火龙君，一剑相传伴此身。

天地山河从结沫，星辰日月任停轮。
　　须知本性绵多劫，空向人间历万春。
　　昨夜钟离传一语，六天宫殿欲成尘。

　　这首诗对于研究吕洞宾的剑仙道路特别重要：（1）他的剑仙有许多老师，重要者有钟离权和火龙真人。钟离权是八仙头领，早名扬天下。火龙真人呢，"火龙"足见其隐世之深，"真人"又见其剑法之高。（2）"昔年""昨夜""绵多劫""历万春"是漫长习剑之路的回味概括，大概有40年吧。（3）"天地山河""日月停轮"表明，吕洞宾已是剑仙境界。"钟离一语""六天成尘"表明，吕洞宾完全进入剑道世界。（4）吕洞宾的剑道成功，首先是源于"一剑相传伴此身"。这表明，自从开始习剑，吕洞宾终身剑不离身，身不离剑。早期剑客，他是"匣中三尺剑"，是秦始皇佩带的那种长宝剑。到了剑仙，他是"袖里青蛇藏"，是荆轲手中的那种短匕首。

吕祖背剑像

　　荆轲刺杀秦始皇以失败告结，就在于吃了"短"的亏。吕洞宾呢，"朝游北越暮苍梧，袖里青蛇胆气粗；三醉岳阳人不识，朗吟飞过洞庭湖。"还有禅宗《五灯会元》的黄龙故事，至少表明吕洞宾的确已经到了剑仙境界。很显然，荆轲尚处于剑客阶段，是底层人的那种胆量，让他站在秦始皇面前。就剑术看，荆轲尚未成为剑侠，距离吕洞宾的剑仙太远。剑短成了剑客荆轲在人道世界的失败原因，短剑又是剑仙吕洞宾在剑道世界的成功例证。

### 三、反者道动——张果老和铁拐李

钟吕八仙，张果老是最有史学与玄学味道的人物。首先，新旧《唐书》都有他的故事记载。就此而言，作为八仙领袖的吕洞宾，也无法和张果老比。其二，作为历史人物，张果老多次受到武则天、唐玄宗召见。这是同时代的李白、杜甫也艳羡的轰动事件！其三，张果老的"老"已将他和老子联系在一起。张果老和老子之"老"，无疑蕴含了让人们感到神奇和离奇的"道"。张果老的倒骑毛驴，乃是《老子》"反者道之动"的喜剧解释学。

《唐书》记载："时人传其有长年秘术，自云年数百载矣"，"世传数百岁人"。唐诗人李颀专门谒拜过张果老，并即兴赋诗曰："先生谷神者，甲子焉能计。自说轩辕师，于今几千岁。"唐玄宗有个好道的女儿，叫玉真公主，唐玄宗想把她嫁给张果老。不料，张果老却坚辞不受，还唱道："娶妇得公主，十地升公府。人以为可喜，我以为可畏。"拒绝唐玄宗和公主，这是多给八仙争体面的事情啊！套用李白的傲气，张果老这便是："天子呼来嫁公主，自称我老无华屋。"张果老不仅见证着盛唐之音，不仅见到了盛唐之君，并且差点成了盛唐明君的乘龙快婿！和李白、杜甫，白居易的"置妓于家"比，"道"比诗高多了。张果老著有《丹砂诀》和《玉洞大神丹砂真要诀》等。《玉洞大神丹砂真要诀》非常详细地记述了丹砂的产地、形状、性质，其中提到用"汞一斤，硫黄三两"制成紫砂，其内容与陈少微的《九还金丹妙诀》相类似。这里汞、硫两物的重量比为100:19。而根据丹砂（硫化汞，$HgS$）的组成计算，汞、硫重量比是100:16。陈张二人把硫黄的量加多，是因为硫黄容易燃烧而遭到损失的缘故。这是很有道理的，说明当时制造丹砂确已积累了丰富的经验。这表明，张果老在八仙阵营，不仅仅是倒骑毛驴的滑稽离奇形象，也是躬身实践的技术大师。

宋元以来的钟吕八仙中，铁拐李和张果老皆属于离奇滑稽的喜剧形象。由于正史《唐书》有张果老的记载，而无铁拐李的文字，张果老的文化和传说，基本上是离奇多于滑稽；铁拐李则是滑稽大于离奇。张果老的"老"和铁拐李的"瘸"，就是一个非常形象化的注解。王世贞《题八仙像》提出的滑稽观，主要就是源于铁拐李滑稽的喜剧效果。浦江清的《八仙考》叹道："跛仙难有着落。"为了"跛仙有个着落"，我们从"正名"开始。铁拐李也叫做李铁拐，可是谁敢把张果老叫"老张果"吗？这就是"正史"有和无的区别效应。为了和张果老平起平坐，方便比较，我们为他"正名"：他应该叫"李铁拐"。李铁拐的形象塑造有"仙话"（仙道传统）和"闲话"（文学传播）。"闲话"传播还可以再分为文人和民俗两个方面。

李铁拐的"仙话"叙事也有两个方面：葛洪《神仙传》传统和钟吕传统。葛洪《神仙传》有李八百和李阿的仙传故事，《太平广记》和《云笈七笺》皆收录之。钟吕传统中的李铁拐故事，罕有一闻。《吕祖志》"跛仙遇道"写道：

李铁拐与蓝采和

> 长沙刘跛仙，遇洞宾于君山，得灵龟吞吐之法。功成归隐岳麓，自号潇湘子。常侍洞宾往来抱黄洞，宾数游城下，有诗曰：南山七十二，独爱洞真墟。后有郑思者，遇跛仙于清泰门外，相与俱仙云。

这和李铁拐仍有不小距离。李远国的《钟离权生平事迹略考》提供了另一种线索。南宋白玉蟾的《追鹤密法》记载，李铁拐本名叫"李哲"，是"铁拐都仙教主"，给钟离权授道。钟离权的另外一个师傅是李真多,号华阳真人。南宋王象子的《舆地纪胜》有李真多的内容记载。李真多是长安人,到四川随其兄李脱学道。白玉蟾的《跋施华阳文集》记载:"李真多以太乙刀圭、火候之诀,传之钟离权。钟离权传之吕洞宾。"李真多是从长安到的四川,钟离权也是从长安到的四川;李真多是长安人,钟离权是咸阳人。他乡遇故知,李真多于是传法给钟离权。盛唐蜀道,李白走过,唐玄宗走过,李真多和钟离权也走过。李铁拐有可能给钟离权传"法",钟离权也可能反哺于"道"。"蜀道"也是仙道,有浓郁的盛唐气息。至于李铁拐的"瘸",那是"知其白不守其黑"(《老子》)的缘故,也是《重阳教化集》所讲的卞和故事。《历代神仙通鉴》和民间传说的"阳神不归",和李铁拐的"瘸"没有直接关系。"阳神不归"的对治原则,正是钟吕《灵宝毕法》中的"七级调神法"。李铁拐之"瘸"的医方,则是《重阳教化集》中的"芦芽穿膝法"。在宋元以后的世俗艺戏中,李铁拐成了一个滑稽演员,从仙道学术看,那是带有深刻教训的严肃话题。

八仙过海(壁画)

八仙庆寿图

### 四、韩湘采何扰国舅

钟吕八仙中，何仙姑是唯一的女性。她的传说有许多来源：广州增城何仙姑、江苏扬州何仙姑和湖南永州何仙姑。永州何仙姑和吕洞宾的关系，有大量文献记载。吕洞宾一生游历广，岳阳洞庭湖是吕洞宾的信仰中心地区，永州是辐射区域。《吕祖全书》"何仙遇道"条写道：

何仙姑，零陵市道女也。年十三岁，随女伴入山采茶，俄失伴独行，迷归路。见东峰下一人，修髯绀目，冠高冠，衣六铢衣，即吕祖也。仙姑始仆仆亟拜之，吕祖与一桃曰："食此尽，他日当飞升；不然，止居地中也。"仙姑仅食其半，祖指以归路。仙姑归，自谓止一日，不知已逾月矣。自是不饥无漏，洞知人事休咎，后尸解去。吕祖尝谓仙姑曰："吾尝游华阴市中卖药，以灵丹一粒置他药万粒中，有求药者于瓢中信手探取入手，观其缘分也。如是数日，他药五万粒探取八丁，而此丹入手即坠。因叹世间仙骨难值如此。"（《吕洞宾全集》51页，华夏出版社，2010年）

吕洞宾与何仙姑交往的实质和意义，就是使一个"村姑"变为"仙姑"，或曰让一个女性由巫术发展为仙道的过程。范致明《岳阳风土记》也有类似记载。不过，同为宋代人，也有怀疑论者。比如欧阳修的观察就是："客有自衡来者，云仙姑晚年羸瘦，面皮皱黑，第一衰媪也"，"近见衡州奏云：'仙姑死矣，都无神异'"。这是可能的，也可信。

何仙姑与仙酒图

"村姑"变为"仙姑",就像法国萧伯纳笔下的窈窕淑女,可能变成,也可能失败。这里的人文逻辑是:只要是可能的,就是真实的!仙必须承受苦难,道即苦难超越。何仙姑接受吕洞宾的仙桃也罢,食云母也好,讲的就是承受苦难,超越苦难的仙道故事,讲的就是苦难中的幸福盼望。何秀姑转成何仙姑,何仙姑最终进入八仙阵营,既让宋明理学对女性的历史摧残以失败告终,也把女性的解放提升到仙道境域。当中国妇女承受裹脚等非人痛苦的时候,钟吕八仙以特有的"修真"途径葆有了女性之美。这已经是世界性的精神美谈!女性太孤单了,女仙太稀缺了。于是蓝采和男扮女装,与何秀姑组成八仙中的"绝代双娇"。

蓝采和,最早见于南唐沈汾的《续仙传》。《太平广记》记载:

蓝采和,不知何许人也。常衣破蓝衫,六銙黑木腰带,阔三寸余。一脚着靴,一脚跣行。夏则衫内加絮,冬则卧于雪中,气出如蒸。每行歌于城市乞索,持大拍板,长三尺余,常醉踏歌。老少皆随看之。机捷谐谑,人问,应声答之,笑皆绝倒。似狂非狂,行则振靴唱。踏歌:"踏歌蓝采和,世界能几何。红颜一春树,流年一掷梭。"

蓝采和像

显然,蓝采和是一个流浪街头的散仙,是道情艺人,更是有道的仙人。一路踏歌,差不多是今天的行为艺术和街头艺人。"或见贫人,即与之",是其道德;"卧于雪中,气出如蒸",是其道法;"常醉踏歌,机捷谐谑",是其道情;"云鹤箫声,冉冉而去",是其道果。毛主席讲:"卑贱者最聪明。"道教以自己的修真途径,也历史性地将何仙姑和蓝采和这两位"卑贱者"成功地送进了八仙阵营,成为人们至今咀嚼的文化美谈。作家讲:"穷人是最美丽的",何仙姑和蓝采和就是明证。作家还说:"有线电连来了三位女兵,无形中增强了部队的生活基调。"那么,真得感谢何仙姑进入八仙阵营,也真得感谢蓝采和的男扮女装。"她们"的故事,让人们在感觉"玄"之外,也感受到了"美"。

如果说蓝采和是出身底层的道情艺术家,以街头为舞台,那么,韩湘子就是出身上层的道情大师,演出舞台非国家剧院莫属。韩湘子是八仙中的美男子,也是"道情"的创始人,著名道情《天花引》的主人公。唐代音乐之发达,似乎也是"前不见古人,后不见来者"。韩湘子创作道情《天花引》,理固宜然。韩愈著名的"云横秦岭家何在,雪拥蓝关马不前",就是写他与韩湘子的会面,演出场所就在长安"国家剧院"。韩湘子的生长环境是首都高干家庭,即叔父韩愈的家里。韩愈呢,先后出任过大唐"五个部的部长",并做过"京兆尹"(首都市长)。那么,文献尽管阙然,韩湘子《天花引》道情的首场演出,不是在长安的"国家剧院",也就只能在天上了。韩湘子是盛唐道情的宗师和象征。当然,《天花引》难免不散发盛唐的"仙乐风",也让诗人们往"妓乐"一面联想。敦煌文献表明:唐代段成式的《酉阳杂谈》中所记载的韩湘子的魔法是真实的,他更绝的还是和吕洞宾所学的"白鹤隐遁法"。敦煌文献中的《白鹤隐遁法》已经把钟离权、吕洞宾和韩湘子联系在一起了。韩湘子《天花引》道情的首场演出,蓝采和拿不到门票,曹国舅会到场观看吗?

曹国舅,他是八仙中疑问最多者。学者们依据正史认为,曹国舅是大官而不是真仙。是哪一朝的大官?是宋朝的曹国舅啊!历史上盛唐的钟吕没有传道给曹国舅。反例是有,宰相王安石想学道,吕洞宾拒绝了。是谁给钟吕和曹国舅牵的线呢?是南宗的白玉蟾和

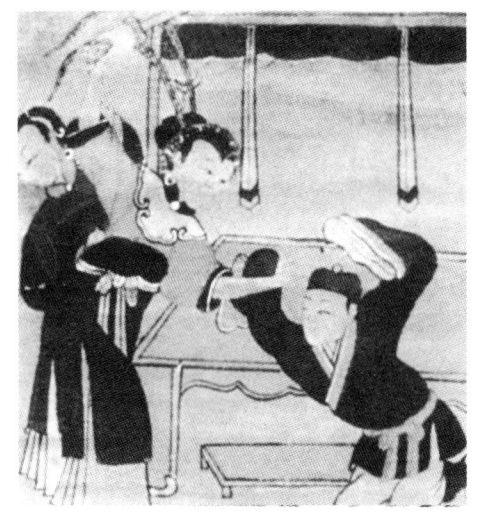

曹国舅渡河

苗善时。先有白玉蟾的《咏曹国舅》之歌，后有元代苗善时《妙通记》"度曹国舅第十化"。于是，曹国舅成了吕洞宾的徒弟。南宋的朝廷，一门心思淡忘北方，庆寿频频，朝野忙忙。"八仙庆寿"的寿主，名义是西王母，实际是宋皇后。皇后庆寿，国舅缺席，皇帝外甥能答应吗？南宋毕竟还有半壁江山，到了以后，蒙元和满清两次征服中国。大的是非，已经没有多少国人感兴趣，一个国舅取代一只"海蟾"，进入了八仙的历史演出，又何必较真呢？刘海蟾和吕洞宾是亦师亦友的关系。王重阳甘河遇仙，传统上认为，不是吕洞宾就是刘海蟾。就道教内部而言，刘海蟾比曹国舅的分量要重。不过，八仙中已经有了张果老和钟吕，刘海蟾退出，影响也不太大。就刘海蟾和曹国舅两位"大仙"而言，可比性有三：（1）刘海蟾曾为国相，曹国舅永是国舅；（2）两人都富裕，刘海有金蟾，国舅有金带；（3）二者都是喜剧形象。刘海戏蟾，生性贪玩；太后庆寿，国舅最乐。迫于南宋皇室的趣味，海蟾将仙位"让"了国舅。刘海蟾和曹国舅，无论谁在八仙队伍，讲的都是仙道无法回避的国家力量。

## 第三节　为什么是它们：八仙器物

有道是："人配衣裳，马配鞍。"衣裳既是人和动物的区别标志，也是社会文化的直观表征。马鞍的发现，既让野马成为战马，也是战马的器物象征。钟吕八仙也有他们的器物象征，这就是：铁拐李的葫芦、钟离权的团扇、吕洞宾的宝剑、何仙姑的莲花、蓝采和的花篮、张果老的鱼鼓、韩湘子的横笛、曹国舅的玉板。这几件八仙器物，后来常常脱离主人之手，以各种各样的纹饰符号出现在建筑家具上，故也称作"暗八仙"。暗八仙是"道家八宝"，是八仙所持的八种法器，用其代表八仙，既有吉祥寓意，也代表万能法术。暗八仙的主要功能是：鱼鼓，是张果老所持宝物，"鱼鼓频敲有梵音"，能占卜人生；宝剑，是吕洞宾所持宝物，"剑现灵光魑魅惊"，可镇邪驱魔；笛子，是韩湘子所持宝物，"紫箫吹度千波静"，使万物滋生；荷花，是何仙姑所持宝物，"手执荷花不染尘"，能修身养性；葫芦，是李铁拐所持宝物，"葫芦岂只存五福"，可救济众生；扇子，是钟离权所持宝物，"轻摇小扇乐陶然"，能起死回生；玉板，是曹国舅所持宝物，"玉板和声万籁清"，可静化环境；花篮，是蓝采和所持宝物，"花篮内蓄无凡品"，能广通神明。

钟吕八仙的器物之所以成为"暗八仙"，成为他们各自的象征与标志，源于器物的实用性和象征性。实用性又可分为日常实用和道教法用两个层面。器物的日常实用性无疑反映着使用者的职业、身份、家世、性别和年龄诸特征。比如曹国舅的玉板与蓝采和的花篮，就社会伦理和日常实用性看，就是大臣和乞丐、富裕和贫穷、显贵和底层的身份标志与象征。曹国舅手持的玉板，也叫笏板、朝板和阴阳板。它的实用起源是朝廷记事，朝板即得名于此。笏板之"笏"，是竹

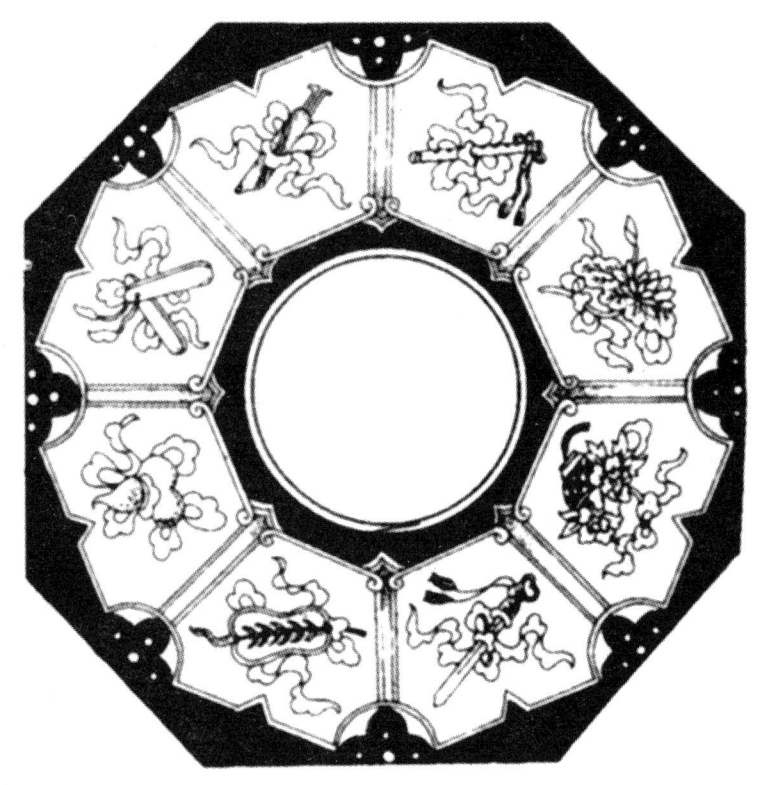

八仙法器图案

子制成的典"册"象形，即书写记事之义。大唐武德四年以后，五品官以上执象牙笏，六品以下官员执竹木做的笏。玉板来自于笏板的质地和级别，是高级别的笏板和朝板。曹国舅手持的笏板，肯定是高级别的玉板。在中国道教，朝板是重要法器，用于科仪斋醮。朝板怀抱，表示法师向帝尊奏告。道教朝板，也叫阴阳板，其寓意既和太极图呼应，也表征天人的沟通。传说"八仙过海"中的曹国舅，是一位旷达豪爽、散财济贫的好神仙，他手中有两块神通广大的木板，一阴一阳，专门用来调节世间"阴阳"，为民造福。不消说，民俗祈雨中的阴阳板，和建筑家具上的纹饰符号一样，已经完全是朝板的象征意义或文化使用。朝板——上朝的笏板使用在田野，变成阴阳板，无论性质、环境和质地已经大不相同了。朝板源于朝廷，后用于道场，再用于民俗节日，有一个复杂的社会文化过程，差别极大，味道迥异。或者，就器物的器具性而言，它们也是殊途同归，完全一致。或者，以道观之，万物平等，并无区别。

就社会伦理和日常实用性看，曹国舅的玉板与蓝采和的花篮，是大臣和乞丐的身份标志，其别大矣！而就道教法器的实用性看，曹国舅的玉板与蓝采和的花篮，皆是道具——道的器具，彼此兼容，取长补短，功用平等。钟吕八仙之间是平等的，暗八仙——李铁拐的葫芦、钟离权的团扇、吕洞宾的宝剑、何仙姑的莲花、蓝采和的花篮、张果老的鱼鼓、韩湘子的横笛、曹国舅的玉板，也同样是完全平等的。这就是"道"的自由解放力量吧，就是八仙过海的真实寓意吧。

八仙过海是脍炙人口的故事，最早见于《争玉板八仙过海》中。白云仙长邀请八仙在东海共襄盛事。返程之时，李铁拐建议不再一起搭船，各自想办法渡过东海。这就是八仙过海的来源。钟吕八仙过海时，李铁拐抛下自己的法器铁拐，钟离权扔下芭蕉扇，张果老放下坐骑"纸驴"，其他神仙也各掷法器下水，横渡东海。八仙的举动惊动龙宫，东海龙王率领兵将前往挑战。冲突中，蓝采和被带回龙宫，法器被抢。为营救蓝采和，八仙大开杀戒，怒斩龙子。东海龙王则与北海、南海及西海龙王合作，惊涛骇浪，双方激战。此时曹国舅拿出玉板开路，将巨浪逼往两旁，顺利渡海。最后，南海观音菩萨出面调停，东海龙王释放蓝采和，双方于是停战。八仙过海既显示人物的神通，更显示了暗八仙的法力。

何仙姑是八仙中唯一的女性。她的宝物是莲花，首先是性别的优越选择，其次是心莲和美的绽放，最后是"金花的秘密"。既然属于"秘密"，我们也就点到为止吧。李铁拐的葫芦，首先是大自然的果实，其次是炼丹的容器，最后是"金丹的密室"。张果老的鱼鼓，又称做道筒、竹琴，首先是张扬离奇的声名，其次是修炼的道筒，最后是"竹琴唤龟的密法"。既然张果老连公主都拒绝，我们也就打住吧。韩湘子的横笛，首先是关中道情，其次是天人爱情，最后是"观世音的密乐"。我们先把人的感情处理好，再听他的《天花引》吧。钟离权的芭蕉扇，首先是"上药三品"中的"气"，其次是修炼中的"风"，最后是天心的"宇宙能场"。如果我们难于获知天仙的心灵，那就多看些现代宇宙学的书籍。八仙法器，最后的宝物，就是吕洞宾的宝剑！

人揖别于动物的重要标志即工具使用。道家优越于儒家的因素即法器运用。黑格尔的《逻辑学》指出："锄头比由锄头所造成的、作为目的、直接的享受更尊贵些。"吕洞宾平生使用了许多法器，最主要的就是宝剑。吕洞宾的宝剑有三层意义：首先它是兵器，其次它是法器，最后它是道器。剑作为兵器，被称之为宝剑。它是兵器之王，王者之配器。兵器中的宝剑，已经吹毛断发，劈石如土，削铁如泥；已经有十年磨一剑，已经有荆轲刺秦王，已经是道不尽、说不完的书剑恩仇录。何况宝剑，它又是法器和道器呢！唐诗人孟郊的《赠剑客李园联句》写道：

> 天地有灵术，得之者惟君。
> 筑炉地区外，积火烧氛氲。
> 照海铄幽怪，满空歆异氛。
> 山磨电奕奕，水淬龙蝹蝹。
> 太一装以宝，列仙篆其文。

作为法器和道器的宝剑，就是"列仙"的文明，就是"太一"的宝藏。吕洞宾从一个普通剑客，修炼到纵横天下的剑侠，再到六合之外的剑仙，除了天赋勤奋，靠的就是他手中的剑——从"山磨电奕"、削铁如泥的宝剑，到"水淬龙蝹"、飞腾莫测的法剑，再到"太一装宝"、有无幻化的道剑！还有李铁拐的葫芦、钟离权的团扇、何仙姑的莲花、蓝采和的花篮、张果老的鱼鼓、韩湘子的横笛、曹国舅的玉板——和吕洞宾的宝剑一样,皆是"太一"的宝藏,皆是"列仙"的文明。

## 第四节 八仙雅俗三重唱

在《太极图三题》(《道教史探源》)中,柳存仁先生以例开篇。他的例子,从孙中山用"西词的以太(ether)"翻译太极,到京剧脸谱中姜维眉间的太极图、《易经》中的太极概念、《封神演义》中的太极图故事,最后是戏院绒布所绣的太极。读《道教史探源》,我们一方面惊叹于柳先生学识之渊博,另一方面就是感叹于道教思想——已经是雅俗共唱的复杂格局。钟吕八仙,也是一个雅俗三重唱的丰富世界。

李铁拐仙意图

首先是仙道学。《吕祖全书》53万字,《新编吕洞宾真人丹道全书》(陈全林编校)120万字,他们是研究钟吕丹道丰富的方便文本。钟吕丹道的性质或者说位置究竟是什么?相对于老庄道家的抽象玄思,钟离权、吕洞宾的修道学派开创了中国道教的实践神学。相对于后世道教的养生房术,钟离权、吕洞宾的修道学派葆有着华夏道学的宇宙智慧。实在说来,钟吕派不单单是一个修道学派,以其仙学之正宗与影响之深广而言,乃是修道本身与修道者的象征。正像他们所处的时代盛唐是中国古代历史的鼎盛高峰一样,钟吕的仙道学也是道教历史的鼎盛高峰。不要说《破迷证道歌》《敲爻歌》等大量诗文的广行于世,单《钟吕传道集》和《灵宝毕法》这两部巨著,已让人有"高山仰止"之叹。这两部巨著,一个宏阐道、理而兼于术法,一个广传"法""术"而兼于理道,它们的内容风格又极系统、完备、具体、明白,正所谓"博大精深"者。从内容层面讲,道、理、法、术四者兼备而翔实;从研究领域讲,则心脉生理与星月宇宙融通一体而理据甚明;时间观上的四时论、调神法中的七级论,更是特别深刻而有独创性。单就炼丹修道内部而言,"性命双修""内外丹结合""炼精化气、炼气化神、炼神化虚、炼虚归道"的四级修炼说、"五仙级说"等道派共尊、奉为圭臬的理法原则,都是在钟吕仙道学首先得到系统完备、晓畅明白的建立。

相比于魏伯阳《周易参同契》的古雅奥深,钟吕著作更呈具体明白的稳确质感;相比于后学丹书道著的细致具相,钟吕又显出系统完备的恢弘大气。画论有"远观其势、近观其质"的说法,观钟吕著作,人们可以获得"远观"之大势与"近观"之质感相结合的丰富效果与满足感。

其次是文艺学。《吕祖全书》和《新编吕洞宾真人丹道全书》的第四部分,皆收录了钟吕大约300首诗歌。关于《全唐诗》中所收吕洞宾诗文的情况,马晓宏写道:

《全唐诗》共收吕洞宾诗、歌、词四卷(卷八百五十六至八百五十九),二百四十九首,多见于诸本。各组诗的排列顺序与《吕祖志》《吕祖全书》同,而与《浑成集》《道藏辑要》稍异,其诗的来源必与《吕祖志》《吕祖全书》相同。汇集《全唐诗》所据,为明胡震亨《唐音统签》和清季振宜《唐诗》,其采择时未加详辨,或有他人诗混入者。(吴光正主编《八仙文化与八仙文学的现代阐释》第305页,黑龙江人民出版社,2006年)

钟吕八仙诗文是一个极为丰富而驳杂的文本世界,是古典文学亟待开垦的富脉金矿。仅就分类而言，陈全林分为"丹诀""诀注""诗歌"和"文赋"四类。马晓宏认为："吕洞宾诗从内容来划分，大致可分为题咏、赠答、劝度、修炼这样几类。"并指出，"题咏诗多好事者为主，更隐姓名，使人猜测，以欺世惑众"。我们认为，吕洞宾诗文是一个尚待开垦的处女荒原。深入系统的工作之前，应该避免简单武断的结论。面对吕洞宾这样一个和佛教观音菩萨、儒教关圣相提并论的道教大师，我们都会存在片面和无知。仅就"三戏白牡丹"来说，往下看，可以和唐伯虎三戏秋香进行文学的比较研究；往上看，则可以和耶稣与玛达勒娜的故事进行宗教的比较研究。而就文学的精神层面来看，吕洞宾的三戏白牡丹，乃有着"性、欲、情、爱、仙（圣）"五大蕴含。欧美的《亲吻神学》，藏密的欲乐定和仙道双修，都是它的释义背景和语境。任何片面的认知和态度，都将身入宝山，空手而归。

　　钟吕八仙三重世界的第三维度，即民俗学或文化学。八仙的民俗学或文化学文献，吴光正就收集了500多万字的资料。这还仅仅是语言符号性文献，还不包括非语言符号性文献——比如众多的八仙庵和吕祖洞，众多的画布上或绒布上或墙壁上的八仙和吕祖。因此，对八仙的民俗学或文化学探究，必须文献研究与田野考察相结合。并且，田野考察中的"八仙"，尽管具有不同于语言文献的直观可视性，但它却不是"物"的对象，而仅仅是"物化"或者"物态化"的人文事件。就田野考察中"八仙"的"物态化"特征，我们觉得选择民俗学比文化学要好。这又涉及"文化理念"与"文化理论"。当代的"文化理论"极为混乱和肤浅。让人想起美国一位教授的愤怒："谁说文化，我就想掏枪。"中国学者没有枪，还是想想自己的文化理念吧。我们认为，"文化"一词有两个特征：（1）它是人类的产物。因之，说"自然文化""宇宙文化"和"物质文化"就没有意义，是"空集"；除非这里的"自然""宇宙"和"物质"

是人类创造的。人类显然可以创造"物质"。为什么它就不是文化呢？这涉及文化的第二个特征。(2)它是人类的符号性产物。因之，说"餐饮文化""厕所文化"和"茶文化"就没有意义，是"空集"；除非这里的"餐饮""厕所"和"茶"不是"物质"，而仅仅是"物化"或"物态化"，即符号性产物。流行语中的"茶文化"是指茶"有"文化，而非指茶"是"文化。同样，宗教有文化，然而，宗教不是文化！《逻辑哲学论》已经充分论证了"有"与"是"的混用，是哲学的苦难！它也是文化研究的困难，更是当前宗教研究的灾难！比如，对一个男性可以说："他有妻子"，而无法说："他是妻子"。而对一个女性，可以说："她是妻子"，而无法说："她有妻子"。就算一个人是同性恋者，他（她）也无法将"有妻子"与"是妻子"同时拥有。

中国研究道教的学者，罕见同性恋者，却经常将"有妻子"与"是妻子"同时拥有！他们的著述中，可以经常见到"历史文化""宗教文化"和"思想文化"诸字眼，有时甚至成为文章和书籍的题目。比如他们研究八仙或者吕洞宾，就唯"正史"马首是瞻！而所谓的"正史"，其实是"正史"文献。他们首先将"正史"文献化了，即将历史等同于历史学。他们的思维习惯已经成为"集团无意识"：文献—历史学—历史。"文献"证明他们的"历史"，"历史"证实着他们的"文献"，从而形成当前风行的历史学。为了完成他们的解释学循环，就对传统文献（如道教文献）任意排斥、怀疑与否定。

八仙道祖图

踢开道教文献来研究道教，不是天真和虚妄吗？王国维当年为"文献"所困，提出历史研究的"考古"和"文献"二重法。对宗教研究来说，"考古"和"文献"的二重法尚嫌不够："考古"和"文献"都是"死物"，而信仰着的乃是"活人"。宗教的历史，尤其是一种"活着"的现在，而不是符号（文献）或符号化（考古）；而读解符号（文献）或符号化（考古）的主体，仍然是活生生的人。人有符号，人不是符号；人有符号活动，人不是只有符号；钟吕八仙有人道，还有天道。那么，囿于符号世界——不管是以历史学还是宗教学的面孔出现，谁能够看见钟吕仙道学的"第一滴血"呢？

众所周知，波普尔有世界三理论：客体的存在世界1，主体的领悟世界2，载体的符号世界3。钟吕八仙，当然有载体的符号世界3，但更本质地属于客体的存在世界1。载体的符号世界3与客体的存在世界1的打通融汇，有赖于主体的领悟世界2。如果希望打通钟吕八仙的符号世界与存在世界，必然有赖于研究者的领悟世界。研究者的领悟，又受制于他自己的符号世界与存在世界。当研究者将钟吕八仙简单化为文献世界，他们并非脱离了存在世界，恰恰可能是：他们已经深深陷入了世俗化的存在世界。美国的道教学者，无论是康豹的《多面相的神仙》还是景安宁的《吕洞宾和永乐宫》，你都能够看到他们在田野考察上的深深足迹和所下的工夫。这不是随便的旅游观光，而是研究对象发出的本质呼唤和方法论要求。田野考察工夫的缺失，造成研究著述的缺钙是显而易见的。从浦江清当年的《八仙考》到今天中国当代诸多"国家课题研究"，它们的严重缺陷有两个：其一，把信仰看成文化的错误。中国学者，常常将民间道教信众或八仙庵或吕祖洞或老君庙的朝圣活动，先是归结成"文化活动"，其次视为民间文化，再次推为低级民俗，最后的结论是："迷信活动"。这有错吗？不就是如此吗？唉，的确错了。"迷信活动"首先就不是"文化活动"，它与其说是"文化活动"，不如说是

"活动文化"。作为一种"活动文化",其重点是"活动"而不是"文化"。"活动"着的是人的生命,它有"文化",但它不是"文化"。"活动"着的是生命的存在和他们的信仰。你可以说他们的生命和存在是"低级的",但无法说他们的"信仰"是低级的,除非你能够拿出一种"高级"的信仰。学者们有谁拿出他的"高级"信仰?错在哪里呢?错在他们将信仰活动归结成了"文化活动",将存在性的信仰世界等同于符号性的文化世界。学者们将自己文化上的优越看成了存在上的优越,甚至等同于自己在信仰上的优越,因而错了!自己没有信仰,不算错误;一旦把自己文化上的优越等同于信仰上的优越,就错了。信仰属于波普尔的存在世界1,不是波普尔的符号世界3。欧美学者已经来到我们第三世界的信仰领域,我们第三世界的学者,却总是走不到信仰领域的第一世界。其二,把道教民俗看成低级文化的错误。道教民俗有低级的成分,却不是低级的文化。首先道教民俗是存在世界,不是符号世界。即便是它的符号性东西,其中心也是指向道的领悟和信仰,即指向道本的领悟和信仰世界,而不是指向符号化的文化和文本世界。比如太极图的符号领域,比如柳存仁先生在《太极图三题》举出的那几个例子:有"西词的以太(ether)""京剧脸谱的太极图""《易经》太极概念""《封神演义》中的太极图"和"戏院绒布所绣的太极",能说这些都是"低级的文化"吗?"西词的以太(ether)",即"道"的本体论概念,乃是最高的文化人才碰的东西。"京剧脸谱的太极图",画的位置是蜀将姜维的两眼之间,是天眼之意,是天眼已开的意思。出将入相,即便是正统的儒家价值观,也是辉煌的成功标志,怎可小觑?"戏院绒布所绣的太极",让人想起了狄更斯《双城记》的女主人公把"革命"绣在自己毛衣上的故事,那是坚贞的意志体现啊,那是"百姓日用的"道啊!民俗牵涉信仰,怎么也不是"低级文化"吧。想想韩国国旗上的太极图案,道教民俗分量之重,就可以掂量了,前提是把它置于人类信仰的天平上，切不可交给那些轻如鸿毛的"文化大脑"。

在道教学者的"文化大脑"里，他们不仅把钟吕八仙超越语言的仙道学纳入"文献处理"，也把其笑傲世事的文艺学统统纳入"文献训诂"，甚至将高岩僻野、信众朝圣的钟吕八仙民俗或文化，也给你塞进"文献世界"。"文献"成了"文化大脑"的唯一家园。他们将钟吕八仙著述，一概纳入文献学处理。《道藏》作为钟吕八仙的文献家园，他们却既不信任，也不深入。于是，钟吕八仙世界，那丰富激越的雅俗三重唱，就变成了发黄故纸堆里的低沉单调之打更声。英国思想家波普尔的"世界3"，多少挽救了钟吕三重唱中的信仰之声。只是有些不幸，钟吕三重唱中的信仰之声，听到的、欣赏的、喜悦的观众，遥远的欧美学者多，近在咫尺的"文化大脑"很少。"大音希声"的缘故吗？还是"近则不逊"的因素呢？欧美学者已将钟吕世界的三重唱视为圣徒之歌和英雄之曲，而我们的"文化大脑"，将钟吕八仙视作"谎言者"有之，视作"夸诞者"有之，视作"托名者"更有之。"大音希声"，知音可贵；"大音无声"，那就可怕了。

## 第五节　八仙庆寿：欢庆永恒的道场

希腊的柏拉图有名著《会饮篇》，西藏同胞有《智者喜宴》，中国道教的"会饮篇"和"智者喜宴"又是什么呢？答曰：是《八仙庆寿》。庆寿是一种生命长寿的祝福，是生命长久的祝愿。《诗经》有许多庆寿的诗歌，"南山之寿""万寿无疆""寿考不忘"，都是现代汉语耳熟能详、脍炙人口的庆寿名句。八仙庆寿的最早记载是五代时期的《图画见闻志》。这里的八仙究竟是不是钟吕八仙，还无法确定。最早的钟吕八仙祝寿作品，大概出现于宋金时期。

首先，钟吕八仙作为一个仙人群体基本形成于这一时期。道教北祖王重阳的《仲正宅》一诗写道："昨宵梦请八神仙，便付鸾衣降玉编。数幅蛮笺铺锦绣，一枝象管走云烟。""昨宵梦请八神仙"既明确写自己"梦请八神仙"，也佐证钟吕作为全真教的道祖并非心血来潮，更非空穴来风。马丹阳写道："四皓嬉游纵狂舞，八仙宴饮倒提钟。外施功行神明佑，内炼仲和道气丰。"从王重阳《仲正宅》的"梦请八神仙"到马丹阳笔下的"八仙宴饮"，全真教在八仙祝寿的路上又向前走了一程。接着，王处一《赐紫登坛作醮》写道："飞龙走虎下天来，光满金坛紫宴开。入洞瑶池空里降，升沉天地一齐回。"马丹阳和王处一诗中的"八仙宴饮倒提钟"和"入洞瑶池空里降"已经告知人们：（1）八仙庆寿的地点是王母瑶池。（2）瑶池仙会是道的群英会，是人天庆寿的喜宴。（3）《赐紫登坛作醮》表明，全真教已经与皇家合作。"作醮"既然是国家级的天人法会、皇家和道家的合作，钟吕八仙的到场已经是呼之欲出了。

八仙祝寿的寿主是西王母。西王母是《山海经》和《穆天子传》的主人公。《西游记》有西王母蟠桃宴的故事描写。瑶池是古代传说中昆仑山上的池名，西王母所居之处。《史记·大宛列传》曰："昆仑其高二千五百余里，日月所相避隐为光明也。其上有醴泉、瑶池。"《穆天子传》卷三曰："乙丑，天子觞西王母于瑶池之上。"西王母住在昆仑仙岛，仙岛的胜景是瑶池中的蟠桃园，其蟠桃，食之可长生。《汉武帝内传》记载：西王母是美丽的绝世女神，她赐汉武帝三千年结一次果的蟠桃。三月初三是王母的诞辰，此日举行的隆重盛会，俗称为蟠桃盛会。

据《瑶池会八仙庆寿》和《八仙出处东游记》记载，李铁拐是西王母的亲传弟子。李铁拐在修炼的过程中，被弟子误焚躯体，元神无处可归。后发现路边饿殍，借尸还魂。这饿殍蓬首污面，还是个跛足。李铁拐临水自鉴，形貌丑陋，心极烦恼，便向王母诉苦。

西王母安慰之，送他一根铁拐杖，封他为东华教主。从此，他便以"李铁拐"知名，又称"铁拐李"。李铁拐来到终南山，遇见了钟离权，言谈投缘，于是给钟离权授道。钟离权又传道给吕洞宾。吕洞宾原操儒业，考进士不中。在长安酒肆，钟离权和吕洞宾相遇。钟离权点化成功，吕洞宾取道号叫纯阳子。吕洞宾又传道给韩湘子、何仙姑、蓝采和。蓝采和是唐末人，自幼落拓，常穿破衫在闹市行乞，一脚着靴，一脚赤裸。李铁拐显形人世时，众人都不理他一个丑陋残丐，蓝采和却与他情投意合，左跛右颠，形成二人丐帮，渐悟成仙。

八仙画像

上述李铁拐的仙道故事，元代全真教赵道一的《历代真仙体道通鉴》也有记载。宋金时期，在全真教最初的创立者那里，已经屡屡提及钟吕八仙的概念。这一时期的钟吕八仙概念是肯定有了，钟吕作为八仙的核心也是肯定的，还有一点也可以肯定：全真教最初的钟吕八仙中，没有曹国舅，而有刘海蟾。《历代真仙体道通鉴》收录了700多位"真仙"，没有曹国舅。距离王重阳和北七真，已过了50多年了，元代赵道一的《历代真仙体道通鉴》尚没有曹国舅，这是确证。赵道一写教史非常严谨，被誉为"史之良材"。全真五祖中有刘海蟾，相传他直接传道给王重阳。全真教王重阳和北七真时期的钟吕八仙概念中，显然给刘海蟾留有位置。

就在北七真苦心励志、内心坚守的金人王朝统治时期，江南的汉人南宋又是别样景象："直把杭州作汴州""隔江犹唱后庭花"，三天一小宴，七天一大宴，庆寿活动相当热闹。南宋庆寿题材的作品应运而生，如雨后春笋般大量涌现："只有到了南宋，这类主题的文艺作品的数目才突然间膨胀起来。以词为例，《全宋词》中南宋人写的寿词有2000多首，占颂词作品的1/10强，涉及的作家有400余人，刘克庄词作的1/3都是寿词，魏了翁一个人就写了100首寿词。可见，南宋祝寿风气及其在文艺领域中的表现是非常之浓厚非常之普遍的。"（吴光正《八仙故事系统考论》16—17页，中华书局，2006年）南宋朝野是带着钟吕的传奇记忆渡江的。钟吕的崇拜，五代宋初已经出现，北宋末期达于炽热。南宋尽管定都于杭州，却不但没有淡化钟吕八仙的记忆波澜，反倒使之更加缠绵流连。南宋时期，钟吕八仙集体庆寿的图画有之，"八仙杯"有之，"八仙桥"有之，"八仙酒"有之。钟吕八仙成了南宋朝野的时尚文化现象。南宋朝野对八仙历史文化的最大改造和"贡献"就是去掉刘海蟾，增加曹国舅。西王母是神话历史和历史神话，这是道教的传统主题。八仙给西王母庆寿，已经有相当的历史基础。南宋朝野特别热衷八仙庆寿这一传统主题，接受庆寿的寿主是谁呢？从神话历史讲，是西王母；从王朝语境看，只能是宋皇后。问题仅仅是选择哪一个宋皇后啊？也只能选明君英主的宋皇后啊！只能是宋哲宗，也只有曹皇后，也只能是曹国舅了。这就是曹国舅取代刘海蟾的历史背景。南宋白玉蟾有《赞曹国舅》和吕洞宾传记《平江鹤会升堂记》。曹国舅和钟吕八仙的关系打通了。因此，南宋的钟吕八仙中，就有了曹国舅。宋皇后的庆寿大典，曹国舅既是神仙，又是公侯，还是胞弟，这是多体面和喜庆的事情啊。到了元代，南宗苗善时写的《纯阳帝君妙通集》的"第十七化"，就有了吕洞宾传道曹国舅的详细叙事。

《纯阳帝君妙通集》"第十七化"是曹国舅的得道故事。一次钟吕众人在黄河摆渡时，碰见了宋仁宗的内亲曹国舅。这位国舅爷正想隐迹山林学道，钟离权和他交谈一番，称赞他能识本来面目，遂引入仙班。随后，他们在东京找到了李铁拐和蓝采和，欢宴之际，当年同李铁拐一起游华山的张果老骑着驴子也回来了，说是西王母寿庆在即。于是八仙共赴瑶池，为王母贺寿。曹国舅作为钟吕八仙最后的"中央委员"，也是钟吕八仙中唯一的皇亲国戚，拿出寿礼之时，无疑既有浓郁的仙道尊贵之气息，还有浓重的政道高贵之气质，更有浓烈的家道富贵之气脉。王汉民的《八仙戏曲作品考述》写道："神仙剧宋元发轫，明代大盛。"这里的"宋"，确切说就是"南宋"。一来庆寿活动以南宋为热烈之开端；二来通过南宗道统，皇家国舅进入八仙队伍。这特别获得了朱明王朝的青睐和欢迎。有明一代，八仙庆寿继承南宋统续而发扬光大，八仙庆寿，皇家圣演；庆寿剧作，雨后春笋，影响最大者，即皇孙朱有燉的八仙庆寿剧。朱有燉的八仙庆寿剧，现存的剧本有《瑶池会八仙庆寿》和《群仙庆寿蟠桃会》。皇孙朱有燉，其封地即河南汴州。南宋被金人威逼，尚只能"直把杭州作汴州"，皇孙朱有燉，如今就在汴州称王。其歌舞升平，人天欢宴，八仙庆寿，戏剧盛演，远非南宋可比！仅就八仙庆寿的文本历史来看，元杂剧《争玉板八仙过海》群仙会的地理场所是蓬莱仙岛，主人是白云道长，缘起是赏花论道。到了朱有燉的《瑶池会八仙庆寿》和《群仙庆寿蟠桃会》，群仙会的地理场所变成王母瑶池，主人是王母娘娘，缘起是蟠桃庆寿。明代吴元泰《八仙出处东游记》和晚清《八仙全传》的八仙庆寿情节，基本都是朱有燉的叙事框架，未越雷池一步。今日西安八仙宫，主神仍然是西王母。《八仙全传》的作者，署名无垢道人，也无力回到他的全真教系统了。朱有燉的八仙庆寿剧，开辟了人间欢庆永恒的剧场和道场！时过境迁，不断有学者质疑曹国舅的仙籍，谁也无法改写已然发生的历史剧场和道场。我们只能领会历史，最好是欣赏它的美妙。八仙庆寿，毕竟是一个欢庆永恒的道场，毕竟是文化人类学的主题。道教的王母瑶池和《圣经》中的伊甸园，皆是永恒的生命世界。生命永恒的象征表达，道教是西王母瑶池中的蟠桃，《圣经》是伊甸园中的苹果。永恒生命的女神形象，道教是西王母，藏传佛教是空行母。全真七子的王处一在《赐紫登坛作醮》中写道："光满金坛紫宴开，入洞瑶池空里降"，已经透露了西王母瑶池的天界消息。那么，尽管八仙庆寿已被人们用于剑、盅、罐、绘画，甚至用于墓砖装饰，然而作为欢庆永恒的道场，它的主题却无疑指向瑶池、蓬莱和天堂。

## 第六节　八仙过海：彰显自由的道光

《西游记》是古典名著，早已誉满四海。《东游记》呢，作为"八仙过海"的叙事世界，竟然英雄飘逝，石沉大海，迄今走不到大学课堂。其实，如果就主题思想来看，《东游记》要在《西游记》之上！《东游记》的主题是什么呢？"八仙过海，各显神通"的情节框架，已经表明了它的主题：自由。《东游记》彰显着的，就是植根于个性修炼的自由道光。

钟吕八仙，个性鲜明，各具风采；八件法器，灵犀通神，功用奇异。自由是自我确认的报偿和硕果，是领会仙道学的精神条件和主体境域。卡尔拉纳言："神学是自我的生平描述"，道学亦然。《庄子》讲："先有真人，才有真知。"道学非常强调自我的寻找。邵雍《观物吟》写道："因探月窟方知物，未蹑天根岂识人。乾遇巽时观月窟，地逢雷处看天根。"依据邵雍《观物吟》的眼光，"未蹑天根"之前，我们无法认识人，也无法认知自我。那么，又如何才能"蹑天根"呢？如何才是"蹑天根"呢？邵雍提供的参照标志有两个。"蹑天根"的第一个现象学特征就是"巽时观月窟"。"巽时"是八卦之一，它的"卦象"是风。"巽时"即情韵飞扬之际。张志扬在《无蔽的瞬息》中将欧美的哲学本体论概括为"家、路、风"三阶段，"风"处于最高位置。他和邵雍在这里成为思想的隔代知音：邵雍的"巽时"就是一种"无蔽的瞬息"，就是人的真理呈现。"蹑天根"的第二个现象学特征就是"地逢雷处看"。"逢雷"也是八卦之一，它是震卦之象。什么是"逢雷"呢？就是激动人心的时候啊，就是爱情焚烧的瞬间吧。这种"逢雷"之时，高尔基写有《海燕之歌》，中国作家写有《暴风骤雨》《惊心动魄的日子》；美国心理学家马斯洛称之为"高峰体验"。原子弹爆炸和爱情表达，是人们最熟悉的两个"逢雷"之时，是领会"高峰体验"的最佳例证。原子弹爆炸，先是产生强烈的能量场（"巽时"），接着是高强度的爆炸（"逢雷"），这就是邵雍的"知物"。爱情表达呢，也先是内心不停地思念，形成强烈体验（"巽时"）。其强烈的程度，可以"忘我"！激动到不能自已的时候，内里的风暴终于掀开心扉（"逢雷"）。这就是邵雍的"识人"！原子弹爆炸连接着"天根"，能够"知物"；爱情的激动性连接着"月窟"，可以"识人"。极端事件是自我呈现真相的天时地利，也是见证英雄自由的"人和"世界。《东游记》的"八仙过海"叙事，讲的就是极端事件下的英雄自由形象。

"八仙过海"是中国脍炙人口的故事。茫茫东海，风波兼涌，蓬莱楚楚；有"海燕之歌"，有"暴风骤雨"。对于钟吕八仙而言，这显然是一个"惊心动魄的日子"，显然是他们"激情燃烧的岁月"。钟吕八仙来到岛边，望着大海，各自亮出了自家法宝。逍遥闲散的钟离权把手中的芭蕉扇扔到海里，那扇子大如蒲席，他醉眼惺忪地跳到扇子上，悠然向大海深处漂去。清婉动人的何仙姑紧随其后，将荷花往海里一放，红光四射，花像巨宝盘，何仙姑亭亭玉立，站在荷花中间，风姿迷人。众仙谁也不甘落后，吟诗行侠的吕洞宾、倒骑毛驴的张果老、隐迹修道的曹国舅、振靴踏歌的蓝采和、巧夺造化的韩湘子、借尸还魂的李铁拐纷纷将宝物扔入海中。东海龙王急派虾兵蟹将查巡，方知是钟吕八仙各显其能，渡海所为。东海龙王恼羞成怒，率兵出来干涉八仙。八仙据理力争，与之抗辩，东海龙王下令虾兵蟹将抢走蓝采和。七仙大怒，奋勇厮杀，一场恶战。吕洞宾连斩龙王两子，吓得虾兵蟹将魂飞魄散，纷纷败下阵来。东海龙王怒不可遏，请来南海、北海、西海龙王，扬言不制服众仙誓不罢休。四海龙王催动四海之水，掀起惊天巨浪，直奔众仙而来。危急之时，忽见金光闪烁，浊浪中闪出一条路来，原来曹国舅的白云板天生具有避水神力。他怀抱云板在前开路，众仙在后紧紧跟随，任凭巨浪排山倒海，却奈何不了他们。四海龙王见此情景，十分恼火，又调动了四海兵将准备再战。南海观音从此经过，出面制止，东海龙王遂放出蓝采和。八仙拜别观音，各持宝物，乘风破浪，遨游而去。

　　这就是"八仙过海，各显神通"的来源。钟吕八仙起于唐宋时期。宋元民间已有"八仙图"。元朝马致远的《岳阳楼》、范子安的《竹叶船》和谷子敬的《城南柳》等杂剧中，都有八仙的踪迹，但成员还在变动。八仙过海的故事和全真教在山东半岛的兴起有关。山东半岛濒临东海，可眺望蓬莱神山。王重阳、北七真的诗篇中，屡屡出现"东海""蓬莱"和"西王母"的意象词汇。八仙过海源于仙道世界，最早见于元杂剧《争玉板八仙过海》。明代吴元泰的《八仙出处东游记》，故事内容基本一致。《八仙出处东游记》既是"八仙"的出处，也是"八仙过海"的出处。《东游记》给出了"八仙"的最终名单：既照顾了仙道（钟离权、吕洞宾为核心），也照顾了人道（曹国舅、何仙姑为代表），还照顾了戏道（铁拐李、蓝采和为代表）。《东游记》之所以最终成了"八仙出处"，就在于作者的多元意识和自由精神。仅就"八仙"最终名单的提供者而言，《东游记》

获得了空前成功！"八仙过海"的自由精神和《东游记》"八仙"的多元眼光，互为表里，有着必然的整体因果性。或曰：元杂剧《汉钟离度脱蓝采和》和《吕洞宾度铁拐李岳》，吕洞宾分明已经是李铁拐的师傅了。为什么在《八仙出处东游记》里，又成了"铁拐（姓李名玄）得道，传唐钟离权，权度吕洞宾"了呢？这是《八仙出处东游记》的主题需要：庆寿的主人是西王母，她给李铁拐传道，李铁拐给钟离权传道，钟离权再给吕洞宾传道，等等。如此，西王母才能作为寿主，面对道子（李铁拐）道孙（钟离权）的簇拥赞礼，消受满足啊。今天的西安八仙庵，最核心的圣殿仍然是斗母宫，两边是吕祖殿和丘（处机）祖殿，就是明证。

八仙庆寿主题的突出是道教南宗在南宋时代的文化创造，一是满足皇室庆寿活动，二是曹国舅成为八仙一员，三是突出李铁拐的喜剧性格，以适应庆寿场面和娱乐诉求。元代开始重新统一江山，钟吕八仙的面目倒纷呈起来。马致远的《吕洞宾三醉岳阳楼》中，并没有何仙姑，取而代之的是徐神翁。岳伯川的《吕洞宾度铁拐李岳》中，也没有何仙姑，而有张四郎。范子安的《陈季卿误上竹叶舟》中，有何仙姑，而没有曹国舅。在面目纷呈的钟吕八仙面前，众所周知，浦江清先生《八仙考》的研究结果，是令人沮丧的怀疑主义和否定论。如果从历史和美学的角度去考察，则怀疑之处，可能恰是历史性的丰富；否定之处，可能又恰是人的自由性。且不考虑其仙道涵义，其面目之纷呈，也许是八仙历史文本的丰富之自由体现吧。有没有规律可言呢？当然有！

第一，八仙的"人选"固然有历史和文本的差异，但他们每一个人都是"神仙"，都有仙籍可考。张四郎出于曾慥的《集仙录》，何仙姑、徐神翁来自赵道一的《仙鉴》，曹国舅出自苗善时的《纯阳妙通记》。第二，凡是早期全真教的钟吕八仙队伍，一是出于清修，二是面临异族统治，一般有刘海蟾或者徐神翁而没有何仙姑和曹国舅。第三，明清小说戏剧化时期，由于道教南宗的双修和皇室庆寿背景，它的钟吕八仙队伍一般有何仙姑和曹国舅。

钟吕八仙的历史自由，也给八仙人选提供了文本自由。钟吕八仙的文本差异，是它的自由化体现，而非它的非历史物证。例如，元杂剧《吕洞宾度铁拐李岳》写道："汉钟离有正一心，吕洞宾有贯世才，张四郎曹国舅神通大，蓝采和拍板云端里响，韩湘子仙花月里开，张果老驴儿快。我访七真游海岛，随八仙赴蓬莱。"这里的钟吕八仙，有张四郎却没有何仙姑。这是全真教借李铁拐唱出的钟吕八仙歌。何以没有何仙姑呢？王重阳主张清修，全真教不会优先考虑女性吧。

钟吕八仙，具体的人选可以变化，八仙的本质从未变化。历史性人选的变化，毋宁是八仙历史的自由性体现。八仙的自由精神乃是仙道学的最高追求。《吕祖全书》写道："世间甲子管不得，壶里乾坤得自由。"《指玄篇》最后写道："如今回首朝天去，不管人间得自由。"吕洞宾的自由精神，既是天上人间，也是仙道遗言。

八仙过海图

《逍遥游》是《庄子》的第一篇，自由乃是《逍遥游》的第一义。吕洞宾从名称、生平、追求、身份到职业，皆是自由的人格言说！欧美学者继看到吕洞宾的圣徒和英雄性格之后，终于也看到了他是"一种自由精神的化身"（康豹）和"精神解放者"（李约瑟）。作为华夏世界的人天英雄，吕洞宾在诠释自由精神的时候，他也诠释着正义、勇敢、团结诸美德。因之，他的自由形象才显得真实、深沉和饱满。吕洞宾的自由精神形象业已经受了历史的塑造考验。《八仙过海》是中国表达自由的文本世界，"八仙过海"则是华夏自由的道本故事，也是炎黄人道的自由创造。事实上，"八仙过海，各显其能"从孩提的语文运用到仙学的高深层面，就是通过八仙的英雄形象，讲述人类精神的自由主题。就时代的精神环境而言，八仙过海的自由丰富源于盛唐社会的自由丰富。就个体位格而言，八仙过海的自由气息源于吕洞宾的英雄人生。就宋元明清社会而言，对八仙过海的文化触摸源于民族英雄的历史飘逝。就现代社会语境来看，八仙过海既和个体本位的自由意识深契，也让人领悟华夏传统中的救恩之光——特别是钟吕八仙彰显出来的自由之光。那是盛唐之风吹拂下的道光，是盛唐之音呼唤下的道光，也是人类精神和民族荣耀的道光。

(2012年1月初稿。10月修订稿。高从宜)

图书在版编目（CIP）数据

风追盛唐·钟吕八仙道光 / 高从宜著.—西安：西北大学出版社，2013.3

（中华根柢·道教三书）

ISBN 978-7-5604-3191-8

Ⅰ.①风… Ⅱ.①高… Ⅲ.①道教—宗教文化—研究—中国 Ⅳ.①B958

中国版本图书馆CIP数据核字（2013）第061905号

### 风追盛唐·钟吕八仙道光

| | |
|---|---|
| 作　　者： | 高从宜　著 |
| 出版发行： | 西北大学出版社 |
| 地　　址： | 西安市太白北路229号 |
| 邮　　编： | 710069 |
| 电　　话： | 029-88303593 |
| 经　　销： | 全国新华书店 |
| 印　　装： | 陕西向阳印务有限公司 |
| 开　　本： | 680毫米×960毫米　1/16 |
| 印　　张： | 15.75 |
| 字　　数： | 190千字 |
| 版　　次： | 2013年3月第1版　2013年3月第1次印刷 |
| 书　　号： | ISBN 978-7-5604-3191-8 |
| 定　　价： | 46.00元 |